JN412202

한국유학과 열린사유

글쓴이(게재순)

송하경: 성균관대학교 유학동양학부
김홍경: 철학박사, 뉴욕 주립대 스토니브룩
안은수: 철학박사, 충북대학교 우암연구소
김세정: 철학박사, 충남대학교 철학과
김용재: 철학박사, 성신여자대학교 한문교육학과
박상리: 철학박사, 성균관대학교 유교문화연구소
이경남: 철학박사, 성균관대학교 강사
임태승: 철학박사, 중국 상해 화동사범대학 철학과
송종서: 철학박사, 민족의학연구원

한국유학과 열린사유

초판1쇄 발행일 2008년 2월 29일

발행인 | 최원필
발행처 | 심산출판사
등록번호 | 제1-2114호(1996년 11월 28일)
주소 | 서울시 은평구 갈현동 463-3 동원빌딩 4층
전화 | 0502-324-6280, 02-357-0633
팩시밀리 | 02-357-0631
E-mail | simsan@korea.com
ISBN 978-89-89721-75-8 93150

한국유학과 열린사유

| 송하경 | 김홍경 | 안은수 | 김세정 | 김용재 |
| 박상리 | 이경남 | 임태승 | 송종서 |

심산

| 머리말 |

개별과 전체를 유기적으로 파악하는 역동적 관점

최근 '개인의 역사'를 서술하기 위한 공부모임이 주목을 끌고 있다. 이는 스토리텔링의 유행과 인터넷 포털 사이트를 통해 왕성하게 활동하는 블로거들의 활약이 반영된 현상일 것이고, 거대 담론의 퇴조를 증거하는 한 징후이기도 할 것이다. 어찌 되었든 역사학계에서 20세기 중반에 제기되고 20세기 중후반기에 보다 활발하게 논의되었던 '미시사'의 대중적 전파라 이해할 수 있겠다. 미시사는 흥미로운 이야기 혹은 개인에 대한 구체적인 이야기를 통해 그 상황과 개인이 처했던 사회관계를 추적한다는 지향을 갖는다. 내 안에 우주가 들어 있다는 동양철학의 오래된 정의와 통한다고 할 수 있는, 오늘의 미시적인 것에 대한 관심의 증대가 자못 흥미롭다.

『한국유학과 열린사유』의 관심도 개별 사상가나 상황 안에 내재하는 조선시대 유학의 살아있는 모습 - 역동성을 추적하는 데에 있다. 조선시대 오백여 년의 역사는 주자학을 수용하여 그것을 이 땅에 실험하는 시간이었으니 조선시대 사상사는 주자학의 한국적 적용을 그 내용으로 한다. 14세기 후반 조선의 건국과 함께 나라의 지도이념으로 채택된 유학은 이후 오백여 년 동안 조선의 역사와 맥을 함께 하였다.

주자학 도입 이후 조선의 사상사는 유학 - 주자학을 한국화하는 과정이었다. 16세기는 그 꽃이 만개하는 시기로서 이황과 이이로 대표되는 학자 군이 등장하여 명실 공히 조선유학의 정체성을 찾아가는 현상이 나타났다. 조선 유학의 발전에서 특기할 수 있는 점은 활발한 논쟁을 통해 자기 사상에 대한 이론과 그에 대한 신념을 확고히 하였다는 점이다. 이 과정에서 자연스럽게 학파를 구성함으로써 집단적인 연구와 논의가 진행되었다. 활발한 논쟁이 진행되었다는 것은 사상의 사회적 파장과 영향력을 반증하는 것인데 이러한 분위기는 주자학의 탄생지인 중국이나 그것을 수용한 인접 국가에서 볼 수 없는 경향이다. 이 과정에서 조선의 주자학은 심(心)을 강조하며 주체의 능동성을 각인시키는 방면으로 독자적 성격을 구축하게 되었다.

그런데 중요한 점은 다양한 논쟁과 이론구축을 위한 움직임이 이론 논쟁에 그치지 않고 당대의 역사·사회와 조응하는 측면에서 진행되었다는 사실이다. 그러니까 유학의 지향인 적극적 현실 대처를 명실상부하게 구현하려는 운동의 과정이 바로 조선유학사인 셈이다. 이는 조선 유학이 지닌 독자성 중의 가장 두드러진 부분이다. 그리하여 조선의 역사는 유학 – 주자학을 이 사회 전면에서 적용하고 실험한 역사라 하겠다.

특히 18세기 이후의 사상사는 급변하는 사회정치적 동향과 맥을 함께 하며 활발한 이론의 목소리를 통해 그 사상의 역동성을 대변한다. 예컨대 청나라와의 관계를 중심으로 하는 세계사적 지각변동을 감지한 당대의 사상가들은 그와 같은 역사적 흐름에 조응할 수 있는 사상적 대안 마련에 부심하였으며 그만큼 실천적인 대안을 내 놓기에 이르렀다.

『한국유학과 열린사유』는 특히 18세기 이후 우리 사회 여러 방면에서 돌출되었던 사상의 흐름을 드러냄으로써 당대 우리 사상의 역동적 성격을 이해하는 데에 도움을 주는 한편 거기에 우리 문화의 DNA가 녹아있음을 확인하고자 한 공동 작업의 결과물이다. 이 책은 모두 아홉 편의 글로 구성되었다. 그리고 한국 유학 관련 여덟 편의 글을 쓴 필자들은 모두 우산 송하경 선생님께 논문지도를 받고 박사학위를 취득했다는 공동의 인연이 있다. 각자 전공분야는 조금씩 다르지만 모두 공부의 주제가 유학이라는 큰 틀 안에 있고, 선생님께서 늘 강조하시던 '유학의 실천성과 열린사유'를 화두로 놓고 있다는 점에서도 한 동아리이다.

책 서두에 실린 「양명학적 포스트모더니즘의 열린 사유」(송하경)는 『한국유학과 열린사유』의 도론격인 글이다. 적극적으로 현실을 직시하고 그에 상응하는 사유 활동을 보여 준 양명학의 핵심적 기저를 짚어주었다. 이 글에서 강조한 적극적이며 다원적이고 실천적인 사유는 본론에 해당하는 글을 쓴 필자들의 기본 관점에 영향을 주었다.

본론에 해당하는 한국유학 관련 첫 논문은 김홍경의 「관학파 유학자로서의 다산(茶山)」이다. 이 글은 다산(茶山) 정약용(丁若鏞: 1762~1836)의 사상을 좀 더 정확하게 자리 매김하고자 하는 문제의식에서 출발한다. 필자는 다산 사상을 '실학'으로 규정하는 것이 과연 타당한가 하는 의문을 제기한다. 『논어고금주』의 분석을 통해 필자는 다산학을 실학이 아니라 이학(理學)이라 정의하고, 다산을 '관학파 유학자'로 규정한다. 보통 다산하면 실학자라는 말이 가장 먼저 떠오르고, 또 실학자라고 하면 권력자들에게 배척당한 재야의 지사적 혹은 처사적(處士的) 지식인이라 생각하기 쉽다. 다산 역시 흔히 18년의 유배와 강진 다산초당에서의 고단하고 지난했던 시간 등과 연관되어 그런 처사적 지식인의 전형으로 이해되고 있다. 그런데 다산이 고난을 겪었고, 그 고난 속에서도 학문에 대한 열정을 잃지 않고 후학들에게 크게 귀감이 될 만한 연구 업적들을 남겼다는 것은 부정할 수 없는 일이고, 그런 삶 자체가 지사적이었다고 평가할 수도 있지만, 다산 스스로가 희망하고 지향하였던 바람직한 유교적 지식인의 삶도 처사적인 것이었는지는 그 스스로의 삶의 경험과는 별도로 논의해야 할 것이라 정리하고, 그런 점에서 다산은 전형적인 관학파 유학자의 의식을 보여준다고 설명한다.

두 번째 글 안은수의 「학술논쟁을 통해 본 한국유학의 역동성 — 호락논쟁(湖洛論爭)의 쟁점과 그 의의」은 18세기 한국 지성사를 달궜던 호락논쟁의 쟁점을 그 한쪽 당사자인 외암 이간(巍巖 李柬, 1677~1737)의 논의를 중심으로 하면서 남당 한원진(南塘 韓元震, 1682~1751)과의 핵심쟁점을 살펴보았다. 알다시피 호락논쟁은 이전 시대 사단칠정 논쟁의 연장에 있으며 이후 심설논쟁에도 일정한 영향을 주고 있다는 점에서 사상의 연속성을 드러내는 동시에 각 시기에 돌출되었던 사상논쟁이 자기 시대의 고민을 적극적으로 해결하고자 하였던 유자들의 대응방식이었음을 밝혀 보고자 하였다. 결론적으로 인성과 물성의 동일함을 주장하고 성범의 동일한 부분을 강조한 낙학파의 이론은 18세기 조선 사회가 당면한 사회의 문제들에 대해 '대결보다는 공조', '분리보다는 통합'의 논리로 해결해야 한다는 주장이 반영되어 있다고 설명한다. 아울러 활발한 학술논쟁이 가능했던 당시 사회의 인문학적 저변과 학술논쟁을 통해 영향력 있는 대사회적 발언이 가능했던 그 사회적 역할에 대해 조명하였다.

세 번째 글 김세정의 「한국에서의 왕양명 생명철학의 주체적 전개」에서는 시대의 압박에 굴하지 않고 학문적 양심에 따라 양명학을 선택하고 지지하였던 조선 양명학자들의 사상에서 생명존중사상을 수립하고 실천하였던 측면을 조명하였다. 우선 그 사상의 뿌리가 되는 왕양명 생명철학의 특성에 대해 고찰하고, 이를 토대로 최명길·정제두·강화학파·박은식·정인보와 같은 대표적인 한국양명학자들의 삶과 사상 속에 내재된 생명사상을 체계적으로 조명하였다. 결론적으로 필자는 한국양명학의 생명사상의 특성으로 다음의 3가지를 들었다. 첫째, '심즉리설'과 '지행합일설', '치양지설'에 근거한 '주체적·실천적 인간관'과 '인간평등론'. 둘째, 양지의 '수시변역성(隨時變易性)'에 근거한 주체적 시대정신. 셋째, '천지만물일체설(天地萬物一體說)'을 근거로 한 '생명 존중 사상'이다.

네 번째 글 김용재의 「하곡 정제두의 체용론(體用論) 분석 — 양지체용도(良知體用圖)를 중심으로」은 하곡 정제두의 철학사상을 '체용(體·用)' 범주에 입각하여 분석한 글이다. 특히 하곡 정제두가 민이승에게 보낸 서간에 보이는 「양지체용도(良知體用圖)」를 중심 분석 대상으로 하였다. 하곡의 '양지체용도

(良知體用圖)'는 심(心)·성(性)·정(情)의 성리학적 개념들을 단순히 체용론적 범주에서 논의할 뿐 아니라, 궁극적으로 '양지(良知)'가 곧 행위로 실천되는 '지행합일(知行合一)'의 양명학적 실천과정을 중요하게 다루고 있었다는 점에 주목하였다. 결국 필자는 하곡이 '양지체용도(良知體用圖)'를 통해 '인간'의 주체적 역동성과 활발성을 중심으로 일원론적 관점에서 '심성(心性)'과 '의리(義理)'를 통일시킨 학설을 규명하였음을 설명하였다.

다섯 번째 글은 박상리의 「19세기 시대상황과 조응한 유학자, 이진상」이다. 여기서 필자는 19세기 유학은 새로운 시대에 대응할 수 있는 논리개발과 이전의 성리학 전개과정에서 보였던 여러 논쟁의 지양이라는 과제를 가지고 있었다고 전제하고 이 시기에 활동한 유학자들 중에서 특히 주리적 성향이 강했던 이진상의 사상을 조명하였다. 이진상은 학파적으로 영남학의 계보를 이어 한주학파를 형성하였고, 이론적으로는 이기(理氣)와 심성(心性) 문제에서 심즉리설(心卽理說)을 표방하는 철저한 주리론의 입장을 견지하였다고 설명한다. 이후 한주학파는 심즉리설에 기초한 논리를 전개하면서 그것의 근대적 변용을 시도하였고, 그것은 현실의 실천운동에서 이론적 밑받침으로 기능하였다고 정리하였다.

여섯 번째 글은 이경남의 「조선(朝鮮) 효제문자도(孝悌文字圖)의 실천윤리」이다. 이 글은 그림을 통해 유학의 실천적 논리가 널리 유포될 수 있었다는 사실에 초점을 두고 있다. 18세기에는 여러 사회 조건들을 배경으로 민화가 성행하는데, 알다시피 민화(民畵)는 기존의 미의식(美意識)과 심미안(審美眼)에서 탈피하여 당대 일반 서민들의 개방적 의식과 정서를 역등적으로 표현하고 있다. 다양한 화제로 그려졌던 여러 민화들 가운데 필자는 유학의 실천윤리를 축약해서 보여주는 효제문자도(孝悌文字圖, Confucian Idecgraphs)를 분석하였다. 결국 이 그림을 통해 국가에서 중요하게 공유하고자 하는 가치를 대중에게 널리 유포할 수 있었으니, 유교이념은 적극적으로 일반 백성들에게까지 알려질 수 있었고 따라서 조선사회 전체가 보편적으로 공감하고 이해하는 이야기로서의 유학사상이 가능하게 되었다는 점을 설명하였다.

일곱 번째 글은 임태승의 「'역(域)'과 '아이콘'의 패러다임 전환: 김홍도 회화세계의 미학적 의의」이다. 필자에 따르면 김홍도의 회화세계는 다양한 장르에서 예술적 폭과 깊이가 드러나지만, 정작 그의 예술세계에서 가장 의미 있는 부분은 풍속화와 산수화라고 한다. 그런데 이 두 장르는 그림 자체보다는 그림 외적인 데서 보다 큰 중요성을 담고 있으니, 그의 풍속화의 세계는 조선후기의 사회·문화·사상의 패러다임 전환을 알려주는 지표라고 설명한다. 또한 산수화는 전통적 패러다임에 대한 패러다임의 전환을 보여준다고 한다. 이 글에서는 이러한 두 가지 형태의 패러다임 전환이 어떻게 그림으로 표현되었는지, 그리고 그 미학적 의의는 무엇인지를 분석하였다.

마지막 글은 송종서의 「중국 현대 신유가의 도덕주의 문화관과 한국 유학의 시의성」은 한국에서 철학사상을 탐구하는 목적은 이 땅에서 한국 사람다운 삶을 살기 위한 것이며, "왜, 그리고 무엇을 위해 철학을 할 것인가?"라는 문제의식에서 출발한다. 필자는 본론에서 현대 신유가의 문화관을 다루고 있는데, 이는 '도덕종교론'으로 접어든 신유학의 후기적 흐름에 대한 비판적 문제의식에서 비롯된 것이라 한다. 중국과 서구의 문화적 충돌, 그리고 전통사회와 현대사회 사이의 이질성 및 불연속성을 20세기 중국의 신전통주의자(현대 신유가)들이 어떠한 각도에서 바라보았고, 또 그들이 나름대로 제시한 해법은 무슨 의미가 있는가는 우리에게 적잖은 시사점을 줄 것인데, 그 이유로 현대 신유학은 비록 20세기 후기에 도덕이상주의(도덕형이상학)에 기울어 도덕종교에 관한 이론으로 흐르지만, 20세기 초·중기 '신전통주의자'로서 현대 신유가들은 전통문화와 현대화[민주·과학]의 바람직한 관계에 대해 깊은 고뇌를 거쳤고, 정면적·적극적 해법을 모색했다는 점을 들었다. 이러한 점은 현대 신유학이 지금까지 많은 학자들로부터 여러 가지 문제점을 지적받은 것과 별도로, 우리에게는 '타산지석(他山之石)'의 의미가 있다 한다. 우리 인문학계는 과거 외세의 침입과 식민통치라는 불행한 근현대를 지내면서 사상·문화의 자생적 근대화를 충분히 전개하지 못한 것으로 인한 고통을 지금도 겪고 있기에 여전히 중국의 '신전통주의자'들 또는 '문화보수주의자'들이 시도한 사상·문화적 해법을 살펴볼 필요가 있다는 점을 지적하였다.

이상 여덟 편의 글은 18세기 이후 한국유학에 대한 개별적 파악이라 할 수 있다. 그러나 『한국유학과 열린사유』는 개별적이고 구체적인 이야기가 전체적인 그 시대의 상황을 전달할 수 있다는 관점을 드러내 보고자 하였다. 그리하여 우리의 이야기들이 조선시대의 사상과 역사가 유학이라는 큰 축을 가지고 활발한 운동 과정에 있었음을 상기하는 데에 조금의 도움이라도 될 수 있다면 다행이겠다.

『한국유학과 열린사유』 여덟 명 필자들의 은사이신 우산 송하경 선생님께서 이번 학기를 끝으로 대학에서는 정년퇴임을 하시게 되었다. 사람은 누구나 일생 동안 몇 가지 중요한 인연을 맺기 마련인데, 이렇게 선생님과 학연으로 맺어진 인연은 어느 것 못지않게 소중한 것이라 여긴다. 그리고 정년에 상관없이 선생님의 청년정신은 변화가 없을 것이라 믿는다. 자유롭게 사고하고 실천하는 것의 유의미성을 가르쳐 주신 선생님의 청년정신은 늘 우리 모두에게 귀감이 될 것이다. 동문 제자들 모두 공부하는 사람의 자의식을 지니고 천천히 그러나 지속적으로 그 길을 걸어갈 수 있도록, 그 길 앞에서 선생님께서 지켜 주실 것을 바라마지 않는다.

모두의 마음 모아 감사드린다.

무자년 정월에 안은수.

차례

1장

양명학적 포스트모더니즘의 열린 사유*

송 하 경

(성균관대학교, 유학동양학부)

1. 포스트모더니즘적 열린 사유

필자는 종종 주자학과 양명학의 관계를 모더니즘과 포스트모더니즘의 관계로 설명한다. 그것은 포스트모더니즘이 모더니즘을 전제로 일어나고 모더니즘이 강화될수록 서구적 이성주의·합리주의·보편주의·전체주의·권위주의·목적주의적 성향이 강화되었던 반면에 포스트모더니즘이 강화될수록 문화다원

---

1) 이 글은 『포스트모더니즘과 포스트구조주의』(김동욱 엮음, 현암사/ 특히 김동욱과 이진우의 글), 『포스트모더니즘의 조건』(J. F. 리오타르 지음/유정완 등 옮김, 민음사), 『포스트모더니즘과 사회학』(스콧트 라쉬/김재필 옮김, 한신문화사), 『지식논쟁』(스티븐 사이먼/박창호 옮김, 문예출판사), 『103인의 현대사상』(김으창 등 엮음, 민음사), 『포스트모더니즘 개론』(이합핫산/정정호·이소영 엮음, 한신문화사), 『들뢰즈와 가타리』(로널드 보그/이정우 옮김, 새길) 등의 책과 「포스트모더니즘 그림책에 대한 기독교적 조망」(현은자, 생활과학2호), 「포스트모더니즘의 개념」(최재식, 학술회의 발표문, 1999) 등을 읽고 참고하였음을 밝힌다.

주의·포용주의·개성주의·해체주의·평등주의적 성향이 강화되었던 것처럼, 양명학은 주자학을 전제로 일어나고 주자학이 강화될수록 동아시아적 이성주의·합리주의·보편주의·전체주의·교조주의·목적주의적 성향이 강화되었던 반면에 양명학이 강화될수록 문화다원주의·포용주의·개성주의·해체주의·평등주의적 성향이 강화되었음을 발견할 수 있기 때문이다.

모더니즘과 포스트모더니즘의 관계에서처럼 주자학과 양명학과의 관계에서 주자학에 대한 양명학은 '탈주자학(脫朱子學)'인지 '반주자학(反朱子學)'인지, 아니면 '후기주자학(後期朱子學)'인지 판단하기 어렵다. 때로는 탈주자학으로, 때로는 반주자학으로, 때로는 후기주자학으로 비침으로써 이들 세 가지 성향을 함께 아우르고 있다 하겠으나, 양자의 관계를 받아들이고 해석하는 학문적 입장에 따라 그 입각점은 각기 다를 수밖에 없겠다.

모더니즘을 전제로 일어나 모더니즘과 대비되는 포스트모더니즘을 탈모더니즘·반모더니즘·후기모더니즘 등으로 구분한다고 할 때 그 통일적 이해를 추구해 내기란 쉬운 일이 아니다. 이에 필자는 "탈"·"반"·"후기" 등의 개념 구분을 떠나 아래와 같은 내용을 포스트모더니즘적 열린 사유로 개괄하고, 왕양명과 그 후학들의 열린 사유에 주목하고자 한다.

포스트모더니즘은 모더니즘적 이성에 다시 비판기능을 회복시키고, 이성의 지배로부터 인간을 해방시킴으로써 궁극적으로 전체주의(全體主義)를 극복하자는 데 그 목적이 있다(호크하이머, 아도르노). 전체주의 극복은 자폐증(自閉症)에 빠져 있는 모던적 이성의 치료에서 그 가능성을 찾고자 하는바, 그것은 지각(知覺)의 창조성을 발견하여 모던적 이성에 의해 배제된 이성적 사유를 복권시키는 데서 가능하다고 본다(메를로 뽕띠). 뿐만 아니라 이성적인 것과 비이성적인 것, 정상적인 것과 비정상적인 것의 구분이 얼마나 자의적이며, 그것들이 지식과 권력과의 연계를 통해 수행되고 있음을 밝혀냄으로써 감시하는 권력으로부터 인간의 존엄성을 구해 내는 방법을 찾고자 한다(푸꼬). 또한 모더니즘이 갖고 있는 자아중심주의(自我中心主義)를 극복하고 타자를 윤리적으로 받아들이고자 한다(레비나스). 이러한 윤리적 태도와 함께 우리는 타자를 받아들이고 타자와의 차이점을 인정하면서 우리의 텍스트 안에 살아 있는 타자가 남긴 흔적의 다의적(多義的)인 의미의 세계를 이해함으로써 logos중심주의·자아(自我)중심주의·종족(種族)중심주의를 극복하고자 한다. 우리의 이러한 작업은 거대이론(巨大理論, metanarative)에 의해서이기보다는 지엽적이고 작은 이야기에 의해서 수행되기를 요구한다(료타르). 우리는 위와 같은 포스트모더니즘적 사유가 강화될수록 다원주의·다문화주의·포용주의·개성주의·해체주의·평등주의 성향이 강화되었음을 발견할 수 있다.

2. 양명학적 포스트모더니즘의 출발

15세기 말~16세기 초엽의 명대(明代) 사회에서는 여러 방면에서 시대전환적 post주의(主義) 현상이 나타나기 시작한다. 15세기 말~16세기 초의 시대적 사조의 입장에서 볼 때 주자학에 대해 포스트모더니즘적 성향을 띠었던 양명학은 애초부터 주자학과 철저하게 구별되는 차별성 위에서 출발한다.

주자학이 보편리(普遍理)로 체계화된 전체주의적 이데올로기에 의거 세계를 서술하고, 권위주의적·목적주의적·교조주의적 닫힌 사유로 타율적 신민(新民)의 세계를 열어가고자 했다면, 양명학은 개별양지(良知)로 체계화된 개성주의적 이데올로기로 세계를 서술하고, 평등주의적·문화다원주의적 열린 사유로 자율적 친민(親民)의 세계를 창출하고자 하였다. 다시 말하면 양명학은 ① 16세기 초 자본주의의 대두와 서민계층의 능력 신장으로 인해 기존의 주자학이 시대정신으로서의 권위를 상실하자 새로운 시대정신으로 개별주체성(個別主體性)·가치다원성(價値多元性)에 주목하고, ② 특정 교조주의적 이데올로기에 의해 현실세계를 지속시키기보다는 개별주체의 자가역량(自家力量)에 따라 자발·자율적으로 주객합일(主客合一)의 세계를 구현하고자 하였다.

동아시아적 이성주의·합리주의·전체주의·보편주의·교조주의·권위주의 등으로 이해될 수 있는 주자학은 그 학문적 사유체계가 리기이원론적 대립구조를 가지면서, 격물치지(格物致知)를 통해 인식한 보편적 규범윤리에 의해 세계의 통일과 주체성을 철저히 확립하고자 한다.

이에 반해 시대 전환기에 일어나 가치다원주의·개성주의·평등주의 등으로 이해될 수 있는 양명학은 그 학문적 사유체계가 심즉리(心卽理, 良知)일원론적 합일구조를 가지면서 치양지(致良知)를 통해 발현되는 개별주체의 영명성(靈明性)에 의해 개성의 실현과 주객의 동일성을 추구함으로써 규범윤리 중심의 전체주의적 주체의 세계가 해체될 수밖에 없는 필연성을 내포하게 된다.

15세기 중엽~16세기 초엽의 명대에 이르러 심학(心學)이 대두하고, 자본주의적 성향이 강화되면서 주자학의 밀폐시대는 끝나야 한다는 여론이 고조되어 간다. 이때 왕양명이 일어나 주자학의 모순을 정면으로 비판하면서 양명학적 심학이 등장한다. 왕양명은 주자학적 즉물궁리(卽物窮理)의 이성추구 활동을 강력히 비판하고, 이성(理)과 감성(情)이 하나로 발현되는 삶 그 자체 속에서 진정한 삶의 의미를 찾고자 한다. 이로부터 주자와는 다른 차원의 이성과 감성의 관계 정립에 양명학의 중심이 놓이게 된다.

양명학의 이성과 감성의 새로운 관계 정립은 주자학이 근본적으로 안고 있는 인간에 의한 인간의 소외문제로부터 비롯된다. 주자학적 이성주의는 주체가 객관세계와의 대립을 통해 확립된다고 생각한다. 그러므로 주체를 주체로 형성해 주는 갖가지 사회적 환경세계에 대해 객관적으로 인식하고 서술하고자 함으로써 학문이론의 전개활동 과정 중 인간의 주체성이 배제되는 지식이성 중심으로 기울어진다. 이와는 반대로 주자의 도덕주의는 결국 이성의 객관화를 지향하는 합리주의적 입장보다는 삶과 생명을 근본적 가치로 설정한다. 이로 인해 주체의 진정한 삶은 이성보다는 감성을 통해 표현되고 서술될 수 있다는 감성주의 입장을 취하게 된다. 이처럼 주자학은 이성주의와 감성주의를 함께 아우르고 있으면서도, 양자를 서로 분리시키는 이원적(二元的) 태도를 취함으로써 주자의 이성주의는 사실상 주체가 배제되는 현실 경험의 서술이 농후하고, 감성주의는 현실이 배제되는 주체 경험의 서술 경향이 농후하다. 이로 말미암아 주자의 이성주의는 주체의 객관적 구성을 강조하고 도덕주의는 주체의 주관적 경험을 강조하게 되어 인간의 자기 소외적 요소를 근본적으로 내포하게 된다. 다시 말하면 주자학에서와 같은 주체와 객체의 분열은 필연적으로 인간의 자기 갈등과 자기 소외를 불러올 수밖에 없다.

양명학은 바로 이성과 감성을 상호 배타적 관계로 파악하지 아니하고, 상호 일체적인 구성관계로 파악하는 새로운 이성의 패러다임 모색을 통해 인간의 자기소외(自己疏外)를 방지하려는 일종의 세기 전환기적 운동을 전개한다. 양명학의 이성과 감성과의 새로운 관계 정립은 단순한 양자 간의 관계 정립으로만 끝나는 것이 아니라, 이들 관계 정립을 근본으로 하여 학문과 정치와의 관계, 학문과 교육과의 관계, 학문과 인간과의 관계 등 일체의 관계를 재규정하고 재정립하고자 한다. 이성만의 극단적인 확장도, 감성만의 완전한 해방도 결코 인간의 자기 소외를 완전히 해소하거나 극복해 줄 수는 없으며, 이들 양자의 극단화는 오히려 자기 자신을 주체와 객체로 분열시키는 주자학적 모순을 더욱 심화시킬 뿐이라는 절박한 현실인식 위에서 양명학적 포스트모더니즘은 출발한다.

3. 주자학의 해체와 개별양지(個別良知)의 세계 서술

양명학적 포스트모더니즘에서의 "포스트"의 의미는 한편으로는 그 시대 주자학의 지식론에 대한 반성적 사유를 통해서 형성되고, 다른 한편으로는 주자학이 초래한 시대모순을 뛰어넘을 수 있는 방안을 강구해야 한다는 요청에 따라 형성된다. 이런 의미에서 양명학은 탈주자학을 도모하는 철학이라고 할 수 있다. 양명학의 탈주자학적 지향은 당 시대가 철저한 이분법적 사고에 근거를 두는 대립의 시대라는 현실 인식을 토대로 한다. 그리하여 양명은 대립의 해소와 극복을 지향하는 자신의 철학이 철저히 구현되는 세계를 '양지화(良知化)된 세계', 즉 '치양지(致良知)의 세계'라고 말하며, 그 특징은 '주객합일' 또는 '주객의 동일화'로 집약된다. 양지화된 세계, 즉 치양지의 세계는 인간의 보편성 또는 보편이념으로서의 양지에 의해 새로이 구성되고 창조되는 세계라는 점에서, '보편성의 객관화'이자, 동시에 사람마다 가지고 있는 개별 양지에 의해 통합·구현·창조되는 세계라는 점에서 '개별성의 객관화'라고도 말할 수 있다. 치양지의 세계에서 일컬어지는 권위와 권력은 양지와 분리된 지식축적을 통해서 성립되거나 결정되는 것이 아니라, 양지를 실현하는 참된 사람에 의해서 성립되고 결정된다. 따라서 양명학에서는 지식의 획득과 축적을 부정하는 것이 아니라, 그것들이 참된 권위, 참된 권력과 연계되도록 양지에 의해 서술되고 장악되고 체계화되기를 요구한다.

양명학의 관점에서 보면 치양지의 세계는 사람 하나하나가 자유의 존재임을 자각하고 확인하는 세계이다. 그러나 사회적으로 인식된 당시의 시대적 조건들은 양지의 자유이념과 일치되지 못한 주객분열과 인간소외의 시대였다. 왕양명은 이러한 분열과 소외 현실을 정상화시키기 위하여 양지의 자유의지와 현실세계의 전개가 하나로 일치되도록 화해시키는 데 관심을 기울였다. 뿐만 아니라 이들 화해를 통해 이제껏 전통학문(朱子學)의 권위와 규범에 의해 독점되어 왔던 사회의 전체성으로부터 학문과 개성을 해방시키고, 끊임없이 직면해 오는 시공(時空) 속의 갖가지 사물과의 만남에서 양지로 현재·현실을 서술하고자 했다. 그러므로 양명학에서는 지금 현재 일어나는 목전의 일들을 고려하지 않고서는 결코 이미 지나간 과거나 앞으로 다가올 미래가 의미가 있을 수 없게 된다. 그리하여 양명학적 포스트모더니즘의 역사관은 주자학의 과거지향적 역사관을 '지금 바로 이 시간', 그리고 '지금 바로 여기'라는 현실세계로 그 중심축을 환원시킨다.

왕양명은 인간실존의 현재성, 즉 양지의 현재성을 들어내고 해명하기 위하여 주자학에서와 같은 사변적 지식을 거부하고, 역사현실은 본래 인간실존의 본래 모습인 양지의 개별주체적 서술이어야 한다는 적극적 차원으로 회복시킨다. 그리하여 양명의 역사관은 보편적인 것으로부터 개별적·구체적인 것으로 시각을 전환하게 되며, 이로부터 세계중심으로 군림했던 주자학의 전체성적 주체는 다양한 개별 양지들이 현실을 서술하는 작은 이야기로 해체되어 전개된다.

개별 양지들이 현실을 서술하는 작은 이야기는 자본주의가 대두하고 서민계급이 급속히 성장하던 명대 사회에서 다원주의적 현상에 대한 정서 또는 의식형태를 반영하는 것이다. 그리하여 양명학은 다양한 개별 주체들이 자기 동일성을 요구하는 '나' 안에서 또는 '나'를 통해서 他者를 발견하고 실현시켜 주는 데 초점이 맞춰진다. 이는 곧 주체와 객체가 분열되기 이전의 원초적인 세계 내 존재를 해명하고 구현하고자 하는 학문이기도 하다. 여기에서 양명학적 포스트모더니즘은 전체성의 해체와 분산을 확인하는 허무주의로 떨어지지 아니하고, 다원주의사회에서 인간의 주체적 자율성을 끝내 확보해야 한다는 과제를 안게 된다.

양명학은 전체성의 해체와 분산으로부터 초래되는 다원주의를 확인하는 데 머물지 않고, 바로 이 다원성을 새로운 이성의 패러다임을 창출하려는 적극적 계기로 삼고자 하였다. 이로부터 주자학의 주객이분법을 거부함과 동시에 객관주의로 경도되지 않고, 인간을 구성하는 다양한 요소와 조건들을 양지로 서술하여 인간의 자율성을 정당화하는 새로운 삶의 형식을 창출한다. 양명학의 탈주자학 방법과 진정한 삶의 방식은, 인간이란 그 어떤 것으로 규정되거나 확정된 존재가 아니라고 하는 사고의 개방성을 근거로 한다. 현재 일어나거나 다가오는 것에 대한 개방적인 태도만이 인간의 자율성을 정당화할 수 있다고 보기 때문이다.

4. 양명학의 다양성 수용과 이성의 능동적 성향(能動的 性向)

주자학적 전체주의 체계의 본질 상실과 분화로부터 양명학적 다양성으로의 이행은 지식에 대한 의미가 변화되었음을 전제로 한다. 양명학에 이르면 자·타와 주·객을 구별하고 통제하는 규정적 권위와 체계가 자연스럽게 이완된다. 양명학에 의해 새롭게 이해된 지식은 주자학에서처럼 내가 이미 기억하고 있는 지식이나 사실을 반복하는 숙련활동이 아니라, 나 안의 양지가 아직 알지 못하는 미지의 사실을 맞이하여 새롭게 재구성하는 활동이다. 주자학에서의 지식은 우리에게 이미 선험적으로 인식된 것을 명료하게 규범화하는 것이며, 따라서 주체는 바로 지식의 요건을 선험적으로 규정하는 담론체계이다. 이에 반해 양명학에서의 지식은 우리가 이미 선험적으로 확보하고 있는 지식을 아직 인식하지 못한 새로운 시공적 상황 속에서 명료하게 발현해 내는 실천행위이다. 이 같은 지식에 대한 관점과 이해의 차이로 인해 왕양명은 주자학의 이성적 지식중심주의와 결별하게 된다. 주자학에서의 이성은 사실상 자연세계와 인문세계를 확립하고 관장하기 위하여 자아를 주체와 객체로 분열시키고, 타자와 대립하면서 일체를 자아에 관장시키는 체계로 발전한다. 그러나 16세기 초 명대에 이르면 주자학의 보편·전체주의적 지식체계는 분열의 위기를 맞고, 양명학의 개성주의적 철학이 대두하면서 지식의 문제는 전문지식인 집단의 일사불란한 합일성보다 각자의 양지에 따르는 다양한 불일치성에, 그리고 기존의 권위와 가치에 안주하는 안정성보다는 새로운 권위와 가치를 창출하는 불안정성에 오히려 더 많은 시공을 제공해 주는 열린 체계로 발전해 갔다.

왕양명은 자신의 학문이 추구하고 있는 지식형태 속에 내재하고 있는 정당화된 모델을 규명하기 위하여 세계를 직접 '서술하는 지식'(良知)과 주체의 세계인식을 통해 '서술되는 지식'과의 불일치성을 제기한다. 이로부터 새로운 시대의 새로운 세계는 이미 서술된 지식에 의해서가 아니라, 서술하는 선천지식으로서의 양지가 현재를 새롭게 서술하기를 요구한다. 주자학적 모더니즘

전통사회 속에서 이성적 지식은 규범적이고 체계화된 서술형식에 따라 규정되는 것이라면, 양명학적 포스트모더니즘 사회 속에서 서술하는 지식은 구체적인 삶과 유기체적인 관계를 유지하면서 무한한 가능성의 열린 세계로 존재한다. 그리하여 왕양명이 서술하는 지식은 마주 대하는 대상과의 끊임없는 소통의 대화를 통해서 그 스스로를 정당화한다.

왕양명과 그 학도들은 주자학의 세력 확대와 전체주의화에 대해서 매우 폭력적이라는 생각마저 하게 되었다. 정치권력과 그 효율성의 관점에서 학문적·정치적 권력의 정보가 어느 특정집단에 의해 독점되고, 그에 대해 이의를 제기하는 사람이나 집단에 대해 탄압하려 들며, 양심에 없는 언어로 다양한 양심의 언어를 파괴하려 든다면 이는 모두 폭력과 다름없다고 보았기 때문이다. 왕양명이 곳곳에서 토해낸 일종의 패러독스는 모두 이러한 현실인식 위에서 이루어진 것이다. 이런 점에서 왕양명의 패러독스는 주자의 학문체계에 비해 훨씬 더 열린 체계라고 말할 수 있다.

일반적으로 열린 학문일수록 새로운 이념을 긍정하고 수용하며, 정당성을 확보한 기왕의 학문에 대해서도 흔쾌히 긍정한다. 이러한 열린 마음의 태도로 인해 더욱 다양한 언어와 규범을 창출할 수 있다. 양명학적 포스트모더니즘에서는 이성적 지식에 대한 다중의 합의를 기대하기보다는 기존의 주자학체계에서 수용할 수도 없고 결정할 수도 없고 통제할 수도 없는 것들에 대해서, 그리고 독점적인 학문과의 갈등, 파국적이면서도 보다 실질적인 패러독스 따위에 관심을 기울이게 되었다. 주자학적 전체성의 해체와 분열에서 다원성으로의 이행과정으로 성격 지워지는 양명학적 포스트모더니즘의 입장에서 보면 몇몇 지식인 집단의 합의로 이루어지는 이성적 지식은 오히려 인간을 오염시키는 병적 요소에 불과하였다. 이로부터 다양한 가치와 언어의 갈등·충돌을 해결할 수 있는 보다 적극적이고 강력한 정의론(正義論)의 대두를 요구하게 된다. 왕양명과 그 문하에서 볼 수 있는 호협(豪俠)의 정신과 기상은 바로 이런 요구에 대한 일단을 제시해 준 것이라 하겠다.

5. 결론

위에서 논의해 본 '양명학적 포스트모더니즘의 열린 사유'가 양명학의 본래 정신과 어느 정도 접근되는 것이라면, 양명학은 분명히 열린 마음의 열린 사유를 통해 열린 세상을 지향하는 학문이라 하겠다. 이런 생각 위에서 필자는 다시 원점으로 되돌아가 포스트모더니즘적 열린 사유를 근거로 하여 양명학적 포스트모더니즘의 열린 사유를 다음과 같이 개괄하여 보고자 한다.

양명학은 주자학적 이성에 다시 비판기능을 회복시키고, 이성의 지배로부터 인간을 해방시킴으로써 궁극적으로 전체주의를 극복하자는 데 그 목적이 있다. 주자학적 전체주의의 극복은 자폐증에 빠져 있는 규범 중심적 이성의 치료에서 그 가능성을 찾고자 하며, 그것은 양지(良知)의 창조성을 발견하고 규범적 이성에 의해 배제된 이성의 본래 사유를 복권하는 데서 가능하다고 본다. 뿐만 아니라 이성적인 것과 비이성적인 것, 정상적인 것과 비정상적인 것의 구분이 얼마나 자의적이며, 그것들이 지식과 권력과의 불합리한 연계를 통해 수행되고 있음을 밝혀냄으로써 감시하는 권력으로부터 인간의 존엄성을 구해 내고자 한다. 또한 주자학에 숨겨져 있는 이기적 자아중심주의를 극복하고 타자를 윤리적으로 받아들이고자 한다. 이러한 윤리적 태도와 함께 타자와의 차이점을 인정하면서 우리들의 수많은 텍스트 안에 살아있는 타자가 남긴 흔적의 다의적(多義的)인 의미의 세계를 이해함으로써 logos중심주의·자아중심주의·종족중심주의를 뛰어넘고자 한다. 이러한 작업은 거대이론(巨大理論, metanarative)에 의해서이기보다는 일상적인 삶의 작은 이야기에 의해서 수행되기를 요구한다. 이와 같은 양명학적 포스트모더니즘의 열린 사유가 강화될수록 동아시아적 가치다원주의·다문화주의·개성주의·평등주의 등이 강화되면서 더욱 더 열린 세계를 구현하게 될 것으로 전망한다.

2장

관학파 유학자로서의 다산(茶山)

김 홍 경
(뉴욕주립대 스토니브룩)

1. 들어가는 말

이 글은 두 가지 배경을 가진다. 그 하나는 이 글이 우산 송하경 선생님의 정년을 기리는 제자들의 논문집에 들어가는 것으로, 필자가 우산 선생님을 논문 지도교수로 모시고 박사학위를 받은 논문이 「조선 초기 유학사상의 연구: 태종~세종대 관료 유학자를 중심으로」이다. '관료 유학자'라는 용어는 원래 제출된 논문에서는 '관학파(官學派) 유학자'였는데 심사 과정에서 약간의 논란이 있어서 고식적으로 채택한 것이었고, 필자의 원래 연구 의도에서는 '관학파 유학자'였다. 그래서 나중에 학위논문이 한길사에서 출판될 때는 그 용어를 다시 사용하여 『조선 초기 관학파의 유학사상』이라고 한 바 있다. 제자가 스승을 기리는 이런 좋은 일에 내 놓는 논문이 이왕이면 선생님께 지도받았던 논문의 주제와 유사한 것이라면 더 좋지 않을까 하는 생각이 들었다.

두 번째 배경은 필자의 현재 연구 관심이 한국 유학사 혹은 한국 사상사에 큰 발자취를 남긴 다산(茶山) 정약용(丁若鏞: 1762~1836)의 사상을 좀 더 정확하게 자리매김하는 데 있다는 점이다. 크게 보면 필자는 다산 사상을 '실학'으로 규정하는 것이 과연 타당한가 하는 의문을 가지고 있다. 이 의문은 필자가 미국에서의 연구 및 강의 경험을 통해 여러 영역판 『논어』가 아직도 보완될 점이 많다는 점을 느끼고 다산의 주해에 기초하여 영문판 『다산 논어』, 좀 더 거창하게 말한다면 한국판 『논어』를 출판해서 한국 유학의 성과를 만방에 알려야겠다는 생각을 가진 후 다산의 『논어고금주』를 통독하는 과정에서 거의 확신에 가깝게 형성되었다. 결론적으로 필자는 다산학을 실학이 아니라 이학(理學)으로 규정하고 싶은데, 이 주장을 어떻게 하면 더 설득력 있게 전달할 수 있을까 궁리하던 중에 공교롭게도 최근 한영우 등이 공저한 『다시, 실학이란 무엇인가』를 읽게 되었고, 특히 권두에 실린 한영우의 글[1)]이 내 생각에 비추어볼 때 상당히 계발적임을 알게 되었다. 미국에 있는 통에 직접 보지는 못했지만 얼핏 읽은 바로는 김용옥이 텔레비전 강의를 통해 이미 '실학은 없다'는 것을 이야기했다는데 아마도 비슷한 문제의식이 아니었나 짐작해 보기도 한다.

다산의 '관학파 유학자'적 면모를 보여주려는 이 글이 위와 같은 연구 관심과 관련을 가지는 것은 보통 다산하면 실학자라는 말이 가장 먼저 떠오르고, 또 실학자라고 하면 권력자들에게 배척당한 재야의 지사적 혹은 처사적(處士的) 지식인이라는 생각을 하기 쉬우며, 다산 개인도 흔히 18년 유배, 강진 다산초당에서의 고단하고 지난했던 시간 등과 연관되어 그런 처사적 지식인의 전형으로 이해되고 있기 때문이다. 다산이 고난을 겪었고, 그 고난 속에서도 학문에 대한 열정을 잃지 않고 후학들에게 크게 귀감이 될 만한 연구 업적들을 남겼다는 것은 부정할 수 없는 일이고, 그런 삶 자체가 지사적이었다고 평가할 수도 있지만, 다산 스스로가 희망하고 지향하였던 바람직한 유교적 지식인의 삶도 처사적인 것이었는지는 그 스스로의 삶의 경험과는 별도로

1) 한영우, 「실학 연구의 어제와 오늘」, 『다시, 실학이란 무엇인가』(푸른역사, 2007).

논의해야 할 것이다. 그런 점에서 다산은 전형적인 관학파 유학자의 의식을 보여준다. 아래에서는 이에 대해서 약간 논의하려고 한다. 자료는 주로 『논어고금주』를 이용할 텐데, 필자가 아직 다산 저작 전체를 일람하지 못한 까닭이다.

2. 이윤에 뜻을 둔다

1) 이윤형의 학자

위에서 말한 관학파 유학자란 조선 초기의 역사적 맥락에서 볼 때 첫째 중앙에서 권력을 장악하여 현실 정치의 장에서 국가 경영의 실무를 담당하였고, 둘째 주로 기호 지방 출신이라는 점에서 영남 지방을 중심으로 하여 후대에 등장하는 사림파와 구별되며, 셋째 관학 — 주로 성균관을 통해서 학문적으로 성장하여 국가 공인의 학문 연구 기관(주로 집현전)을 통해 학계에 등장하였다는 특징을 갖는다.[2] 다산이 활동한 시대의 역사적 맥락에서는 이 정의를 그대로 적용시키면서 '관학파'를 말할 수는 없지만 사림파와 구별되는 조선 초기 관학파의 정체성을 거론하는 것이 다산에 대한 논의에서도 여전히 의미가 있는 것은 그들 사이에서 연속성, 어쩌면 조선 유학사 전체를 설명하는 데에도 유효한 특정한 경향성이 엿보이기 때문이다. 한마디로 이들은 모두 전통적인 출처관(出處觀)으로 볼 때 '처'보다는 '출'을 강조하는 이윤(伊尹)형의 학자였다.

이윤형의 학자란 어떤 것인가? 『맹자』를 보면 유교의 출처관과 관련하여 백이(伯夷), 이윤, 유하혜(柳下惠), 공자 네 명의 인물을 소개하고, 그들을 품평

2) 조선 초기 관학파 유학자의 정체성에 대한 좀 더 자세한 논의는 졸고, 『조선 초기 관학파의 유학사상』(한길사, 1996), 서론 참조.

하는 대목이 나온다.

> 백이는 눈으로는 나쁜 모양을 보지 않고 귀로는 나쁜 소리를 듣지 않았으며, 그 임금이 아니면 섬기지 않고 그 백성이 아니면 부리지 않았다. 다스려진 때에는 나아가고, 어지러운 때에는 물러났다……. 이윤은 "누구를 섬긴들 임금이 아니고, 누구를 부린들 백성이 아닌가"라고 하면서 다스려진 때에도 나아가고, 어지러운 때에도 나아갔다……. 유하혜는 더러운 임금도 수치스럽게 여기지 않고 작은 관직도 사양하지 않았다……. 속히 떠날 만하면 속히 떠나고, 오래 머무를 만하면 오래 머물며, 처할 만하면 처하고 벼슬할 만하면 벼슬한 것은 공자이다. 맹자가 말하였다. "백이는 성인 중의 깨끗한 사람이고, 이윤은 성인 중의 책임을 짊어진 사람이며, 유하혜는 성인 중의 조화로웠던 사람이고, 공자는 성인 중의 시중한 사람이다."[3)]

일견 여기에서는 네 사람이 동등하게 등장하는 것 같지만 좀 더 자세히 논한다면 맹자에게 공자는 금성옥진(金聲玉振)의 집대성자이며, 나아갈 때 나아가고 물러날 때 물러난 이상적 인물이다. 그러므로 맹자는 "내가 아직 능히 행하는 것은 없지만 원하는 것은 공자를 배우는 것이다"[4)]라고 고백한다. 그에 비해 백이와 유하혜는 "백이는 좁고 유하혜는 공손하지 않다. 좁거나 공손하지 않은 것은 군자가 말미암지 않는다"[5)]는 품평대로 양 극단에 서 있으므로 옛 성인 중의 하나이기는 해도 모범이 되기는 어렵다.

---

3) 『맹자』「만장하」. "伯夷目不視惡色. 耳不聽惡聲. 非其君不事. 非其民不使. 治則進. 亂則退……. 伊尹曰事非君. 何使非民. 治亦進. 亂亦進……. 柳下惠不羞汙君. 不辭小官……. 可以速而速. 可以久而久. 可以處而處. 可以仕而仕. 孔子也. 孟子曰伯夷聖之淸者也. 伊尹聖之任者也. 柳下惠聖之和者也. 孔子聖之時者也."

4) 같은 책, 「공손추상」. "吾未能有行焉. 乃所願則學孔子也."

5) 같은 책, 같은 곳. "伯夷隘. 柳下惠不恭. 隘與不恭. 君子不由也."

그러면 맹자에게 이윤은 어떤 인물인가? 우선 이윤은 "천하의 무거움을 스스로 짊어진"[6] 사람이며, 그런 뜻이 있었기 때문에 탕왕을 도와 은의 기틀을 닦았고, 탕왕이 죽은 뒤 왕위 계승과 관련하여 탕왕의 손자인 태갑(太甲)을 동(桐) 땅에 내치고 또 나중에 받아들이는 등 신하로서 감히 할 수 없는 대담한 일을 했으면서도 불구하고 "이윤의 뜻이 있다면 (그런 일을 하는 것도) 가하다"[7]는 평을 얻었다. 곧 맹자에게 이윤은 백이나 유하혜보다는 공자에 가까운 인물이었다. 그래서 후대의 유학자들에게 이윤과 곧잘 비교되는 사람은 백이나 유하혜가 아니라 "한 대죽그릇의 밥과 한 바가지의 마실 것으로 비좁은 곳에 살면서도" 그 즐거움을 바꾸지 않았던 안연(顔淵)[8]이 되며, "이윤에 뜻을 두고 안연을 배운다(志伊學顔)"는 말은 차마 직접 공자에 뜻을 두었다고 말하기 어려운 후대 학자들이 흔히 쓰는 말이 되었다.[9] 이윤은 '출'의 재상, 안회는 '처'의 현자로 각기 유학자들의 귀감이 되는 인물이 된 것이다.

이것을 유교의 두 이상이라고 할 수 있는 내성외왕이라는 말에 견준다면 안자는 내성을 먼저 하였고, 이윤은 외왕을 더 중히 여겼다고도 할 수 있겠는데, 물론 가장 좋은 것은 두 이상을 동시에 구현하는 것이겠지만 이런 성인됨이란 좀체 쉽지 않은 일이어서 역사와 시대는 종종 지식인들에게 하나의 선택을 강요한다. 공자를 사숙한 맹자는 마음속의 스승을 시중한 사람으로 높였지만 공자도 나중에 빈자리(素王)에 앉았을 뿐이지 외왕을 했다 할 수 없기 때문에 시종 요순에는 못 미친다는 혐의를 받지 않았는가. 그래서 유학사에서는 어느 것에 먼저 마음을 쓸 것인가 하는 이 '현재적' 고뇌에 대한 다른 반응

---

6) 같은 책, 「만장하」. "其自任以天下之重也."

7) 같은 책, 「진심상」. "有伊尹之志則可."

8) 『논어』 「옹야」. "一簞食一瓢飮. 在陋巷. 人不堪其憂. 回也不改其樂. 賢哉. 回也."

9) 이 말은 원래 주돈이(周敦頤)가 "선비는 현인을 희망한다(士希賢)"는 뜻을 풀이하면서 한 말이다. 『周元公集』 권10. "志伊尹之所志, 學顔子之所學."

이 상이한 학문 경향과 학파를 낳아 서로 갈등하고 대립하는 경우를 흔히 보게 된다.

조선 유학사에서도 우선 15세기 관학파(출)와 사림파(처)의 갈등이 있었고, 16세기 조선 성리학이 자리를 잡을 때에도 고고한 '이(理)'의 세계를 구축하려는 퇴계학(처)과 '이'의 주도권을 인정하면서도 현실 세계와 균형을 잡으려고 하는 율곡학(출)의 논쟁이 있었으며, 또 실천의 면에서는 퇴계에게마저도 칼을 들이댄 서슬 퍼런 남명의 엄격한 처사 의식도 있었다. 이런 구도에서 보면 17세기 이후의 이른바 '실학'은 정통 성리학의 단정한 처사 의식이 낳은 사회적 경화 현상을 해결하려는 '출세'의 사상이었고, 이후 두 진영 사이의 이론적 분규 역시 출·처라는 관점에서 설명할 수 있다. 그렇다면 들여다보지 않아도 다산은 당연히 '출세'의 사상가였지 처사는 아니었을 것이다.

2) '출세'의 사상가 다산

이것은 추론만이 아니다. 다산의 글을 보면 그가 처사적 삶보다는 '출세'를 지향했다는 점을 뚜렷이 확인할 수 있다. 우선 유학의 출처관과 관련하여 흔히 거론되는 인물들에 대한 다산의 평을 보자. 이와 관련해서는 먼저 다산이 주 무왕의 혁명에 대한 항거의 표시로 주나라의 곡식을 먹지 않고 수양산에 은거하다가 굶어 죽었다는 백이의 이야기, 『사기』「백이열전」의 기록을 정확한 사실로 받아들이지 않는다는 점이 주목된다.

> 이제 『논어』와 『맹자』가 논한 백이의 여러 일을 살펴보면 모두 『사기』가 빼놓은 것이다. 말머리를 붙잡았고 나물을 뜯어 먹었다는 등의 일은 공자나 맹자의 말에서 아무런 영향도 찾을 수 없으니 아마도 실제의 일을 기록한 것이 아닐 것이다. 미자는 (주나라로부터) 봉토를 받았으면서도 부끄러워하지 않았고, 기자도 도를 진언하면서 의심이 없었는데 어찌 오직 백이만 말머리를 붙잡

고 간하고, 나물을 뜯어 먹으면서 굶어 죽는 데까지 이르렀겠는가?[10]

다산은 「백이열전」의 기록이 잘못되었다는 증거로 우선 그 서술 자체의 문제점을 든다. 곧 「백이열전」에서는 "서백(西伯: 문왕)이 죽자 무왕이 나무로 만든 문왕의 신주를 싣고 '문왕'이라고 시호하고는 동으로 주왕을 벌하였다"[11]고 하였는데, 다산의 눈에는 이것이 이치에 맞지 않는다. "장사를 끝내지 않고 신주를 세우는 법은 없다. 이미 '아비가 죽어 아직 장사하지 못하였다'고 하였음에도 또 '나무로 만든 신주를 실었다', '시호하여 문왕이라고 하였다'고 하였는데 어찌 이것이 '이치(理)'에 합당한가? '말머리를 붙잡았다'는 단락은 원래 근거 없이 찬술한 말(白撰)이다."[12] 이와 함께 다산은 『맹자』에 대한 고주(古注)인 조기(趙岐)의 주에 주목한다. 조기는 문제가 되는 맹자의 말에 대해 "백이는 고죽군의 맏아들이다. 나라를 양보하고 은거한 사람이다…… 은나라의 말세에 제후들이 대부분 불의하므로 나라를 다스리는 지위에 나아가지 않았다가 나중에 서백에게 귀의하였다"[13]고 주해하였다. 다산은 이 조기의 주를 백이가 은거하기는 하였으되 무왕 때문이 아니라 은의 주왕 때문에 은거한 것이며, 나중에 문왕의 덕이 널리 알려지자 문왕에게 귀의하였다는 말로 해석한다. 이렇게 '이'에 입각해서 주어진 주장이나 이론의 합리성 여부를 파악하고 고금의 자료를 널리 이용하여 자신의 견해를 입증하는 것이 다산 고증학의 가

---

10) 『맹자요의』, 한국문집총간 282, 108쪽 우상. "今詳論語孟子所論伯夷諸事. 皆史記所闕. 而叩馬採薇諸事. 又於孔子, 孟子之言. 都無影響. 恐非實錄. 微子受封而不恥. 箕子陳道而不疑. 何獨伯夷叩馬而諫. 採薇而食. 以至餓死乎."

11) 『사기』 「백이열전」. "西伯卒, 武王載木主, 號爲文王, 東伐紂."

12) 『맹자요의』, 한국문집총간 282, 108쪽 우상. "未葬無立主之法也. 夫旣曰父死不葬. 又曰載木主. 號曰文王. 豈當於理乎. 叩馬一段[殷]. 原是白撰."

13) 『맹자정의』, 『十三經注疏』 8, 67쪽 좌하. "伯夷. 孤竹君之長子. 讓國而隱居者也..... 殷之末世. 諸侯多不義. 故不就之. 後乃歸於西伯也."

장 일반적 방법이다.

그런데 사실 조기의 주가 「백이열전」의 기록을 뒤엎는 반증이 될 수 있는가는 보기 나름이다. 「백이열전」에서도 조기가 주해한 대로 백이가 문왕에 귀의하였다고 분명히 밝혀 놓았기 때문이다. 차이가 있다면 단지 조기는 백이가 신하로서 왕을 내쫓는 것에 불과한 무왕의 혁명에 실망한 나머지 "의로써 주나라의 곡식을 먹지 않았다[義不食周粟]"는 「백이열전」의 기록과 관련해서는 아무런 언급도 하지 않았다는 점뿐이다. 또 다산은 「백이열전」이 기록한 바 "말머리를 붙잡았고, 나물을 뜯어 먹었다"는 일이 『논어』와 『맹자』에 아무런 흔적도 남기지 않았다고 하였지만 실상 『논어』는 "백이와 숙제는 수양산 아래에서 굶어 죽었다"[14]고 분명히 언급하였고, 공자 스스로가 백이와 숙제를 일민(逸民)으로서 "그 뜻을 굽히지 않고 그 몸을 욕되게 하지 않은"[15] 사람으로 평가하기도 하였다. 『맹자』에도 백이에 대한 여러 기록이 나오지만 모두 「백이열전」의 기록과 모순되지 않는다.

다산도 이런 점을 충분히 인식하고 있었다. 그렇기 때문에 「백이열전」에 대한 위의 비판 뒤에 특별히 백이·숙제가 수양산 아래에서 굶어 죽었다고 한 『논어』의 기록에 대해 설명하였는데, 이채로운 것은 그가 백이가 굶어 죽은 데 대해 "나라를 양보하고 녹을 잃은 것이 굶어 죽은 이유이다"[16]라고 보았다는 사실이다. 곧 「백이열전」이 백이의 굶어 죽은 이유를 의에 입각하여 무왕의 혁명에 항거했기 때문이라고 본 데 비해 다산은 주왕의 폭정을 보고 은거하여 봉록을 받을 길이 없었기 때문에 굶어 죽은 것이라고 본 것이다. 그러므로 다산이 「백이열전」을 비판한 것은 무엇보다도 그것이 "의로써 주나라의 곡식을 먹지 않았다"고 서술했기 때문이다. 다시 말해서 다산의 눈에는 무왕이

14) 『논어』 「양화」: "伯夷叔齊, 餓于首陽之下."

15) 같은 책, 「미자」: "不降其志, 不辱其身."

16) 『맹자요의』, 한국문집총간 282, 108쪽 좌상. "讓國而失祿, 所以餓也."

성인으로서 혼군을 내쫓아 왕이 되었는데도 백이가 주나라의 곡식을 먹지 않는 것은 결코 의가 아니었던 것이다.

조선왕조의 역사를 돌이켜 볼 때 이런 인식이 어떤 의미를 지니는지는 충분히 이해할 수 있으리라 본다. 이성계는 고려를 뒤엎고 역성혁명을 일으켰고, 수양대군은 어린 조카 단종을 내쫓고 왕이 되었으며, 그 뒤로도 수많은 왕이 명분으로 볼 때 많은 문제를 안고 왕위에 올랐다. 이때 이른바 절의를 좇아 두문동에 은거하고 사육신이 된 사람들과 후세에 그러한 정신을 계승 발양한 학자들은 사림이 추숭하는 처사가 되었고, 절차에서는 흠결이 있더라도 이미 왕이 된 이가 새 포부를 가지고 새 사업을 하려고 할 바에는 무엇이든지 할 일을 찾는 것이 옳겠다고 하여 조정에 나아간 사람은 대신 관료가 되었다. 무엇이 더 바람직한지는 순전히 개인의 안목에 달렸겠으나 분명한 것은 다산이 후자의 입장이었다는 점이다.

3) 관중이 죄인인가

이러한 입장은 관중(管仲)에 대한 다산의 평가에서도 잘 드러난다. 관중은 잘 알려진 대로 제 양공의 종제인 공손무지(公孫無知)가 양공을 죽였을 때 소홀(召忽)과 같이 공자 규(糾)를 받들고 노나라로 도망쳤다가 제나라 사람들이 공손무지를 죽이자 왕권을 놓고 나중에 환공이 되는 공자 소백(小白)과 대립하였고, 소백이 서형(庶兄)인 공자 규[17]를 죽였음에도 불구하고 환공에게 종사하여 그가 패업을 이루도록 도운 인물이다. 이렇게 그의 출처가 논란이 있는 것이었으므로 『논어』에는 자로와 자공이 관중을 불인한 사람으로 의심하

---

17) 공자 규와 공자 소백 중에 누가 형인지는 약간의 논란이 있으나 다산은 모기령(毛奇齡)의 설을 좇아 공자 규가 형이었다고 본다. 『논어고금주』, 한국문집총간 282, 299쪽 좌하~300쪽 우상 참조.

여 공자에게 묻는 대목이 있다. 같이 공자 규를 모신 소홀은 주군을 따라 죽었는데, 관중은 죽지도 않았을 뿐만 아니라 실질적으로 자신의 주군을 죽인 환공을 섬기기까지 했기 때문이다. 하지만 이들의 질문을 받은 공자는 관중의 혐의에 대해서는 논하지 않고 단지 그가 이룬 업적, 곧 사공에 주목하여 관중을 변호한다.

> "환공은 아홉 번이나 제후를 합하였으되 병거로 하지 않았으니 관중의 힘으로 된 것이다. 누가 그 어짊과 같겠는가? 누가 그 어짊과 같겠는가?[18]"

> "관중은 환공을 도와 제후의 우두머리가 되어 한 번 천하를 바로잡았으니 백성들이 지금까지도 그 베풂을 받고 있다. 관중이 아니었다면 우리들은 머리를 땋고 왼쪽으로 옷섶을 여미었을 것이니 어찌 필부·필부들이 작은 믿음을 위하여 구덩이에서 스스로 목을 매달아 세상 사람이 알지 못하도록 하는 것과 같겠는가?"[19]

이렇게 공자는 관중이 이룬 바를 거론하며 개인적인 출처에서의 흠결을 논의하지 않으려고 하였다. 하지만 정자·주자는 달랐다. 주자는 공자가 관중의 인함을 허여한 것은 그 사람의 덕을 놓고 이야기한 것이 아니라고 하면서 "대개 관중은 비록 인한 사람이라고 할 수는 없지만 그 이로움과 은택이 사람에게 미쳤으므로 인의 공이 있는 것이다"[20]라고 하여 그 공만을 인정하고 그 사람은 인정하지 않았으며, 정자는 좀 더 분명하게 "만약 환공이 동생이고 공

---

18) 『논어』「헌문」. "子曰桓公九合諸侯. 不以兵車. 管仲之力也. 如其仁如其仁."

19) 같은 책, 같은 곳. "管仲. 相桓公霸諸侯. 一匡天下. 民到于今. 受其賜. 微管仲. 吾其被髮左衽矣. 豈若匹夫匹婦之爲諒也. 自經於溝瀆而莫之知也."

20) 『논어집주』, 『사서』 340쪽 우하. "蓋管仲雖未得爲仁人, 而其利澤及人, 則有仁之功矣."

자 규가 형이어서 관중이 처음에 도운 것이 옳았는데도 환공이 그 나라를 빼앗고 죽였다면, 관중과 환공은 세상을 같이할 수 없는 원수이다. 만약 단지 나중의 공만을 생각해서 환공 섬긴 것을 허여하였다면 성인(공자)의 말이 어찌 의를 해침이 심하여 만세토록 반복하고 불충하는 변란을 열어놓은 것이 아니겠는가!"[21]라고 하여 실질적으로는 관중을 용납할 수 없다는 뜻을 보였다. 비록 정자는 제 환공이 형이고 공자 규가 동생이었다는 것을 전제하면서 만약 제 환공이 동생이었다면, 그래서 동생으로서 형을 죽인 것이라면 도저히 용납할 수 없다는 가정을 하였지만 다산은 고염무(顧炎武)·모기령 등 청유의 설을 좇아 정자·주자가 제 환공을 형으로 전제한 것은 그 업적, 곧 사공을 보아 관중을 허여한 공자를 직접 비판하기 어려웠기 때문이었을 것으로 이해한다.[22] 그러면 이 논란에 대한 다산의 태도는 어떤 것이었는가?

다산은 이 문제와 관련하여 아마도 『논어고금주』를 통틀어 가장 과격하게 정자와 주자를 비판한다.

> 저 세상이 바뀌는 때에는 오히려 또한 이런 것이다. 하물며 자규(공자 규)와 소백은 모두 같은 임금의 자식이다. 관중이 충성을 다하여 섬기다가 규가 죽음에 이르러 들어와 환공을 보좌하였고, 제나라를 패자로 만들고 주나라를 높였다. 어찌 그것을 '의를 해쳤다'고 할 수 있는가? 성인의 경전에서 귀하게 여기는 바는 의리의 마땅하고 그릇된 것이니 성인의 말씀에서 질정해야 한다. 이미 성인의 말을 들었으면서도 오히려 자기의 견해를 고집하니 또한 어찌하자는 것인가? 이것은 감히 분변하지 않을 수 없다.[23]

---

21) 같은 책, 341쪽 좌하. "若使桓弟而糾兄, 管仲所輔者正, 桓奪其國而殺之, 則管仲之與桓, 不可同世之讐[吳]也. 若計其後功而與其事桓, 聖人之言, 無乃害義之甚, 啓萬世反覆不忠之亂乎?"

22) 『논어고금주』, 한국문집총간 282, 300쪽 우상 및 301쪽 좌상 참조.

23) 같은 책, 301쪽 우하～좌하. "彼當革世之際. 猶且如此. 況子糾小白. 均吾君之子. 管仲

다산은 공자의 평가를 있는 그대로 이해하면서 오로지 의리와 명분을 내세우는 정주학의 태도를 비판한다. 그가 보기에는 은의 주왕을 내쫓고 왕위에 오른 무왕을 성인으로 받들고, 무왕이 혁명하였을 때 충절을 지켜 순사하지 않고 무왕을 좇은 기자와 미자를 현인으로 높이면서도 유독 관중의 일은 용납하지 않는 태도는 모순적이다. "성인의 경전에서 귀하게 여기는 바는 의리의 마땅하고 그릇된 것이니 성인의 말씀에서 질정해야 한다"는 말은 성인보다 자기의 기준으로 의리를 재단하는 정주학의 태도는 오히려 참된 의리를 저버릴 수 있다는 말처럼도 들린다. 그도 그럴 것이 다산에게 "인이란 (정주학에서 말하는 것처럼) 본심의 온전한 덕이 아니라 또한 사공의 성취한 바일 따름이며, 그러므로 이미 (관중에게) 인의 공이 있다면 그를 두고 인한 사람이 아니라고 하는 것은 아마도 '이치'에 합당하지 않은 것"[24]이기 때문이다.

이와 같은 다산의 시각은 문제가 되는 『논어』 본문에 대한 독창적인 독법으로까지 이어진다. 곧 다산은 『논어』의 고주 곧 『논어집해』, 『논어의소』, 『논어정의』와 금주 곧 『논어집주』에서 동일한 방법으로 독해되었던 "환공은 아홉 번이나 제후를 합하였으되 병거로 하지 않았으니 관중의 힘으로 된 것이다. 누가 그 인과 같겠는가? 누가 그 인과 같겠는가?"라는 문장의 마지막을 "(관중의 인이) 소홀의 인과 같으리. 소홀의 인과 같으리"라고 비틀어 읽는 것이다.[25] 다산은 공안국에서 시작된 전통적인 독법이 글자를 그대로 읽은 것이 아님을 지적하면서 '여기인(如其仁)'의 '기'는 공자 규를 따라 순사 한 소홀을 가리킨다고 본다. 이렇게 보면 결국 공자의 말은 관중의 인이 소홀의 인과

盡忠所事. 及糾之死. 入輔桓公. 以霸齊而尊周. 何謂之害義乎. 所貴乎聖經者. 凡義理當否. 質之於聖言也. 若旣聞聖言. 猶守己見. 亦奚以哉. 此不敢不辨."

24) 같은 책, 300쪽 좌하. "仁者非本心之全德. 亦事功之所成耳. 然則旣有仁功. 而不得爲仁人. 恐不合理."

25) 같은 책, 299쪽 좌하. "如猶當也. 其仁. 謂召忽之仁也. 言管仲之功. 足以當召忽之仁" 참조.

전혀 다를 바가 없음을 확인해 준 셈이 된다.

4) 무왕을 폄하하지 말라

사실 명분을 강조하는 정주학은 여러 고대의 인물 중에서 혁명으로 왕이 된 무왕을 성인으로 받드는 데 가장 곤란을 느꼈다. 그의 아버지 문왕은 이미 천하의 2/3를 가졌으면서도 신하의 명분을 저버리지 않았는데 무왕은 어찌 됐든 왕을 내쫓았기 때문이다. 이런 정주학의 시각은 경전을 해석하는 과정에서도 그대로 반영된다. 가령 순임금의 신하와 무왕의 신하를 비교하는 『논어』의 논의가 정주학에 의해서 어떻게 굴절되는가를 보자. 문제가 되는 구절은 『논어집주』에 기초할 때 "순임금이 신하 다섯 사람을 둠에 천하가 다스려졌다. 무왕은 '내게는 다스리는 신하 열 사람이 있다'고 말했다. 공자가 말하였다. '인재를 얻기가 어려운 것이다. 그렇지 않은가? 당우의 사이가 이보다 더 성하였을 뿐이다'"[26]라고 해석되는 부분이다. 여기에서 보듯이 『논어집주』는 당우 시대가 무왕 시대보다 인재를 얻은 것이 더 성하였다는 식으로 이 글을 해석하였다. 하지만 하안의 『논어집해』나 황간의 『논어의소』 등 고주들은 한결같이 『논어』의 원문이 무왕에게 더 많은 현신이 있었음을 이야기하는 것이라고 본다. 특히 『논어의소』는 『논어집주』와 유사한 계표(季彪)의 설을 소개하면서 그것이 비록 춘추전(春秋傳)에 따른 것 같아 보이기는 해도 원문의 뜻은 주나라를 높이는 데 있으므로 무왕에게 더 많은 현신이 있었다고 이해해야 한다고 하였다.[27]

---

26) 『논어』「태백」. "舜有臣五人而天下治. 武王曰予有亂臣十人. 孔子曰才難. 不其然乎. 唐虞之際. 於斯爲盛."

27) 『논어의소』, 『論語集解義疏』, 『叢書集成簡編』(王雲五主編, 상무인서관) 164, 112쪽 참조.

이제 원문을 보면 이 구절은 확실히 주의 성덕을 이야기하고 있다. 문제가 되는 논의는 “천하를 셋으로 나누어 그 둘을 가졌음에도 복종하여 은나라를 섬기었으니 주나라의 덕은 지극한 덕이라고 할 만하다”[28)]는 평가로 마무리되기 때문이다. 그렇지만 무왕을 일면 마뜩찮게 생각하는 정주학은 무왕에게 순임금보다 많은 현신이 있었다는 것을 받아들일 수 없었고, 결국 문장을 달리 해석해 계표의 설과 같이 순임금의 시절이 더 나았다는 새로운 독법을 제시하기에 이른다.

이 문제를 보는 다산의 시각은 간명하다. 간단히 말해서 다섯보다는 열 명이 낫다는 것이다. “이 경전에서 언급한 것으로 본다면 순임금은 불과 다섯 사람이고 주나라는 열 명에 이른다. 그러므로 저것이 이것보다 성하다고 할 수는 없으며, 또한 어맥을 전도시켰으니 아무래도 본래 뜻이 아닌 듯싶다. 구설에 병통이 있기는 하지만 또한 주나라가 가장 성하였다고 본 것이니 진실로 다섯과 열은 서로 비슷하지 않기 때문이다.”[29)] 열이 다섯보다 많으니 주나라가 더 성한 것이 아니냐는 다산의 반론은 간명하면서도 합리적이다. 이런 문제 해결 방식을 보면 고주든 금주든 권위에 눌리지 않고 합리적인 사유를 모색해 나가는 다산학의 특징이 잘 드러난다.

후대에 이루어진 업적, 곧 사공으로 볼 때 관중이 환공을 도운 일이나 무왕이 혁명한 일을 명분을 어겼다고만 판단할 수 없다는 다산은 단순히 정주학에 의해 굴절된 경전의 원문을 되돌려 놓는 것에서만 그치지 않는다. 그는 또 무왕에 대한 정주학의 잘못된 인식을 직접 비판하기도 한다. 특히 다산은 위의 구절과 관련하여 『논어집주』가 소개한 범씨(范氏: 范祖禹)의 해설, 곧 “공자가

---

28) 『논어』 「태백」. “三分天下. 有其二. 以服事殷. 周之德. 其可謂至德也已矣.”

29) 『논어고금주』, 한국문집총간 282, 230쪽 좌하. “此經所言者. 舜不過五人. 周至於十人. 不得云彼盛於此. 且語脈顚倒. 恐非本旨. 舊說雖有病. 亦以爲周最盛. 誠以五與十不相當也.”

무왕의 말로부터 시작하여 문왕의 덕에 미쳤고, 또 태백(泰伯)과 함께 모두 지극한 덕으로 칭하였으니 그 뜻이 미묘하다"[30]고 한 해설에 의문을 제기한다.

> 살펴보건대 이 해설에서 공자가 자주 태백과 문왕의 지덕함을 칭하였다고 하는 것은 그 뜻이 은근히 무왕을 비판하는 것이다…… 또 명분으로 말하더라도 문왕을 두고 어찌 "삼가 명분을 지켰다"고 할 수 있는가? 당우삼대의 법으로 보면 천자의 나라는 기내가 천 리이고, 상공은 백 리에 불과하다. 그런데도 문왕은 천하를 삼분하여 그 둘을 가졌으니 어찌 명분을 지켰다고 하겠는가? …… 문왕과 주공에 대하여 공자는 반드시 폄하하는 바가 없었을 것인데 유독 무왕만을 폄하하니 어찌 이런 '이치'가 있는가?[31]

태백은 문왕의 큰아버지로 혈통으로 보면 왕공의 지위를 계승해야 마땅하나 문왕이 왕자가 될 덕을 갖추었음을 알고는 문왕의 아버지인 계력(季歷)에게 그 지위를 양보했다는 인물이다. 양위를 위해서 태백은 스스로 오월로 도망쳐서 돌아오지 않았으므로 말하자면 태백은 백이와 같은 인물이다. 그에 비해 문왕은 당시의 법도를 어겨 천하의 2/3를 소유하였으므로 태백이 아름다운 사람이라면 문왕은 깨끗하지 못한 사람이며, 의리와 명분으로 말한다면 문왕과 무왕을 같이 비난해야지 문왕은 높이고 무왕은 폄하할 이유가 없다는 것이 다산의 생각이다. 하지만 실상 다산은 명분을 따지는 것이 아니다. 문왕이나 무왕이나 또 실제로 은나라를 멸망시킨 주공이나 모두 명분으로 보면 문제를

---

30) 『논어집주』, 『사서』, 226쪽 좌하. "孔子因武王之言而及文王之德, 且與泰伯, 皆以至德稱之, 其指微矣."

31) 『논어고금주』, 한국문집총간 282, 231족 좌상~우상. "案此說謂孔子亟稱泰[太]伯文王爲至德. 其意爲微刺武王也 …… 且以名分言之. 文王其可曰恪守名分乎. 唐虞三代之法. 皆天子邦畿千里. 上公不過百里. 文王三分天下有其二. 安在其守名分乎 …… 孔子於文王周公. 必無所貶. 則獨貶武王. 有是理乎."

삼을 만하지만 그들의 남긴 덕화와 사업이 대단하므로 소소한 절의를 가지고 가부를 판단할 수 없다는 것이 다산의 기본 관점이다. 이것이 바로 '처'보다는 '출'을 강조하는 이윤형 유학자, 곧 조선 초기의 맥락에서 볼 때 관학파 유학자의 특색이다.

5) 성취한 바를 보라

다산은 당연히 이윤을 백이·유하혜·공자와 같은 성인으로 인식한다. 동시에 그에게 이윤은 적어도 백이·유하혜보다는 뛰어난 인물이며, 공자에 비교해서 성취한 것이 꼭 많다고 할 수는 없지만 이윤의 공도 못지않게 훌륭한 것이기 때문에 선뜻 비교하기 어려움을 느끼게 하는 성인이다. 이 네 성인을 서로 견주어 논의하는 『맹자』의 기사와 관련하여 다산은 이렇게 말한다.

> 이 세 사람(백이·이윤·유하혜)은 단지 하나의 음만을 연주하였고, 공자는 팔음을 합주하였다든지(『논어집주』의 설이다), 또 세 사람은 힘은 있었으나 기교가 없었고 공자는 기교가 있으면서도 능히 적중하였다든지(『주자대전』의 설이다) 하는 것은 대개 본래의 뜻이 아니다. 백이·유하혜에 대해서는 혹시 '하나의 음만을 치우치게 연주하였다'고 할 수 있을지도 모른다. 하지만 이윤 같은 사람에 대해서 어찌 팔음을 모두 갖추지 않았다고 할 수 있겠는가? (『맹자』 본문의)"공자가 집대성하였다"는 구절 이하의 말은 반드시 이 세 사람과 공자를 비교하는 말은 아닐 것이니 마땅히 비교할 것은 그 성취한 바의 많고 적음일 뿐이다.[32]

---

32) 같은 책, 133쪽 좌상. "若謂三子獨奏一音. 孔子合奏八音(見集注). 三子有力而無巧. 孔子以巧而能中(見大全). 則皆非本旨. 伯夷柳惠. 或可曰偏奏一音. 如伊尹者. 惡得云八音不具乎. 集大成以下. 不必與三子比照. 所宜較者. 惟其所成有大小而已."

이윤에 대한 이러한 평가는 성리학의 그것과는 비교된다. 성리학에서 이윤은 물론 옛날의 성인이지만 결코 안연에 비교할 만한 인물은 아니다. 주돈이는 "이윤에 뜻을 두고 안연을 배운다"는 말을 하기도 했지만 그가 궁극적으로 학자들의 숙제 명제로 제시한 것은 '공안낙처(孔顔樂處)'이다.[33] 퇴계나 남명이 명정에서 관직을 모두 떼어내고 오직 퇴도만은(退陶晩隱)이라든가 처사(處士)라든가 하는 고결한 이름만 가지고 가려고 했던 것도 바로 이 안자 지향에 공감했기 때문이었다. 특히 정자는 간혹 사람들이 이윤의 출처가 공자와 같았다고 보는데 왜 '성인 중의 시중한 사람'이라는 평가를 얻지 못했느냐는 질문에 "종내 자임하는 뜻이 있었다"[34]고 하여 자못 이윤을 내려보았다. 이러한 점을 염두에 둘 때 위 다산의 논설에서 눈에 띄는 것은 그가 말하는 비교의 기준이다. 곧 "성취한 것의 많고 적음"만이 누가 더 훌륭한 사람인가를 판단하는 근거라는 것이다. 이것은 조선 초기 관학파 유학자들과 같은 전형적인 사공파(事功派)의 생각이다. 물론 이윤이 유하혜와 같지는 않고, 맹자가 말한 대로 이윤이 공을 구하기 위해서 할팽요탕(割烹要湯)했다는 말도 준신할 수 없다면 이윤형의 사공파는 의리를 도외시하는 성과 제일주의자는 아니다. 사실 의리 추구의 당연성을 받아들이는 측면에서 다산은 정주학과 완전히 같다. 단지 '처'보다는 '출'을 강조하는 다산에게는 일신의 정결함보다는 세상에 공을 남기는 것이 더 중요했고, 그 점을 강조하기 위해 이렇게 사공파적인 진술까지도 마지않았던 것이다.

---

33) 『주원공집』 권23. "每令尋仲尼顔子樂處所樂何事者也."

34) 『맹자집주』, 『사서』, 646쪽 좌상~우상. "(或疑伊尹出處合乎孔子. 而不得爲聖之時. 何也) 程子曰終是任底意思在."

3. 이론 배경

1) 선비[士]는 벼슬하려는 사람

백이와 관중, 무왕 등에 대한 평가와 관련하여 드러나는 다산의 시각은 실로 일관되다. 지면 관계상 자세히 논의하기는 어렵지만 아버지의 애첩을 죽이려다가 아버지에게 미움 받고 도망갔던 괴외(蒯聵)가 자신의 아버지를 이어 위나라를 다스리게 된 자신의 아들 첩(輒)을 내치고 위군(衛君)의 지위를 차지하게 된 일을 놓고도 다산은 정주학적 명분보다는 현실적 상황을 더 중시하여 "이와 같은 일(신하와 자식이 임금과 부모를 시해하는 일)은 이루 다 헤아릴 수 없다. 어찌 유독 위나라의 괴외만 그 음탕한 어미를 죽이려고 하였다고, 그 죽이는 일도 이루어지지 않았는데, 그 죄를 무겁게 여겨 아들(첩)이 그를 거부하고 신하들은 그를 포위할 수 있다고 하는가?"[35]라고 하면서 괴외를 옹호하며, 정주학자들의 눈에 찰 리 없는 사공파 정치가 자산(子産)을 놓고 공자가 분명히 칭찬하는 말을 했음에도 오역(吳棫)이 "그 일을 몇 가지 헤아려서 칭찬하는 것은 오히려 미진한 구석이 있다는 말이니 (공자가) '자산에게 군자의 도가 네 가지 있다'한 경우가 이것이다"[36]라고 비판하자 "정자산은 자기를 이루고 문물을 이루어 그 항목이 네 가지나 되니 이것은 덕을 온전히 사람이다. 오역의 설은 그 호오가 어찌 상도에 반하지 않는 것이겠는가?"[37]라고 하며 재반론을 전개한다. 이것들은 모두 앞 절에서 논의한 이윤형 학자 다산의 가

---

35) 『논어고금주』, 한국문집총간 282, 281쪽 우하. "若是者不可勝數. 奚獨衛之蒯聵. 謀殺淫母. 殺亦不成. 而其罪獨重. 子可以拒之. 臣可以圍之乎."

36) 『논어집주』, 『사서』, 144쪽 좌하. "數其事而稱之者, 猶有所未至也, 子産有君子之道四焉是也."

37) 『논어고금주』, 한국문집총간 282, 197쪽 우하. "鄭子産以成己成物. 其目至四. 此全德之人也. 吳棫之說. 其好惡豈不反常."

치관과 부합하는 논설이라고 하겠다.

그렇다면 이러한 견해를 낳는 이론적 배경은 무엇일까? 우선 눈에 띄는 것은 선비[士]의 역할에 대한 다산의 독특한 입장이다.

> 살피건대 백성의 종류는 넷이니 사·농·공·상이 그것이다. '사'라는 것은 벼슬하는 것을 말한다. '배운다'라는 말은 벼슬하는 것을 배운다는 것이다.[38]

> 형병은 "'사'란 덕이 있는 사람을 칭하는 것이다"라고 하였는데 잘못이다. 사·농·공·가(상)를 사민이라고 하니 '사'라는 것은 벼슬하는 것이다. 벼슬한다는 것은 남을 다스리는 것이니 그 때문에 남을 다스리는 방법을 배우는 사람도 '사'라고 한다.[39]

> 도를 배우는 것은 장차 그로써 벼슬을 하기 위한 것이다.[40]

> 도를 학업하는 것은 장차 벼슬하기 위해서이다. 그러므로 아직 벼슬하지 않았다고 하더라도 '사'라고 부르는 것이다.[41]

여기에서 다산은 선비가 공부하는 궁극 목적이 결코 도를 체인하는 데에만 있지 않다고 본다. 어떻게 보면 도를 배우는 것은 다산에게 수단에 불과하고, 그 궁극 목적은 벼슬길에 나아가 자신이 배운 바를 실행하여 덕화를 펴는

---

38) 같은 책, 367쪽 좌하. "案民之類有四. 日士農工商. 士者仕也. 學也者. 學爲仕也."
39) 같은 책, 287쪽 우하. "邢日士有德之稱. 駁曰非也. 士農工賈. 謂之四民. 士者仕也. 仕者治人者也. 故學治人之術者. 亦謂之士."
40) 같은 책, 289쪽 좌하. "學道將以仕也."
41) 같은 책, 190쪽 우상. "業道者. 將以仕也. 故雖不仕. 亦謂之士."

데 있다. 그러므로 단지 도에만 뜻을 두고 자족하면서 벼슬길에 나아가지 않는 것은 다산에게는 결코 바람직한 일이 아니다. 이와는 달리 정주학의 입장에서는 만약 어떤 선비가 도에 뜻을 두어 벼슬하기를 사양하였다면 그것은 가상한 일이지 말릴 일이 아니다.

이런 시각의 차이는 또다시 벼슬길에 나아갈 것을 권유하는 공자에게 칠조개(漆雕開)가 완곡하게 사양하는 말을 했을 때 그 말의 참뜻을 둘러싸고 『논어집주』와 다산의 미묘한 해석 차이를 낳는다. 곧 "선생님께서 칠조개에게 벼슬을 하도록 하려고 하니 대답하기를 '저는 이것에 대해서 아직 자신할 수 없습니다'고 하였다. 선생님께서 기뻐하셨다"[42]는 구절에서 '이것[斯]'이 무엇을 의미하는가에 대해 다산과 정주학의 주해가 차이를 보여주는 것이다. 주자는 '이것'이 "이 이치[理]를 가리켜서 말한 것이다"[43]라고 하였고, 정자는 "고인이 도를 본 것이 분명하였기 때문에 이렇게 말한 것이다"[44]라고 하여 은연중 칠조개가 벼슬보다는 도에 관심을 두었기 때문에 사양하였고, 그 때문에 공자가 기뻐하였다고 보았다. 사씨(謝氏: 謝良左)는 "심술의 은미함에 이르러서 한 터럭이라도 자득하지 못한 바가 있다면 아직 자신할 수 없다고 할 수 있는 것이다. 이것은 성인은 알 수 없고 칠조개가 아는 것이다. 그 재목은 벼슬할 만하였지만 그 그릇은 작은 성취에 편안해 하지 않았으니 다른 날 성취할 바를 어찌 헤아릴 수 있겠는가"[45]라고 하여 벼슬길에 나아가는 것은 작은 성취에 불과하다고 단언하였다.

하지만 다산은 좀 다르다. 다산은 문제가 되는 '이것'은 "벼슬하는 것"이라

---

42) 『논어』「공야장」"子使漆雕開仕. 對曰吾斯之未能信. 子說."

43) 『논어집주』, 『사서』, 137쪽 좌하. "斯, 指此理而言."

44) 같은 책, 138쪽 좌상. "古人見道分明, 故其言如此."

45) 같은 책, 138쪽 좌상~우하. "至於心術之微, 則一毫不自得, 不害其爲未信. 此聖人所不能知, 而開自知之. 其材可以仕, 而其器不安於小成, 他日所就, 其可量乎?"

고 간단하게 이해하고 "칠조개가 스스로의 재주와 지식이 그 직책을 맡을 만한지에 대해 자신이 없었기 때문에"[46] 공자의 권유를 사양하였고, 공자는 칠조개가 스스로를 과신하지 않는 모습을 보고 기뻐했다고 본다. 역시 간명하면서도 『논어』의 문맥에 비추어 볼 때 설득력이 있는 해설이다. 만약 안빈낙도하는 안자의 즐거움을 추구하는 정주학의 기본적 방향 설정에 간섭되지 않는다면 누구든 문제가 되는 『논어』의 구절을 다산처럼 평이하게 읽을 것이다. 미묘하지만 이런 교정을 통해서도 "도를 배우는 것은 장차 그로써 벼슬을 하기 위한 것"이라는 다산의 지이(志伊)적 입장, 이윤에 뜻을 두는 입장이 드러난다.

그렇기 때문에 다산에게 "기수에서 몸을 씻고, 무우에서 바람을 쐬다가 노래를 부르면서 돌아오고 싶다"라는 증석(曾皙)의 은자적 추향[47]은 도무지 그렇게 극찬할 일이 아니다.

> 마침내 (송유들은) 증석이 천지와 동류라느니 요순의 기상이라느니 인욕이 깨끗이 소진되었다느니 이야기를 하였다. 무릇 천지와 요순의 경계는 반드시 "늙은이를 편안히 하고 젊은이를 품는다"라는 공자의 포부 같은 것이라야 그렇다고 할 수 있으니 늦은 봄날 놀이를 즐기는 것 따위는 음풍농월하면서 자기가 흡족해하는 것에 스스로 흡족해하는 것에 불과하다.[48]

증석의 포부를 듣는 기사에서 공자는 "나는 증석의 뜻을 허여한다(吾與點也)"라고 한 바 있다. 이것은 보기에 따라서 공자가 마치 증석의 뜻을 가장

---

46) 『논어고금주』, 한국문집총간 282, 194쪽 좌하. "(斯謂仕也)開以爲不能自信其材識足以任職."

47) 『논어』「선진」. "子路曾晳冉有公西華侍坐……" 이하 참조.

48) 『논어고금주』, 한국문집총간 282, 266쪽 좌하. "遂謂其天地同流. 謂其堯舜氣象. 謂其人欲淨盡. 夫天地堯舜. 必如夫子之老安少懷方是. 若莫春之遊. 不過唫風弄月. 自適其適者也."

높이 평가한 것으로 보일 수도 있고, 『논어집주』는 그렇게 해석한다. 하지만 독선(獨善)하는 은자 풍을 마땅치 않게 생각하는 다산에게는[49] 꼭 그렇게만 읽히는 것이 아니다. 그래서 다산은 "살피건대 공자는 본래 나라를 다스리는 일에 대해서 물었으므로 세 사람(자로·염유·공서화)이 잘못 대답한 것이 아니다. 증점은 이들과는 달리 의논하고자 해서, 시운이 막혔으므로 세 사람의 말은 모두 허언이고 부귀도 구할 수 있는 것이 아니므로 내가 좋아하는 바를 좇겠다고 하였으므로 공자가 좋게 여긴 것이지 세 사람이 잘못 대답한 것이 아니다"[50]고 하여 단지 증점의 뜻이 다름 사람과 다른데 그 뜻이 그래도 가상하기 때문에 공자가 허여한 것뿐이라고 하면서, 일면 나라를 다스리는 일을 구체적으로 진술한 다른 세 제자의 대답을 옹호한다.

2) 위인지학은 남을 이롭게 하는 학문

이렇게 세상에 나아가서 사람들과 교류하고 세상을 위해서 덕화를 이루려는 뜻을 중시하는 다산은 한 발 더 나아가 위기지학(爲己之學)과 위인지학(爲人之學)에 대한 정주학의 엄격한 차별 의식마저도 거부하면서 위인지학을 옹호한다.

> '위기'라는 것은 자기에게 도움이 되는 것이고, '위인'이란 남에게 도움이 되는 것이다. 만약 남에게 알려지는 것(위인지학에 대한 정자의 규정: 필자)이 나에게 도움이 되지도 않고 또한 남을 돕지도 못한다면 어떻게 그것을 정말로 '위인'이라고 할 수 있는가? 군자의 도는 남이 알아주지 않아도 성내지 않고, 남의

49) 같은 책, 306쪽 우상. "隱居獨善. 棄世絶物者. 其道塞而陋. 故君子惡之."

50) 같은 책, 265쪽 우하. "案孔子本問爲邦之事. 三子非失對也. 曾點爲異論者. 謂時運否塞. 三子之言. 皆虛言也. 富不可求. 從吾所好. 故孔子善之. 三子非失對也."

> 인정을 받지 못하더라도 근심하지 않는 것이니 진실로 이런 뜻이 있다. 그렇지만 "군자는 세상을 마칠 때까지 이름이 일컬어지지 않는 것을 병으로 여긴다"라고도 하였으니 아름답게 알려지는 것과 아름다운 이름이 어찌 또한 군자가 싫어하는 바이겠는가? 공자도 "남이 자기를 알아주지 못하는 것을 근심하지 마라"고 하였고 "알려지게 되기를 구하라"고 했다. 알려지게 되기를 구하면 남에게 알려지게 될 것이니 이런 것은 군자가 싫어하는 바가 아니다…… 공자도 남에게 알려지게 되기를 원하지 않은 것은 아닐 것이나 실질을 통해 알려질 것을 구한 것이니 남을 위하는 바가 있은 연후에야 비로소 '위인'이라고 할 수 있다.[51]

좋은 이름을 세상에 남기도록 하는 것은 공자도 거부하지 않았으므로 설령 위인지학이라도 남에게 정말로 이익이 되는 일을 할 수 있다면 거부할 일이 없다는 대담한 논설이다. 결국 무엇인가? 이러한 문제를 보는 다산의 시각은 다음의 한 마디에 요약되어 있다. "군자의 도는 비록 거두고 펴는 것과 관련하여 때를 따르지만 벼슬하지 않고서는 의가 없고 사물을 끊는다면 인이 아니다."[52]

4. 무엇이 시의인가

필자는 위에서 내성외왕을 지향하는 유학의 정신이 실제로는 안연을 따라

---

51) 같은 책, 304쪽 좌상. "爲己者益於己也. 爲人者益於人也. 若見知於人則雖不益我. 亦不益人. 何得曰爲人乎. 君子之道. 人不知而不慍. 不見是而无悶. 固有斯義. 然君子疾沒世而名不稱焉. 令聞令名. 豈亦君子之所惡哉. 子曰不患人之不己知. 求爲可知. 求爲可知則見知於人. 非君子之所惡也 …… 則孔子未嘗不欲見知於人也. 要之實見得. 有爲人處. 然後方可曰爲人."

52) 같은 책, 306쪽 우상. "君子之道. 雖卷舒隨時. 而不仕無義. 絶物非仁."

배우려는 사림파적 풍기와 이윤에 뜻을 두는 관학파적 취향의 분기를 낳을 수 있으며, 다산은 얼핏 느껴지는 바와는 달리 지극히 관학파적 관심을 가지고 있었음을 서술하였다. 관학파적 관심이란 어떻게 보면 충일한 정신세계의 자족보다는 현실적 공화를 쌓으려는 참여의 정신으로 볼 수도 있고, 그런 면에서 다산을 현실 참여를 주장하는 참다운 실학자라고 평가할 수도 있겠다. 물론 다산은 혁명가가 아니며, 그의 관심을 현실 참여와 관련시킨다고 하더라도 그 말이 일으킬 수 있는 오해들은 미리 불식시켜야 할 필요가 있다. 곧 다산에게서 참여란 처음부터 끝까지 왕을 보좌하는 관료로서, 조선왕조라는 유교적 관료제 국가에 벼슬살이하는 관료로서의 참여라는 점이다. 그러면 이 '참여'에 대한 관심은 유학자들에게 얼마나 새로운 것인가?

필자는 위에서 다산의 관학파적 성향이 정주학의 처사 지향과는 다분히 다르다는 점을 많이 언급하였다. 이것이 혹시 필자가 다산학, 나아가서 '실학'을 과거와의 불연속성이라는 관점에서 이해한다는 인상을 줄지도 모르겠다. 하지만 필자가 보기에 다산학은 불연속적이라기보다는 연속적이고, 그의 선택도 총체적인 유교 정신의 적용, 그의 시대가 무엇을 필요로 하는가에 대한 통찰에 기반을 둔 유교 정신의 적용이라고 본다. 전대의 성리학이 사풍(士風)의 진작이 필요하다는 시대적 진단에 따라 공안낙처를 강조하고 내성에 치중하였다면 다산은 그의 시대가 국가 역량의 현실적 제고를 요청한다고 보아 이윤에 뜻을 두고 외왕에 주목한 것이다. 다산이 말한 대로 "나라의 임금이 나에게 시급함으로써 고하였는데도 대경(大經)과 대법(大法)으로 체면 차리는 말을 지어내어 그를 거부하고, 아픈 것과 가려운 것을 알지 못하고 살찌고 마른 것을 살피지도 않으면서 오로지 내 말이 정직하다고만 하는"[53] 거짓 충신의 세상에서 다산은 시대를 올바로 읽는 정당한 유자가 되자고 역설한 것이다. 시대에

53) 같은 책, 272쪽 좌상. "國君告我以急. 乃以大經大法. 作體面話以拒之. 不知痛癢. 不省肥瘠. 唯吾言之正直(豈忠臣乎)."

대한 올바른 독해, 이것이 다산이 말하는 "시조지의(時措之宜)", 곧 시의의 통각이다.

> 당시에는 쇠란한 세상이었으니 군주가 군주답지 않고, 신하가 신하답지 않고, 부모가 부모답지 않고, 자식이 자식답지 않은 것을 청평한 세상과 같이 일일이 책망할 수는 없는 것이다. 그러므로 군자가 처신할 때는 또한 스스로 시조지의가 있는 것이다. 요즘 사람들은 매번 성인은 가한 것도 없고 불가한 것도 없어서 마르고 습한 것을 가리지 않고 단지 도를 행하려 하였을 뿐이었다고 하니 이것이 어찌 때를 아는 말이겠는가.[54]

필자는 이 말이 다산학의 배경을 요약한다고 본다. 하지만 다산이 유학자인 한 이윤에 뜻을 둔다고 해서 안연을 버릴 수는 없는 것이고, 이윤에 뜻을 둔 사람도 다산 한 사람만은 아니다. 조선 초기 관학파와 사림파의 대결에서도 보듯이 시대의 부침에 따라 이윤이 앞에 나오기도 하고 안연이 더 돋보이기도 하며, 크게 보면 이 이중주가 전 유학사를 구성하는 것이다. 이른바 조선 후기 실학이 전대의 정주학과 다르다면 이런 관점에서도 그 다름을 설명할 수 있으리라 본다. 물론 이 이중주는 결국 유교 정신의 두 날개이며 또 역사적이기 때문에 그 다름 속에서도 연속성을 발견할 수 있을 것이다. 오늘의 유교는 어떤 시의를 보고 있는가?

---

54) 같은 책, 347쪽 우상~좌상. "當時衰亂. 君不君臣不臣父不父子不子. 不可一一苛責. 如淸平之世. 故君子之所以處其身者. 亦自有時措之宜. 今人每云聖人無可無不可. 故不擇燥濕. 但欲行道. 豈知時之言乎."

참고문헌

丁若鏞, 『論語古今註』, 『與猶堂全書』 제2집, 한국문집총간 282.

丁若鏞, 『孟子要義』, 『與猶堂全書』 제2집, 한국문집총간 282.

『論語』.

『孟子』.

司馬遷, 『史記』.

何晏, 『論語集解』, 『四部備要』 21, 臺灣中華書局.

皇侃, 『論語義疏』, 『論語集解義疏』, 『叢書集成簡編』(王雲五主編), 臺灣商務印書館.

邢昺, 『論語正義』, 『十三經注疏』 10, 臺灣藝文印書館.

朱熹, 『論語集註』, 『四書』, 성대 대동문화연구원.

趙岐注, 孫奭疏, 『孟子正義』, 『十三經注疏』 13, 臺灣藝文印書館.

朱熹, 『孟子集註』, 『四書』, 성대 대동문화연구원.

周敦頤, 『周元公集』, 臺灣商務印書館.

한영우 외, 『다시, 실학이란 무엇인가?』, 푸른역사, 2007.

김홍경, 『조선초기 관학파의 유학사상』, 한길사, 1996.

3장

학술논쟁을 통해 본 한국유학의 역동성

— 호락논쟁(湖洛論爭)의 쟁점과 그 의의

안 은 수

(충북대학교 우암연구소)

1. 한국문화와 조선 유학의 역동성

1) 한국문화의 특징과 조선 유학의 독자성

한국문화의 특징은 곧 수용과 재해석의 과정이라 해도 틀리지 않을 것이다. 이러한 경향은 우리 음식에도 잘 반영되어 있다. 한 예로, 데쳐서 무치거나 기름에 볶는 등 각 나물의 맛을 살려내는 다양한 조리법으로 만든 여러 나물을 특별히 공들여 지은 밥 위에 얹고 다시 그 위에다 노랗고 붉고 하얀 고명으로 마무리 한 진화된 비빔밥을 보면 여기 우리 문화의 고갱이가 들어 있음을 깨우치게 된다. 이 음식은 다양한 개성을 한껏 드러내도록 여러 가지 모양을 늘여 놓아 갖가지 미색을 감상하도록 한 다음, 이번에는 그것들을 서로 버무려 새로운 맛이 창출되는 경험까지 할 수 있도록 한다. 그러니 21세기의 화두로 꼽히는 '다양한 것들의 어울림'이라는 주제는 이미 우리의 전통 속에 들어 있었던 셈이다.

우리와 같이 작은 나라가 오천여 년의 시간 동안 자신의 정체를 잃지 않고 역사를 유지할 수 있었던 동력은 바로 타문화를 받아들인 다음 그것을 재해석하여 우리 몸피에 맞게 조처했던 데에서 찾을 수 있다. 이에 우리 역사 안에는 열린 태도와 타자에 동화되지 않고 고유성을 지키고자 한 양면의 긴장이 존재했음을 알겠다. 조선의 역사와 문화도 이 같은 맥락에서 벗어나지 않았음은 조선 유학의 역사를 통해서 확인할 수 있다.

조선시대 오백여 년의 역사는 주자학을 수용하여 그것을 이 땅에 실험하는 시간이었으니 조선시대 사상사는 주자학의 한국적 적용을 그 내용으로 한다. 14세기 후반 조선의 건국과 함께 나라의 지도이념으로 채택된 유학은 이후 오백여 년 동안 조선의 역사와 맥을 함께 하였다. 당시 조선에서 수용한 유학은 주희에 의해 집대성된 송나라의 신유학이었다. 조선 초기의 유학은 새로운 왕조의 정당성을 확보하고 새로운 국가의 유신된 면모를 부각시키기 위한 측면에서 연구되고 적용되었다. 한편으로는 지나간 시대의 모순을 반성하고 비판하는 역할도 수행하였다. 그래서 당시의 유학은 왕실과 현실 정치가의 의견을 충실하게 반영하는 모습을 띨 수밖에 없었다. 이것은 한 사상이 국가적으로 수용되는 과정에서 필연적으로 수반되는 문제이겠다.

이후 조선의 사상사는 유학-주자학을 한국화하는 과정이었다. 16세기는 그 꽃이 만개하는 시기로서 이황과 이이로 대표되는 학자 군이 등장하여 명실공히 조선유학의 정체성을 찾아가는 현상을 조성하였다. 조선유학의 발전에서 특기할 수 있는 점은 활발한 논쟁을 거치며 자기 사상에 대한 이론과 그에 대한 신념을 확고히 하였다는 점이다. 이 과정에서 자연스럽게 학파를 구성함으로써 집단적인 연구와 논의가 진행되었다. 그래서 우리는 조선시대 유학사를 크게 다음의 네 가지 논쟁을 통해 구성해 볼 수도 있을 것이다. 그것은 이황과 기대승 간의 논의에서 촉발되었던 사단칠정논쟁(四端七情論爭), 그 논쟁의 연장에서 문제를 심(心)의 본질적 의미와 본연지성(本然之性)의 문제로 좁혀서 심도 있는 논쟁을 구성하였던 호락논쟁(湖洛論爭), 신유학이 조선시대

사상의 규범으로 자리하게 된 후 임진왜란과 병자호란을 거치며 혼란해진 사회상을 수습하기 위한 실천규범의 요구가 가시화되며 더 활발해진 예학논쟁(禮學論爭), 그다음 한국 유학의 특징인 심 개념의 강조와 연관되는 심설논쟁(心說論爭)이 바로 그것이다. 이들 논쟁은 각 논쟁이 직접적으로 제기되고 토론되었던 시기에 한정하지 않고 그 토론이 전개되도록 한 사전의 원인과 논쟁 이후의 영향까지를 고려하면 이들 네 논쟁으로써 조선시대 전체 사상사를 구성하는 것에 무리가 없을 정도이다. 사단칠정논쟁 이전에 있었던 조한보와 이언적의 무극태극논쟁이 뒷날 집단적이고 장기적 학술 논쟁의 단초를 여는 불씨가 되었음은 물론이다. 이와 같은 활발한 논쟁이 진행되었다는 것은 사상의 사회적 파장과 영향력을 반증하는 것인데 이러한 분위기는 주자학의 탄생지인 중국이나 그것을 수용한 인접 국가에서 볼 수 없는 경향이다. 이 과정에서 조선의 주자학은 심을 강조하며 주체의 능동성을 각인시키는 방면으로 독자적 성격을 구축하게 되었다.

2) 18세기 조선 유학의 쟁점

18세기 조선 학계에서 가장 쟁점이 되었던 문제는 호학파(湖學派)와 낙학파(洛學派)로 대표되는 학파 간의 사상논쟁인 호락논쟁이었다. 한국 지성사의 한 시기를 풍요롭게 하였던 호락논쟁은 당시 사회를 주도했던 노론 내의 사상분화를 반영하는 사건이기도 하다. 한원진은 1707년 가을 한홍조(韓弘祚, ?~1712)와의 토론을 계기로 '본연지성기질지성(本然之性氣質之性)'을 발표하였다. 이에 대한 최징후(崔徵厚, ?~1715)의 의견을 보고 한원진은 1708년 8월에 편지를 내어 최징후의 견해를 하나하나 논박하였다. 여기서 한원진의 성삼층설(性三層說)이 처음 보인다. 최징후에게 보낸 편지를 보고 먼저 논박한 이는 한홍조였다. 한홍조의 편지를 본 한원진은 1709년에 그 답을 썼다. 한원진의 편지를 받은 한홍조는 자신과 최징후가 보낸 편지와 한원진의 답서를 모두 가지고 이간을 방문하였다. 이간은 한원진과 권상하 문하의 동문이었지만 그때까지 서로 만남이 없던 차에 다른 이를 통해 한원진의 의견을 살피게 되었다. 그 후 이간은 한원진의 견해를 반박하는 글을 최징후에게 보낸다. 이렇게 남당과 외암의 논쟁이 시작되는 것은 간접적인 경로를 통해서였다.

이간과 한원진이 직접 만나는 것은 최징후와 한홍조의 주선으로 이루어진 한산사(寒山寺)의 모임에서이다. 이 모임을 통해 두 사람은 서로의 의견이 절충할 수 없는 것임을 더욱 확실하게 확인하는 계기가 되었던 것 같다. 이후 1713년까지 5년여에 걸쳐 양인 사이에 편지가 오갔다. 1712, 1713년에 쓴 이간의 편지는 한원진의 주장에 동조한 스승 권상하에게로 보낸 것이다. 이에 대해 권상하는 더 이상 논의의 진전이 없음을 이유로 답을 내지 않았고, 따라서 이들 사이에서는 더 이상 논변이 진행되지 않았다.

이후 이간은 자신의 주장을 정리하여 '이통기국변(理通氣局辨, 1713)', '미발유선악(未發有善惡辨, 1715)'을 발표하여 한원진의 주장을 비판하였다. 이에 대해 한원진도 1715~1716년에 걸쳐 이간의 비판을 다시 비판하는 글을 쓰는데 그것이 '의답이공거(擬答李公擧)'이다. 이간의 문집에서 보이는 미발에 관한 최종 정리된 견해는 '미발변후설(未發辨後說, 1719)'이다.

한원진은 권상하 사후 서간집을 정리하면서 발견한 이간과 권상하 사이의 논변을 본 뒤 스승을 대신하여 '이공거상사문서변(李公擧上師門書辨, 1724)'을 썼다.[1)]

우리는 호락논쟁의 핵심인물이라 할 수 있는 외암 이간(巍巖 李柬, 1677~1737)과 남당 한원진(南塘 韓元震, 1682~1751)의 미발론과 성론을 살펴봄으로써 호락논쟁의 핵심쟁점(이론적)을 이해할 수 있을 것이다. 아울러 이를 통해 18세기 한국 유학의 특징적 양상을 살펴볼 수도 있을 것이다.

---

1) 전인식, 「이간과 한원진의 미발오상 논변」, 한국정신문화연구원 박사학위 논문, 1998, pp. 72~78 참조.

이 글에서는 이간의 논점을 중심으로 논의를 전개하며 이간과 한원진 양자의 입장 차이를 드러냄으로써 이들이 궁극적으로 주장하고자 했던 바가 무엇이었는지를 이해하고, 그것의 사상사적 의의를 살펴볼 것이다.

2. 이간의 미발심체론(未發心體論)

1) 미발은 근원적인 것이다.

『中庸』 첫 장에 나오는 미발(未發), 이발(已發)의 문제-중화론(中和論)의 해명은 오랫동안 유학자들의 화두가 되었다. 특히 주자학에서 이 문제에 대한 정리는 심성론의 정립과 같은 것이었다. 주희는 중화구설(中和舊說)에서 중화신설(中和新說)로의 과정을 거치며 중화에 대한 자신의 견해를 정리한 바 있다. 그러나 주희의 정리된 입장에서도 아직 논의의 여지가 남아 있었고 그것을 확정하고자 하는 맥락에서 조선의 유학자들이 심도 있는 논의를 진행하였던 것이다.

특히 미발을 어떻게 정의할 것이며 이 때 심과 성의 정체는 어떤 모습인가를 둘러싸고 이간과 남당 사이에 격론이 벌어졌다. 이 글에서는 이간의 논의에 중점을 두고 그가 미발에 관해 논의한 주요 서간 세 편을 중점적으로 분석함으로써 그의 미발론을 검토하고자 한다.

먼저 1713년에 쓴 '미발유선악변(未發有善惡辨)'[2]을 살펴보자. 이 글은 한원진이 미발의 상태에서도 선악을 논할 수 있다는 관점을 내세운 것에 대한 비판이다. 이간은 『대학장구』와 『대학혹문』에 나오는 주희의 의견[3]을 근거로

2) 『巍巖遺稿』(韓國文集叢刊 190番, 이하 같은 판본) 권12(pp. 451~457: 14ㄴ~25ㄴ).

미발은 성인과 범인이 동일하게 얻은 보편적 상태임을 주장한다. 이간은 "명덕은 성인이나 범인이 똑같이 얻은 것 明德是聖凡之所同得者也"이라 하고, 사람의 일심(一心)은 인심(人心)이 외부 사물과 감응하기 이전의 본체를 포괄하여 말한 것이라고 전제한다. 그리고 주희의 미발에 관한 언급에는 세 단계의 구분이 있다고 설명한다. 얕게 언급한 것[淺言],[4] 깊게 말한 것[深言],[5] 이 둘을 같이 말한 것[備言][6]이 그것이다. 미발을 얕게 말한 방식으로 설명해서는 안 되고 깊게 말하고 다 갖추어 말한 방식으로 풀어야 한다는 것이 주장의 요점이다.

이간은 "리는 무형이므로 그 체단은 지극히 통할 수 있고 리는 무위하므로 그 본연은 자약한 상태로 존재한다. 지극히 통한 체와 자약한 묘함은 기가 국한할 수 없는 것이다. 그러므로 사물의 근원과 완전한 성으로써 규명하는 경우에는 반드시 이것으로 말하니 티끌만 한 것에서부터 천지와 같이 큰 것이라도 이 논리로 관통되지 않는 것이 없다"[7]고 해서 미발시의 상태를 모든 존재

---

3) 明德者 人之所得乎天而虛靈不昧 以具衆理而應萬事者也 但爲氣稟所拘 人欲所蔽 則有時而昏 然其本體之明 則有未嘗息者(『대학장구』).
人之一心 湛然虛明 如鑑之空 如衡之平 以爲一身之主宰者 固其眞體之本然 故其未感之時 至虛至靜 所謂鑑空衡平之體 雖鬼神 有不得窺其際者(『대학혹문』).

4) 喜怒哀樂未發而不中者 何 曰 此是氣質昏濁 其未發時 只是塊然如頑石相似 劈斫不開 又曰 衆人雖具此心 未發時已自汨亂丑 至感發處 如何會得如聖人中節(『외암유고』, 권12 「未發有善惡辨」, 16면).

5) 喜怒哀樂未發之中 衆人與聖人都一般 或曰 恐衆人未發與聖人異否 曰 未發只做得未發 不然是無大本 道理絶了 或曰 恐衆人於未發昏了否 曰 這裏未有昏明 須是還他做未發 若論原頭 未發都一般 又曰 未發之時 自堯舜至於途人一也(같은 곳, 16면).

6) 此心存則寂然時 皆未發之中 感通時 皆中節之和 心有不存 則寂然木石而已 大本有所不立也 感通馳騖而已 達道有所不行也(같은 곳, 16면).

7) 惟理無形 故其體段也 至通也 理無爲 故其本然也自若 至通之體 自若之妙 則亦非氣之所能局也 故究極於事物之原 性道之全者 必以是言之 而一塵之微 天地之大 無不貫穿於是矣(같은 곳, 22면).

가 보편적으로 담보한 것으로 파악한다. 그리고 이때에는 선악을 구분할 수 없는, 그것을 초월한 절대상태임을 주장한다. 선악은 기와 연관된 이발(已發)의 상태에서 말할 수 있는 것이라 보았다. 그리고 미발과 이발의 상태를 주관하는 것은 심이라 한다. 그래서 "중은 절로 중할 수 있는 것이 아니라 미발이라야 중할 수 있는 것이다. 화도 절로 화할 수 있는 것이 아니고 드러나서 절도에 맞은 후에야 화할 수 있다. 그러니 성도(性道)가 심을 기다린 지 오래다"[8]고 하면서 심이 바르지 못하면 성도 바르게 보존[中]될 수 없고 심이 바르지 못하면 기도 잘 실현[和]될 수 없다고 말하였다. 그래서 "나는 줄곧 기가 본연에서 순수하여야 리도 본연에서 순수할 수 있다고 했다"[9]고 할 수 있었던 것이다. 이간은 미발의 대본은 순선한 본연지심으로 담보할 수 있다고 보았다.[10] 그는 한원진이 줄곧 미발에 대해 논의하였지만 성인과 범인이 동일하게 얻은 본심의 체(體)에 대해서는 알지 못했기 때문에 결국 미발에 대한 인식이 잘못되었다고 파악하였다.

이 글에서는 미발에서 선악을 논할 수 없다는 전제하에 기발은 본심의 체[純善]와 연결된다고 하여 이기동실, 심성일치(理氣同實, 心性一致)[11]의 결론을 이끌어 내었다.

다음에는 1714년에 쓴 '미발변(未發辨)'[12]에서 제기된 문제를 살펴보도록

---

8) 中不能自中 未發而後中焉 和不能自和 中節而後和焉 則性道之待心也久矣(「未發有善惡辨」: 22ㄴ).

9) 愚每以氣純於本然而後 理亦純於本然(같은 곳: 23ㄴ).

10) 性理之善 雖則不本於心氣 而其善之存亡 實繫於心氣之善否 本心亡而天理存者 天下有是乎(같은 곳: 24ㄴ).

11) 盖單指 似本無涉於其器 而必待夫理氣同實 心性一致處言之者 或慮理然而氣不然 性然而心不然 則畢竟大本達道 不成爲中和之德故也(같은 곳: 25ㄱ).

12) 『외암유고』 권12 「未發辨」(pp. 457～461: 25ㄴ～34ㄱ).

하자. 글의 서두에서 이간은 한원진이 미발에 대해 잘못 파악한 원인이 본심에 대한 이해의 결여에 있다고 규정하였다.[13] 그는 "무릇 하늘이 사물에게 명함에 오직 사람만이 음양오행의 바르고 통한 기를 얻어 적연하게 감응하는 신묘함과 중화의 덕을 갖추었기 때문에 다른 모든 사물보다 영험하고 고귀하다. 이것이 명덕의 본체로서 성인과 범인이 모두 똑같이 받은 것"[14]이라 설명한다. 이것이 바로 공자가 "잡으면 보존되고 놓으면 잃는 마음"이라 하고, 맹자가 "인의예지의 마음"이라 하고, 주자가 "원래 선하지 않음이 없는 본심"이라 표현했던 심이라는 것이다. 단지 기품의 차이가 성인과 범인의 차이를 가져오는 것이니 본심과 기품은 확연히 구분되는 것으로 서로 섞일 수 없다고 했다.

여기서 이간은 천군[本心]과 혈기[기질의 마음]를 구분한다. "명덕의 본체는 성인과 범인이 동일하게 받은 것이고 혈기의 맑고 탁함은 성인과 범인이 다르게 부여받은 것"[15]이다. 그래서 천군이 주재하면 혈기는 그 명령을 따르게 되는 데 이럴 때에 마음은 텅 비고 밝으니[虛明] 대본이 선 것이며 자사가 말하는 미발의 상태라고 하였다. 이와 반대로 천군이 주재하지 못하는 상황에서는 혈기가 마음에서 작용하여 청탁이 고르지 않게 되는 데 이는 선악이 공존하는 이발의 경우이며 한원진이 미발이라 칭한 상황이 바로 이것이었다고 단언한다.

다음에는 '미발유선악변(未發有善惡辨)'에서 제기되었던 것과 같이 주희가 미발을 표현한 데에는 천언, 심언의 구분이 있다는 것을 지적하고, 나아가 천언한 경우[16]는 '不中底未發'로 규정한다. 심언한 경우[17]가 대본의 미발을 가

---

13) 或曰 德昭全不識未發 其所蔽何在. 曰 此正坐合下不識本心故也(「未發辨」: 25ㄴ).

14) 夫天之命物也 惟人得二五正通之氣 具寂感之妙 中和之德而靈貴於萬物 此明德本體而卽聖凡之所同得者也(같은 곳, 같은 면).

15) 明德本體則聖凡同得 而血氣淸濁 則聖凡異稟 明德卽天君也 血氣卽氣質也(같은 곳, 26면).

16) 朱子曰喜怒哀樂未發而不中者 是氣質塊然 如頑石相似. 又曰 衆人 未發已自汨亂 至感發處 如何會如聖人中節(「未發辨」, 27면).

리키는 것이며 여기서는 성인과 중인의 차이가 없다고 하면서, '大本底未發'로 규정하였다. 이간은 한원진이 이것을 구분하지 못하고 '不中底未發'을 미발로 본 것으로 파악한다.

다음에 한원진이 "리를 단지하면 대본의 성이 되고 기를 겸지하면 기질의 성이 되며, 마음이 미발한 것은 성이 되고 마음이 이발한 것은 정이 된다. 단지·겸지는 한 곳에 있지만 미발과 이발은 각각의 영역이 있다. 예로부터 전하는 논의에 따르면 이와 같을 뿐이니 이는 수많은 성인이 대대로 전한 불변의 가르침이다"[18]라고 한 말에 대해 의견을 개진한다.

이간은 한원진의 이 의견이 자세하지 못한 규정이라 한다. 왜냐하면 "천명(天命)과 솔성(率性)은 사람과 사물을 통틀어서 말한 것이고 미발과 이발, 대본과 달도에 이르러서는 오직 사람의 마음이 적연하게 감응하는 신묘함과 중화의 덕을 말한 것"[19]이므로 한가지로 설명할 수 없다는 말이다. 그래서 대본은 본심의 체의 측면에서 단지해야 하고 달도는 본심의 용의 측면에서 단지해야 한다고 말하였다. 결국 성과 리의 선함이 본심에 달려있는 것은 아니지만 그 선을 사람이 담보하는가 못하는가의 문제는 심과 기가 선한가에 달려있다는 말이다.

또 한원진은 '단지와 겸지에 한 곳에 있다'고 했지만 이 말에도 이견이 있다고 하였다. 이간에 의하면 성도 본연과 기질의 양면을 함께 고려해야 하지

---

17) 朱子曰人之一心 湛然虛明 如鑑之空 如衡之平 以爲一身之主宰者 固其眞體之本然 故其未感之時 至虛至靜 所謂鑑空衡平之體 雖鬼神 有不得窺其際者. 又曰 喜怒哀樂未發之時 衆人與聖人都一般(같은 곳, 같은 면).

18) 德昭曰 理之單指者 爲大本之性 氣之兼指者 爲氣質之性 心之未發者爲性 心之已發者爲情 單指兼指 只在一處 未發已發 各有境界 從古所論 如斯而已 此千聖相傳不易之指也(같은 곳: 29ㄱ~ㄴ).

19) 夫天命率性 固通人物言者 而至於未發已發 大本達道 則專以人心寂感之妙 中和之德言之 其義盖益精矣(같은 곳, 같은 면).

만 심체의 경우도 두 가지를 아울러 이해해야 한다고 한다. '허령불매하여 모든 이치를 다 갖추고 만사에 응하는' 본연의 심과 '기품에 구애되는' 기질의 심을 섞어서 말해서는 안 된다는 것이다. '미발과 이발은 각기 영역이 있다'는 말도 대충 말한 것으로 미발에 천심(淺深)과 정조(精粗)의 구분을 고려하지 않았다고 했다. 한원진이 주자가 말한 '不中底未發'의 단계로 자신의 미발론을 펴기 때문에 인간의 기질은 막 태어날 때 얻는 것이므로 비록 미발의 전이라도 선악이 절로 존재한다는 식의 주장을 하였다고 비판하는 것이다.

이간에 따르면 "덕소는 오직 마음의 미발과 이발을 대대하여 경계가 된다는 것은 대충 알았지만, 미발 가운데 이렇게 얕고 깊은 차이가 있다는 것은 관찰하지 못하였다. 그리고 단지하면 대본의 성이 된다는 것은 대충 알았으나 유독 단지하는 곳에 진실로 본심의 바름이 없다면 반드시 대본을 이룰 수 없다는 것을 살피지 못했다"[20]고 결론지었다.

기가 본연에 순일해야 리도 본연에서 순일할 수 있다는 기저에서 이간은 한원진이 "그대는 기질과 합하여 대본을 말하니 이것이 소견의 근본이다. 그러므로 모조리 파헤쳐 내어 끝내 은미한 것이 없다. 천하의 일이 모두 성을 근본으로 하는데, 성이 또 기를 근본으로 한다면 어찌 기가 대본이 되지 않겠는가. 비록 그렇지만 율곡은 '기의 본연은 없는 곳이 있지만 리의 본연은 없는 곳이 없다'라고 했는데, 그대는 어찌 기를 대본으로 여기는가?"[21]라고 한 말을 문제 삼았다. 여기서 인용한 이이의 말은 본연의 기가 현실적으로 존재하지 않는 경우가 많다는 점을 가리키는 것으로 이해해야 한다고 하면서, 주희

20) 大家德昭粗識心之未發與已發待對爲境界矣 而獨未察乎未發之中煞有此淺深底境界也 粗識理之單指 爲大本之性矣 而獨未察乎單指之處 苟無本心之正 則畢竟不成爲大本也(같은 곳, 31면).

21) 德昭曰高明之和氣質言大本 乃其所見之根本 故此其斫肚破頭 索性無隱者也 天下事 皆本於性 而性又本於氣 則其非氣爲大本乎 雖然 栗谷曰 氣之本然 有所不在 而理之本然 無乎不在 高明安得以氣爲大本乎(같은 곳: 31ㄴ~32ㄱ).

의 "사물에 감응하지 않았을 때에는 다만 담연하여 순일하니 이것이 기의 근본이다"라고 한 말들[22]을 살펴야 한다고 대응한다.

2) 미발의 상태는 본연지심(本然之心)으로 확보

미발론은 사람의 성과 심과 정(情)에 관한 논의이다. 이것이 인성물성의 동이를 설명하는 오상론(五常論)과 연관되는 것이기는 하지만 논의의 범위가 인간에게 한정된다는 특징을 갖는다. 이간은 미발의 대본은 심의 체(본연지심)에 의해 담보될 수 있고 이 상태는 성인이나 범인을 막론하고 보편적으로 존재하는 상태이면서 선악을 초월한 절대선의 경지로 보았다. 그러니까 미발은 사물과 접하기 전의 상태를 가리키는 것이 아니라 본연의 근원적 상태-천리(天理)의 전체가 존재하는 영역으로서 이것이 바로 주희가 말하는 '大本底未發'이다. 단지 이 상태는 각 존재가 받은 기품의 차이로 말미암아 가려진 상태로 있는 경우가 많다. 그래서 미발의 상태는 보통 사람들이 수양을 통해 이루어 가야 할 경지로 파악하였다. 사람들의 다양성이 발견되는 장은 이발의 상태이고 여기는 심의 용(用, 기질의 마음)이 관여하는 장이다. 그래서 한원진의 미발 상태에서 선악을 논할 수 있다는 관점이 두 사람 미발론에서의 핵심 쟁점이 될 수박에 없었다.

이러한 이간의 견해에 대해 한원진은 다음과 같이 이간이 심과 성을 두 가지로 나누어버렸다고 비판하였다. 곧 허령불매한 마음을 본연의 심이라 하고 혈기의 청탁에 따른 마음을 기질의 심이라 하는 것은 심의 체가 둘이라 하는 것이다. 또 본연의 심에 갖추어져 있는 리를 본연지성이라 하고 기질의 심에 있는 리를 기질지성이라 함은 또 성의 체를 둘로 가르는 결과라는 것이다. 한원진은 성은 두 가지가 아니니 기질을 겸하여 말하는가 여부에 따라 두

---

22) 朱子曰 未感物時 湛然純一 此是氣之本 云云(「未發辨」: 32ㄴ).

가지 이름이 있을 뿐이라고 하였다. 비록 청탁의 구분이 있더라도 미발일 때에는 '氣不用事'이므로 선악이 드러나지 않아 허명(虛明)할 뿐이라는 것이다. 다만 기품의 다양성이 존재하므로 그것을 겸하여 말하면 미발에서도 기질지성의 선악은 존재한다고 할 수밖에 없다는 결론이다.[23)]

이러한 한원진의 비판에 대해 이간은 "그러므로 천군이 주재하면 혈기는 물러가 명령을 듣고 마음은 허명해진다. 이것이 바로 본연지심이며 그 리는 본연지성이다. 천군이 주재하지 못하면 혈기가 작용하며 마음은 혼명(昏明)이 가지런하지 못하게 된다. 이것이 기질지심이며 그 리는 기질지성이다. 혈기가 작용하는가는 모두 마음속에서 말하는 것이니 내외에 점거한다는 설은 역시 그(한원진)가 심을 잘 알지 못하여 한 지리한 말이다. 어찌 변론할 만한 것이겠는가"[24)]라고 주장한다. 이간은 혈기가 작용하지 않는 상태를 '氣不用事'라 하고 그때가 바로 본연지심과 본연지성이 드러나는 미발의 상태라 했다. 기가 작용하기 시작하면 바로 이발의 상태이고 이때는 기질지심이며 기질지성의 경우이다. 따라서 한 사람에 두 성과 두 마음이 존재한다는 말이 아니라고 하였다.

한원진은 이간이 '未發有善惡'으로 자신을 비판하는 관점이 잘못된 것이고 '未發氣質有善惡'으로 해야 한다고 말하였다. 그러나 이간의 입장에서 보면 미발 상태에서는 기질을 논할 수 없는 것이니 그렇다고 해도 큰 차이가 있는 것은 아니다.

결국 두 사람은 서로 다르게 미발을 정의하였던 것이다. 한원진이 미발을

---

23) 한원진의 미발론에 대한 최종 결론은 1724년에 쓴 「李公擧上師門書辨」이라 하는데(전인식, 앞의 논문, p. 138 참조), 그에 대한 정리된 견해는 1716년 작품인 「擬答李公擧」에도 잘 보인다.

24) 故天君主宰 則血氣退聽 而方寸虛明 此卽本然之心 而其理卽本然之性也. 天君不宰 則血氣用事 而昏明不齊 此卽氣質之心 而其理卽氣質之性也. 血氣之用事與否 都在方寸而言 則內外窠窟之說 亦彼不識心之支辭也 何足於辨也(『외암유고』 권13 「未發辨後說」, pp. 469~471: 1ㄱ~6ㄱ).

외물과 접하지 않은 상태로 본 반면에 이간은 본연지성이 완벽하게 드러나는 장으로 파악하였다. 성인과 범인은 모두 미발의 상태를 지향해 간다는 점에서 차이가 없는 존재라 할 것이다. 타고난 기품의 차이를 강조하기보다 미발의 상태를 지향한다는 측면에서 바라보았기 때문에 성인과 범인의 동일성에 주목할 수 있었던 것이다.

3. 이간의 오상론-인간과 동물의 본성은 같다

인의예지신의 오상을 사람만이 받은 것인가 물도 함께 받은 것인가, 이것이 선천적인 원리인가 후천적으로 습득되는 것인가에 관한 논의가 오상변의 쟁점이다. 그리고 이것이 인성 물성 동이논쟁의 핵심 쟁점이기도 하다. 이간으로 대표되는 인성 물성 동론의 입장에서는 오상이 곧 천명이고 리이며 성이라는 관점을 가지기 때문에 이 점에서 인성과 물성이 같다는 주장을 하게 되었다. 미발 시 심체가 선한가 악한가와 인성과 물성의 동이를 묻는 말은 호락논쟁을 대표하는 쟁점이다. 그러나 이 두 쟁점은 각각 떨어져서 존재하는 것이 아니라 상호 연관 속에서 심, 성, 리 개념을 정립하게 함으로써 각자의 철학적 관점을 세우는 기초가 된다. 이제 여기서는 '상수암선생(上遂庵先生, 1713)'과 '오상변(五常辨)'의 분석을 중심으로 인성과 물성의 동이를 논하는 내용을 살펴보기로 한다.

이간과 한원진이 호락논쟁의 주요 당사자가 되어 논변을 시작한 이후 그들의 스승인 권상하가 한원진의 의견에 동조하게 되자 이간은 한원진과 권상하 모두를 향해 자신의 논지를 주장하며 논변을 진행한다. 그래서 처음에는 한원진을 향해 글을 쓰다가 다음에는 권상하에게 편지를 내는 양상을 발견할 수 있다. 1713년에 이간이 권상하에게 보낸 '수암 선생께 드리는 글 上遂庵先生'에는 인물성론에 대한 이간의 관점과 주장이 몇 가지로 정리되어 있다.

1) '상수암선생(上遂庵先生)' 분석

(1) 천명(天命), 태극(太極), 리(理)의 의미

이간은 '天命之謂性'이라는 문장은 천명과 성이 같음을 나타내는 데 이는 의미 뿐 아니라 문장구조만 보더라도 동일한 것을 표현하기 위한 어법이라고 한다.[25] 이와 연관하여 주희가 태극의 동정을 『주역』의 '繼之者善, 成之者性'으로 설명하고 있음을 말하였다.[26] 결국 '계지자성, 성지자성'은 서로 다른 개념을 설명하는 술어가 아니라 한 가지의 — 태극, 혹은 천명 — 두 측면[動靜]을 설명하는 것임을 주장하면서 결국 천명과 성이 같다는 자신의 논지를 폈다. 이간과 남당이 인성과 물성의 동이를 논할 때 이간이 동론을 주장하면서 근거로 삼는 것이 바로 중용의 '天命之謂性'장과 그에 대한 주희의 해석이다. 그래서 그는 "맹자가 말한 성선과 자사가 말한 천명지성을 주자가 모두 본연지성이라 하였는데, 선생은 하나는 저쪽으로 다른 하나는 이쪽으로 나누어 보니 저는 이에 대해 실로 따를 바를 모르겠습니다"[27]라고 하였던 것이다.

다음에 이간은 권상하가 태극의 리와 성을 다르게 규정하는 관점에 대해 비판한다. 그는 권상하가 "기질은 심이다. 태극의 리는 심 안에 갇혀 있는 것이기 때문에 성이라 한다. 이것이 타고난 것을 성이라 한다는 것"[28]이라 한 발언을 문제 삼았다. 이간에 의하면 권상하가 성으로 규정하는 것은 기질지성일 뿐이라는 것이다. 개체의 국한된 측면[囿] 중에서 국한되지 않는 리의 측면

---

25) 大抵天命之謂性一句 不論義理事實 其文理語勢 正如一陰一陽之謂道 一般相似 一陰一陽者 道也 一陰一陽者之外 更有道耶. 天命者性也 天命者之外 更有性耶(『외암유고』 권 5 「上遂庵先生」).

26) 朱子曰 太極之有動靜 是天命之流行也 其動也繼之者善也 其靜也成之者性也(같은 곳).

27) 孟子性善 子思天命之性 朱子則一齊以爲本然之性 而先生則一彼一此 如是分曉 小子於此 實迷所從矣(같은 곳).

28) 下教曰 氣質心也 太極之理 囿在心中 故曰性 此生之謂性也(같은 곳).

만을 단지(單指)해야 본연지성인데 권상하는 기품에 국한된 측견의 성향-기질지성을 본연의 성으로 파악하였다는 것이다. 이런 논리로 따지면 리와 성은 다른 것이 되는데 성과 리를 달리 파악하는 것은 주자학의 논리에 어긋나는 것이라 하였다. 주희가 "천이 곧 리고, 명이 곧 성이며, 성이 곧 리다"[29]고 했던 것에서도 알 수 있듯이 하늘이 사람과 사물에게 명하고, 사람과 사물은 이 리를 얻어서 성을 삼은 것이니 성은 바로 인물의 리이며 리는 인물의 성이라는 것이 이간의 주장이다.[30] 그러니까 그의 입장에서는 "혼연한 전체에서 말하면 성이고, 찬연하게 조리가 있는 것으로 말하면 리"[31]인 것이다.

성과 리를 같은 것으로 보는가 다르게 보는가는 호학파와 낙학파의 인물성동이론에서 핵심이 되는 쟁점이다. 이간은 이 편지에서도 많은 지면을 활용하여 리와 성이 같은 것임을 논증하였다. 특히 정이가 '性卽理'라고 했던 구문을 주희가 "예로부터 이렇게 말할 수 있는 사람이 없었다"라고 평가한 것과 아울러서 성이 바로 리임을 말해주는 증거로 삼는다.[32] 리는 개체 존재에게서 성으로 존재하니까, 결국 성은 기 안에 들어 있는 것이다. 그리고 그 성이 바로 리인 것을 드러내는 술어가 '성즉리'라는 것이다. 여기서 곧 즉 자[卽]는 같다는 의미로 쓰였다고 보는 것이다.

결론적으로 이간은 천명이 곧 리이고 리가 곧 성이라는 구도를 자기 논의의 중심에 두었음을 알 수 있다. 이를 설명하기 위해 '성즉리'의 논점을 충실히 계승하고자 하였다.

---

29) 此朱子所謂天卽理 命卽性 性卽理也(같은 곳).

30) 天以此理 命於人物 而人物得此理以爲性 則性 只是人物之理也(같은 곳).

31) 自其渾然全體而謂之性 自其粲然有條而謂之理(같은 곳).

32) 程子曰 性卽理也 朱子以爲自古無人敢如此道者 而其一生承用 都在此一句 小子於此 未免爲先入之見 故以卽理也三者 爲性者之本(같은 곳).

(2) 일원(一原)과 이체(異體)-동일성과 개별성의 근거

이간은 일원과 이체의 논법으로 인성과 물성의 동일한 부분과 다른 부분을 구분해서 설명하고 일원의 측면에서 인성물성 동론의 근거를 찾는다. 그래서 "그 본연을 말하면 인물이 모두 같은 것이라 일원이라 하는 것이고, 그 기질을 겸하여 말하면 성인과 범인의 청탁과 인물의 통하고 막힘이 만 가지로 서로 달라서 이체라고 하는 것"33)이라 하였다. 그래서 이간은 일원과 이체의 논리로써 천인(天人)의 성명(性命)과 이기의 본말에 대해 모두 포괄하여 설명할 수 있다고 자신하였다.

이간은 리의 내용이 바로 인의예지(仁義禮智)이므로 이 둘은 같은 것을 설명하는 바인데 권상하는 인의예지는 기와 섞일 수 있는 것으로서 성이고, 천명과 태극은 기와 섞일 수 없는 리라고 해서 두 가지를 분리해서 설명하였다고 비판한다.

이간의 생각은 역시 천명은 인성과 물성이 천으로부터 같이 받은 그래서 동일한-일원으로서의 본성이며 이것이 바로 '天命之謂性'에서 말하는 성이다. 인성과 물성은 이 일원의 측면에서 동등한 것이 된다. 그러나 품부 받은 기의 차이가 곧 이체를 나타내고 이에 따라 사람과 사람, 사람과 사물 간의 차이를 결과한다고 정리하는 것이다. 결국 이간은 천명(天命)=성(性)=일원(一原)=인성(人性) 물성(物性) 동(同)의 논리를 세운 것이다.

2) '오상변(五常辨)' 분석

인의예지신의 오상을 사람만이 받은 것인가 물도 함께 받은 것인가, 이것이 선천적인 원리인가 후천적으로 습득되는 것인가에 관한 논의가 오상변의

---

33) 言其本然 則人物之所同然 而爲之一源也 兼其氣質 則聖凡之淸濁 人物之通塞 吹萬不齊 而謂之異體也(같은 곳).

쟁점이다. 그리고 이것이 인성 물성 동이논쟁의 핵심 쟁점이기도 하다. 이간으로 대표되는 인성 물성 동론의 입장에서는 오상이 곧 천명이고 리이며 성이라는 관점을 가지기 때문에 이 점에서 인성과 물성이 같다는 주장을 하게 되었던 것이다. 1714년에 이간이 한원진을 염두에 두고 쓴 '오상변(五常辨)'[34]에 이와 같은 주장이 집약되어 들어 있다.

(1) 이기(理氣)의 문제

이간은 한원진이 오상에 대해 잘못 파악한 이유가 이기에 대한 이해 부족에 기인한다고 보았다.[35] 그는 "우주 사이에는 이기가 있을 뿐이다. 그 중의 순수하고 지선한 실질과 무성무취한 묘함은 천지만물과 동일하여 일원이 된다"[36]고 하면서 태극은 그 혼연한 상태를 표현한 것이며 세목을 제시하여 말하면 오상이 된다고 한다.[37] 그러니까 태극=오상=리의 구도를 확실히 주장하는 것이다. 이런 태극=오상은 인물이 모두 함께 받은 것으로 둘로 나누어 보아서는 안 된다고 한다.[38] 이것이 바로 자사가 말한 '天命之性'이며 주자가 말한 '이동(理同)'이고 율곡이 말한 '이통(理通)'이라 해서 일원(一原)을 정의하고 있다. 이간은 이것이 곧 리만을 단지한 경우라고 말한다.

그러나 이기 중에서 바르거나 치우치고 통하거나 막히고 어둡거나 밝거나 강하여 서로 다른 것은 천지의 만물이 각각 하나의 체를 소유하게 되어 사람과 동물 간의 차이와 사람들 간의 다름을 초래하게 된다고 한다. 이것이 바로

---

34) 『외암유고』, 권12 「오상변」.

35) 或曰德昭全不識五常 其所蔽何在 曰此政坐合下不識理氣故也(『외암유고』, 권12 「오상변」).

36) 夫宇宙之間 理氣而已. 其純粹至善之實 無聲無臭之妙 則天地萬物同此一原也(같은 곳).

37) 尊以目之 謂之太極 而其稱渾然 備以數之謂之五常(같은 곳).

38) 而其條粲然 此則於穆不已之實體 人物所受之全德也. 自古言一原之理 本然之性者曷嘗以性命而判之 人物而二之哉(같은 곳)!

이체이며 이는 기를 겸지하여 말하는 경우에 해당하는 내용이다. 이것이 기질지성이며 사람과 동물뿐 아니라 사람 사이에도 성범의 차이 등 무수한 개별성이 존재하도록 하는 원인이다.[39] 따라서 이것이 바로 정자가 '生之謂性'이라 했을 때의 성이고 주자가 '理絶不同', 율곡이 '기국(氣局)'으로 표현한 바라고 정리하였다.

이러한 이간의 생각은 1713년 작품인 '이통기국변(理通氣局辨)'에 잘 정리되어 있다. 그는 "태극 오상은 단지 리일 뿐이며 천하의 물 중에 리보다 더 소급해서 올라갈 수 있는 것이 없기 때문에 '극'이라 부르는 것이며 '태'는 높이는 말이다. 천하가 변화하여도 그 리는 바뀌지 않으므로 '상(常)'이라 한 것이며 '오'는 그 명수(名數)이다. 천하에 어찌 하늘에 있어서는 태극만 되고 오상이 될 수 없으며, 물에 있어서는 오상만 되고 태극이 될 수 없는 리가 있겠는가! 어떻게 아직 생성되지 않았을 때는 태극만 되고 오상은 될 수 없으며, 이미 생한 뒤에는 오상만 되고 태극이 될 수 없는 리가 있겠는가?"[40]

(2) 대분(大分)과 세분(細分)

결국 리만 단지했는가 이기를 겸지했는가에 따라 일원과 이체가 갈리게 되는데 이것은 이기를 대분해서 이해하는 경우라 한다. 결국 이간의 생각은 오상은 일원에 속하는 것으로 보아야 한다는 것이다. 단지와 겸지로 나누고, 일원과 이체로 구분하는 방식은 오상을 대분하는 방법이다.

---

39) 若其正通偏塞之分 昏明强弱之殊 則天地萬物 各一其體也. 人貴物賤而偏全不齊 聖智凡愚而善惡不倫 此卽造化生成之至變 氣機推蕩之極致也 自古言異體之理 氣質之性者 曷嘗以人物而齊之 聖凡而等之哉(같은 곳).

40) 太極五常 只理也 天下之物 無加於理 故謂之極而太其尊辭也 天下之變 不易其理 故謂之常而五其名數也 天下豈有在天則爲太極而不得爲五常 在物則爲五常而不得爲太極之理哉. 亦豈有未生則爲太極而不得爲五常 已生則爲五常而不得爲太極之理哉(『외암유고』, 권12「理通氣局辨」).

그런데 사람과 사물은 음양오행을 질료로 생성된다고 하였다. 이간은 어떤 존재도 이 중의 하나를 빠뜨린 경우가 없고 단지 상대적으로 어떤 성향이 적거나 많은 차이만 존재할 뿐이라고 설명한다. 예컨대 음성을 대표하는 여성과 양성을 대표하는 남성은 음양오행 모두를 받은 것이지, 여자는 음으로만 이루어지고 남자는 양으로만 구성되었다고 말할 수 없다는 것이다. 단지 그 구성 비율이나 성향이 각각 다르게 나타나고 그것이 결국 사람과 동물, 사람과 사람 간의 차이를 가져오는 원인이 된다고 설명한다. 사람은 통하고 온전한 것을 타고나고 동물은 치우친 것을 타고나서 각각 개별성을 갖게 된다. 이런 주장을 확실히 하기 위해 주자의 두 가지 언급, "사람은 오행을 갖추고 물은 한 가지만을 갖느냐고 물으니, 말하기를, 물도 역시 오행을 갖추고 있는데 단지 오행 중의 치우친 것을 얻었다는 차이가 있을 뿐이다." '인의예지를 물이라고 지니지 않았겠는가! 단지 치우쳤을 뿐이다. 또 각각이 서로 다른 데에 나아가 바탕을 이루므로 건도는 남성을 만들고 곤도는 여성을 만든다. 그러나 남자라고 어떻게 순전히 양으로만 되고 음은 없겠으며 여자라고 해서 모두 음으로만 구성되고 양은 없을 수 있겠는가?"[41] 그러므로 이체의 측면에서 보면 각 존재는 서로 다른 개별성을 소유한다. 이것이 오상에 대해 세분한 경우라 하였다.

그런데 한원진이 "천명은 초형기(超形氣)의 단계이고 오상은 인기질(因氣質)에서 말하는 것이다. 그러므로 물은 천명의 전체를 얻었다 해도 오상의 온전한 덕을 얻지는 못하였다." "오상은 본연이지만 일원이 될 수 없고 기국, 이체의 리로서 이통(理通)이 될 수 없다." "태극과 천명은 온전하며 치우침이 없는데 오상은 치우치고 온전하지 못하다." "태극은 계선에 속하며 인물이 아

41) 又問人具五行物只得一行. 曰 物亦具有五行 只是得五行之偏者耳.
又曰 仁義禮智 物豈不有 但偏耳. 蓋二五流行 又各就其偏重處成質 故乾道成男坤道成女 男豈全陽而無陰之物也 女豈全陰而無陽之物哉(같은 책, 같은 편, 「오상변」).

직 생하지 않았을 때의 것으로 명이라 부르는데, 오상은 성성에 속하며 인물이 이미 생한 다음에 있는 것으로 성이라 한다"[42]라고 했던 말들을 비판적으로 인용한다. 한원진은 천명=태극[超形氣]이지만 성은 다른 차원(因氣質)에서 설명하는 입장인데 이 부분을 적시하고 문제제기하였던 것이다.

이간은 한원진이 초형기의 단계를 두고 있는데 그것은 자신이 말하는 일원과 같은 것으로 일단 문제가 없다고 본다. 다만 그가 오상을 초형기 안에 두지 않는 점을 지적하고 그렇게 되면 천명은 실체가 없는 공허한 물건이 되고 말지 않겠느냐고 비판하였다. 오상은 본래 단지한 리이다. 그러나 기를 겸하여 말할 수도 있기 때문에 주희는 "기질이 다르므로 리도 서로 통하지 못하여 인은 의라 할 수 없고 의는 인이라 할 수 없다"라고 하고 또 "인의예지를 어찌 물이 온전히 할 수 있겠는가!"라고 했던 것이다. 이것이 한원진의 어법에 맞추어 보면 '인기질'의 경우이고 이간 자신의 어법에 따르면 이체에 속하는 것이다. 그러므로 주희의 위와 같은 의견은 단지한 리로서의 오상을 설명한 것이 아니라 기를 겸지한 측면에서 말한 것으로 파악한 것이다.

이간은 한원진이 오상을 인기질로 파악한 것이 문제의 핵심이라 정리한다. 한원진은 스스로 자신이 오상을 인기질로 해석한 것은 누구도 이야기하지 못했던 독창적 견해임을 자신 있게 말하는 것에 대해 이간은 기질지성의 반만 본 것에 불과하다고[43] 냉소적으로 평가한다. 한원진은 인기질의 논리에 따라 "목의 리는 인이라 하고 의라 할 수 없으며, 금의 리는 의라고 하며 인이라 할 수 없다"[44]고 설명하는데, 이는 결단을 내버리는 논의[截鐵揷釘之論]라고 보

42) 其言曰 天命者超形氣之稱 五常者 因氣質之命 故物得於天命之全體 而不得於五常之全德. 又曰 五常是本然 而不得爲一原 是氣局異體之理 而不得爲理通矣. 又曰 太極天命全而不偏 五常偏而不全. 又其說 以太極屬繼善 作人物未生時物而謂之命也 以五常屬成性 作人物已生後物而謂之性也(같은 곳).

43) 德昭所謂五常者又有說言 其因其質三者 卽渠自謂擴前人所未發者 而愚意其所見之實 則不過氣質之性者 見其半而 不見其半矣(같은 곳).

았다. 그런데 이간의 생각에 주희가 "仁作義不得, 義作仁不得"이라 한 것은 도척의 리는 악하다 해야지 선하다고 할 수 없고, 순임금의 리는 선하다고 해야지 악하다 할 수 없다는 식으로 기질지성을 논의한 자리에서 조응할 수 있는 표현이지 리만을 단지한 본연지성을 말한 대목이 아니라고 해석한다. 한원진이 인기질의 단계를 둔 것은 사실 기질의 측면을 말하는 것이므로 일원으로 끌어올릴 수도 없고 그렇다고 기질지성으로 끌어내리는 것도 달갑지 않은 까닭에 혼란스러워하다가 끝내는 그 중점이 기의 측면에 있었기 때문에 '기국(氣局)의 리'라든지 '이체의 리'라고 했던 것이다. 그러나 그가 끝내 기질지성이라고 하지는 않았으니 결국 실질과 다른 주장이라 했다. 이간은 아무래도 한원진의 세 단계 구분법이 마음에 들지 않았던 것이다. 그래서 겸지와 단지, 형이상과 형이하로 포괄되지 않는 것이 무엇이냐고 반문한 것이 아니겠는가.[45)]

이간의 생각으로는 오상의 리가 있고서 오행의 기가 존재할 수 있고, 오상의 실질이 있어야 오상이라는 명칭이 있을 수 있다는 것은 더 이상의 설명이 필요 없는 사실인데 한원진이 이것을 이해하지 못하는 것으로 단정한다. 이간은 『중용』 첫 장의 말과 그에 대한 주희의 해석을 자신의 논지를 확정하는 근거로 삼았다. "중용이라는 책을 여는 첫 권에서 자사가 처음에 한 말이 천명지위성이라는 것에 지나지 않는다. 그리고 주자가 그것을 해석하여 말하기를 천명지성은 인의예지일 뿐"[46)]이니 명과 성은 동일한 것이며 그 내용은 인의예지라고 단언하는 것이다. 한원진처럼 명(命)은 미생(未生)의 것이고 성은 이생(已生)의 것이라 분리하여 본다면 명과 성이 분리되는 것이 고금으로 나뉘는 것처럼 떨어져 버린다고 주장한다.

---

44) 其言曰 在木之理 謂之仁而不可謂義 在金之理 謂之義而 不可謂仁(같은 곳).

45) 未知單指兼指之外 又有居間可指之地乎 又以形而上下言之 謂之形而上 則與太極無辨 謂之形而下 則與氣質無異 未知形而上下之間 又自有非彼非此之物乎(같은 곳).

46) 中庸開卷第一句 子思開口弟一言 不過曰天命之謂性 朱子釋之曰 天命之性 仁義禮智而已(같은 곳).

또 한원진이 건순은 2를, 오상은 5를 가르치는 것이기 때문에 일원으로 설명할 수 없다고 한 의견에 대해 이간은 다음과 같이 반론한다. 음양의 리는 건순이고 오행의 리는 인의예지임을 부인할 사람은 없을 것이다. 그렇다면 가장 기본적인 리를 대표하는 태극의 내용은 무엇이겠는가? 건순이나 인의예지로 표현해야 하는 것 아닌가. 따라서 그 숫자는 설명 방식의 차이일 뿐 다른 것을 나타내는 표식으로 볼 수 없다.

(3) 인성과 물성의 동(同)·부동(不同)

이간은 한원진이 "인과 물의 성이 같지 않음이 없지만 성을 따르는 도가 다른 것은 무엇 때문인가? 라 하고, 또 성과 도는 같은가 다른가. 다르다고 한다면 따질 것이 없지만 같다고 한다면 인물의 도가 다른데 성이 어떻게 같을 수 있겠는가?"[47]라고 한 말을 비평한다. 이간은 우선 주희의 언급 몇 가지를 인용[48]하면서 성과 도가 '一本萬殊'의 관점으로 설명되었음을 제시하였다. '一本萬殊'는 실체를 같이한다는 것을 표현하는 말이므로 근본에서는 성과 도가 하나이지만 그것이 나뉘어 만 가지로 파생해 간 측면에서는 성과 도가 다른 것이 된다고 하였다. 하나의 근본이 되는 것은 분명하게 홀로 존재하는 것이므로 같고[同], 만수로 분파된 것은 사물에 붙어 있는 것을 가리키는 것이므로 다른 것[異]이다. '天命之謂性'의 내용을 제대로 파악한다면 한원진과 같이 명과 성이 다르다는 주장을 할 수 없다는 것이 이간의 생각이다.

이간은 한원진이 주 논거로 삼는 『맹자』 고자상 3장의 개와 소와 사람의 성이 어떻게 같을 수 있느냐는 말은 겸지한 기질지성의 측면에서 각각의 성이

47) 德昭曰 人物之性無不同 而循性之道不同者 何也 又曰 性與道 同乎異乎 以爲異則非敢知 以爲同則人物之道異矣 性安得同乎(같은 곳).

48) 朱子曰 天命之性 理之一本也 率性之道 理之萬殊也.
又曰 性是箇頭腦 道是箇性中分派條理. 又曰 天命之性 指迥然孤獨而言 率性之道 指着於事物而言(같은 곳).

다르다는 말이지 하나의 근원으로서의 명=성을 단지한 표현이 아니라고 주장한다. 그래서 "기의 정통(正通) 여부에 따라 리의 정통이 결정되고, 기의 편색에 따라 리도 편색하게 된다. 그러므로 오직 사람만이 인의를 온전히 할 수 있고 개나 소는 온전히 할 수 없는 것"[49]이라 한 것이다. 이간의 일원의 논리에 따르면 인간과 개나 소의 본성이 같다. 다만 이체의 리=기질지성은 서로 만 가지로 다른 것이니 결코 같다고 할 수 없다. 이간은 한원진이 인의라는 글자만 보고 그것이 지적하는 내용이 일원인가 이체인가를 따지지 않고, 맹자가 사람과 개와 소의 성이 같지 않음을 지적한 것을 곧바로 본연으로 단정했다고 한다. 이는 주희의 여러 가지 의견들을 종합해서 이해하지 못한 결과로서 학문의 치밀성이 부족하고 독단에 빠졌다고 비판한다.[50] 이간은 주희가 인의예지를 동물들이 온전히 할 수 있겠느냐고 한 말은 본연성의 측면에서 한 말이 아니라 품부 받은 기의 측면에서 설명한 것이라 하였다. 기가 정통하면 리도 정통하고 기가 편색하면 리도 편색한 것인데 동물은 기가 편색하기 때문에 오상을 온전히 발휘할 수 없을 뿐이라는 말이다.

이간은 주희가 "천명지성은 천하를 통틀어 하나의 성일뿐이다. 어찌 서로 가까운 것이라 하겠는가. 서로 가깝다는 것은 기질지성일 뿐이다. 맹자가 개와 소와 사람의 성이 다르다고 한 것이 이 경우이다." "공자가 성은 서로 가깝지만 습관이 서로를 멀어지게 한다 하고, 맹자가 타고난 것이 성이라는 말을 변론했을 때의 성은 모두 기질지성을 말한 것이다"[51]라고 한 바와 같이 성을 일원의 논리로 설명하여 인성 물성 동의 입장을 취하는 것이 정론이 되어야 함을 강조한다. 맹자가 특별히 기질지성이라는 말을 사용하지 않았던 것은 고

---

49) 氣之正通 理亦正通 氣之偏塞 理亦偏塞 故惟人得全於仁義 而犬牛不得以全之(같은 곳).

50) 與己見不合 則雖朱子之定論 不復致思 此甚非善學之道也(같은 곳).

51) 朱子曰天命之性 則通天下一性耳 何相近之有 相近者 是氣質之性 孟子 犬牛人性之殊者此也.
又曰 孔子謂性相近習相遠 孟子辨生之謂性 亦是說 氣質之性(같은 곳).

자와의 논의가 더 이상 진전되지 않았기 때문이라고 추측하면서, 만일 고자가 다시 문제제기를 하였다면 맹자도 기질지성이라는 표현했을 것이라고 말하였다.[52]

4. 학술논쟁의 의의
—당대의 현실인식과 조선 유학의 독자성 확보

주자학 이론서가 우리나라에 소개되는 것은 고려 말이고 려말선초의 왕조 교체기에 주자학은 새로운 대안 이론으로 논의되기 시작하였다. 그러다가 조선이 건국되면서는 나라의 학문으로 자리를 잡았다. 주자서에 대한 분석과 검토는 조선시대 내내 지속하는데 그 한 예가 19세기 이항로(李恒老, 1792~1868)가 그 아들과 함께 총정리한 『朱子大全箚疑輯補』이다. 이 책은 이황 이후 조선의 유자들이 행한 『朱子大全』에 대한 주석을 총정리한 것이다. 조선시대는 주자학적-성리학적 규범을 사회 전면에 적용하고 시험한 시기였다. 이러한 과정은 중국이나 다른 나라에서 볼 수 없는 조선유학의 특징적 면모이다. 이는 주자학의 이상을 현실에서 실현하고자 하는 노력이었으며 그 과정에서는 주자학 이론을 조선화하는 노력이 개제되었다. 주자학 이론의 조선적 이해를 보인 대표적 사건은 서두에서 말한 두 논쟁-사단칠정논쟁과 호락논쟁이다. 이 논쟁들처럼 집단적으로 오랜 시간 동안 이론 검토와 사유의 성숙을 기한 일은 다른 어느 나라에서 찾기 어려운 조선유학이 지닌 또 하나의 특징이다.

16세기의 이황(1501~1570)은 한국 성리학의 이론을 한 단계 높인 인물이다. 그는 이전 시기 선배들의 학문을 이으며 아울러 동시대의 후배 기대승

52) 告子不復問犬牛人性何爲不同 故不同之說 發其端而不得盡其辭(같은 곳).

(1527~1572)과의 논변을 거치면서 리 중심의 사단칠정론을 확립하였다. 이이(1536~1584) 역시 성혼(1535~1598)과의 사단칠정논쟁 과정에서 '이통기국론'을 정립하였다. 이와 같은 학술논쟁은 당시 사회가 열린사회였으며 인문학적 저변이 튼튼했다는 정황을 반영하는 사건이다. 이제 주자학은 조선의 유자들에게 기본 상식의 단계를 넘어서 독자적 해석의 길로 진입했던 것이다. 이 논변의 연장에 있으며 논의의 초점을 좀 더 구체화 ― 미발론과 인성 물성 동이론 ―하여 또 하나의 논변을 진행했던 것이 호락논쟁이었다. 호락논쟁은 주로 이이의 학문을 계승한 학자들 사이에서 벌어진 학술논쟁이었다. 동료, 선배, 후배 혹은 스승과 제자 사이에 오고 간 단호한 의견개진은 그들이 쓴 서간에 고스란히 남아있다.

호락논쟁은 논쟁 당사자 몇 사람이 논쟁하는 선에서 그친 것이 아니라 집단적 성격을 띠면서 조선 말기까지 지속하였다.[53] 이간과 한원진은 모두 권상하의 문인이며 기호지역 출신이다. 그런데 이간의 논점과 맥을 같이하는 사람들이 거의 낙하-서울 근교 지역에 모여 있었고 한원진의 주장에 동조하는 사람들은 기호-충청도 지역에 거주하였던 관계로 이들의 논쟁을 호락논쟁이라 칭하게 되었던 것이다. 낙학파의 주요 인물들로는 김창협(1651~1708), 김창흡(1653~1722), 어유봉(1672~1744), 이재(1680~1746), 박필주(1665~1748) 등이 있고, 호학파에는 윤봉구(1681~1767), 최징후, 채지홍(1683~1741) 등이 있다.

53) 영조대 이후 노론학계와 산림 사이에서 전개된 100여 년간의 호락논쟁은 노론 특유의 주자주의적 의리지학의 지향성을 계승하는 논쟁이면서 그 결과 학풍으로 변화와 조선학계 전체의 재편을 가져오는 논쟁으로 전개되었다. 논쟁의 와중에서 낙론의 일각으로부터 홍대용, 박지원 등의 북학사상이 태동하여 조선주자학의 발전적 자기극복 과정이 구현되기도 하였으며, 호서의 호론에 대해 서울의 낙론이 우위를 차지하게 됨으로써 학계의 경향 분기현상이 반영되었고 이 결과 산림의 위상변화를 초래하기도 하였던 것이다(유봉학, 앞의 책, p. 71).

이황과 기대승 사이에서 촉발된 사단칠정논쟁으로 조선 주자학의 이기론은 독자적 발전을 이루었고 그 결과 이이의 이통기국론이 제출될 수 있었다. 이제 이이의 학문 전통 아래서 미발 시에 심의 정체는 어떠하며(미발심체론) 인성과 물성은 같은가 다른가(오상론)하는 문제를 둘러싸고 또 한 번 성리학의 이론 검토가 이루어진 것이다. 18세기 조선의 성리학자들은 그들이 직면한 사회변동과 국제질서에 대응할 수 있는 새로운 이념을 모색해야 했다. 호락논쟁은 새로운 사회질서와 인간관의 모색에 주목하며 검토된 논의였다.

조선 유학사에서 보이는 논쟁은 단순히 학문적 호기심에서 촉발된 것이 아니고 당시 사회가 안고 있는 모순을 해결하기 위한 지적 고민이 그 배경을 이루고 있다. 호락논쟁 역시 18세기 조선 사회가 해결해야 했던 커다란 몇 가지 현안을 그 기저에 담고 진행하였던 학술토론이었다.

호락논쟁에서 쟁점이 된 문제는 인성과 물성의 동이를 묻는 '오상론'과 미발 시의 심성을 파악하고자 하는 '미발 심체론'이다. 오상론이 인간과 동물 등 다른 존재와의 관계를 묻는 논의라면 미발론은 인간의 심성문제를 따지는 주제이다.

인성 물성 동이론의 문제에서 한원진, 권상하를 중심으로 하는 호학파는 인기질의 측면에서 사람의 본성과 동물의 본성이 다르다는 인물성 이론을 주장하였다. 이간을 중심으로 하는 낙학파에서는 일원의 측면에서 인성과 물성이 동일하다고 보아 인물성 동론을 확정하였다. 이들은 각각 주희의 언급을 자기 의견을 증거하는 측면에서 인용하며 시종 일관된 논지를 견지하였다. 이 말은 주희의 발언이 다르게 해석될 수 있는 면을 내포한다는 점을 시사한다. 이간의 경우 주희가 사람과 물의 성이 같다고 한 것(예컨대 『중용』 첫 장의 주)과 다르다고 이야기한 부분(『맹자』 고자상 3장의 주)을 모두 인용하면서 고자상의 주에서 말한 내용은 맹자의 본성에 대한 주지인 성선의 성이 아니라 기질지성의 성이기 때문에 일원에서의 인물성 동론을 주장하는 자신의 논지와 어긋나는 점이 없다고 해석하였다. 이는 자신의 논지에 맞추어 주자학의 성근 부분을 재해석하는 과정의 일단이다. 이 논쟁과정에서 정리된 한원진의 3단계 구분법(超形氣-因氣質-雜氣質)과 이간의 이기동실(理氣同實), 심성일치(心性一致) 등의 개념은 주자학의 새로운 이해를 보인 결과이다.

미발론에서 이간은 미발 시에는 심체가 순선하다는 이론을 주장하였다. 그에 따르면 미발은 천리가 그대로 드러나는 상태인데 이는 본연의 심[虛靈不昧한 心의 본체]으로 담보할 수 있다고 하였다. 이발이 기품의 차이에 의해 다양성이 노정되는 기의 세계라면, 미발은 온전한 리의 세계라고 한다. 이 미발과 이발의 상태는 심으로 파악할 수 있는데 미발은 본연의 심으로 이발은 기질의 심으로 만날 수 있다는 것이다. 여기서 심통성정으로 표현되는 주희 심성론의 결론이 한층 세밀하게 분석됨을 볼 수 있다. 결국 문제는 심인데 이 심에도 체와 용이 있어서 그들 각각이 미발과 이발에 관여한다는 설명이다. 미발 상태의 확보를 지향하는 이간은 줄곧 본연지심을 강조한다. 심은 '일신의 주재'로서 인간의 주체가 되는 영역이다. 그리고 성범이 동일하게 받은 순선한 미발의 강조는 분리보다 통합을 요구하는 논리이다.

인성과 물성의 동일함을 주장하고 성범의 동일한 부분을 강조한 낙학파의 이론은 18세기 조선 사회가 당면한 사회의 문제들에 대해 '대결보다는 공조', '분리보다는 통합'의 논리로 해결해야 한다는 주장이 반영되어 있다고 보아야 할 것이다.

그러면 같은 학파와 정파에 속하는 사람들 사이에서 왜 이렇게 다른 의견이 돌출되고 100여 년에 이르는 논쟁으로 확대되었을까. 그건 학문 이해와 현실인식의 연관을 찾아가는 과정에서 발생한 문제였을 것이다. 이들은 서로 현실인식을 달리하였고 그 이론적 근거를 확보하는 데에서도 차이가 날 수밖에 없었을 것이다.[54] 그와 연관하여 낙학파는 전통적 화이관(華夷觀)을 벗어나

---

54) 호학이 군자와 소인의 엄격한 구별을 통해 사회적 질서를 회복하고 그 바탕 위에서

청의 앞선 문물을 수용할 필요가 있다는 현실감 있는 주장을 함으로써 이후 실학의 북학파와 연결된다는 연구는[55] 상당히 설득력 있는 주장이라 하겠다.

참고문헌

『巍巖遺稿』(韓國文集叢刊本)

『南塘集』(한국문집총간본)

『寒水齋集』(한국문집총간본)

『朱子大全』

『朱子語類』

『四書或問』

근대사연구회편, 『한국중세사회 해체기의 제문제(상)』, 한울아카데미, 1992(1987초판).

우인수 지음, 『조선후기 산림세력연구』, 일조각, 1999.

유봉학 지음, 『조선후기 학계와 지식인』, 신구문화사, 1999.

정옥자 지음, 『조선후기 중화사상 연구』, 일지사, 2001(1998초판).

주자사상연구회 편, 『주자사상과 조선의 유자』, 혜안, 2003.

한국사상사연구소편, 『자료와 해설 - 한국의 철학사상』, 예문서원, 2002.

한국사상사연구회 지음, 『인성물성론』, 한길사, 1994.

한국사상연구회 지음, 『조선유학의 개념들』, 예문서원, 2002.

문석윤 지음, 「조선후기 호락논변의 성립사연구」, 서울대학교 박사학위 논문, 1995.

전인식 지음, 「이간과 한원진의 미발 오상 논변」, 한국정신문화연구원 박사학위 논

북벌복수를 추구하였던 반면에 낙학의 서인 노론이라는 정체성은 호학과 함께 하면서도 소론은 물론 남인 등도 배격하기보다 포용하고자 시도하는 정치적 입장을 가지고 있었다(전인식, 앞의 논문, p. 198).

55) 유봉학, 앞의 책 참조.

문, 1998.
홍정근 지음, 「호락논쟁에 관한 임성주의 비판적 지양 연구」, 성균관대학교 박사학위 논문, 2001.

4장

한국에서의 왕양명 생명철학의 주체적 전개

김 세 정
(충남대학교 철학과)

1. 들어가는 말

양명학이 한반도에 처음 전래된 지 어느덧 480여 년의 세월이 흘렀다. 양명학은 전래 초기부터 이황(李滉, 1501~1570)에 의해 선학(禪學)보다 더한 배척의 대상으로 규정되고, 이후 퇴계 문하에 의해 '이단(異端)', '사문난적(斯文亂賊)'으로 배척받으면서 고난과 시련의 역사를 시작하였다. 그러한 시련과 고난 속에서도 양명학은 이요(李瑤, 생몰년 미상), 장유(張維, 1587~1638), 최명길(崔鳴吉, 1586~1647) 등에 의해 수용되고, 나아가 정제두(鄭齊斗, 1649~1736)와 강화학파(江華學派)에 이르러 한국양명학으로 꽃을 피우게 된다. 이들은 한결같이 당시 병자호란과 임진왜란을 거치면서 보여준 주자학적 대의명분(大義名分)의 허위의식과 비주체성 및 실천성의 부재 등을 비판하고 양명학적 '양지론(良知論)'과 '지행합일설(知行合一說)' 그리고 '인간평등론' 등에 근거하여 실심(實心), 실질(實質), 실리(實理), 실사(實事)의 정신과 주체성, 실천성 및 자주성을 회복함으로써 당시 시대 문제를 해결하고자 하였다. 중세에서 근대로의 전환점, 즉 19세기 말 서세동점(西勢東漸)의 한말 전환기에 박은식(朴殷植, 1859~1925)과 정인보(鄭寅普, 1892~미상)는 양지론을 근간으로 한 '인간평등론'과 '천지만물일체설(天地萬物一體說)'에 근거한 양명학을 통해 서구문화에 대한 대응이라는 동북아시아의 공통적 과제와 일제로부터의 국권회복이라는 시대적·민족적 과제를 해결하고자 하였다.

비록 한국에서 양명학이 수용 단계부터 이황과 그 문하에 의해 사문난적 또는 이단으로 심한 배척을 받았음에도, 강인한 '주체성'과 '실천성', '시대정신' 및 따뜻한 '생명애'를 보여 온 뜻있는 선각자들에 의해 수용·발전하면서 한국의 양명학으로 뿌리 내리게 된다. 필자는 한국양명학을 생명철학으로 재정립하기에 앞서 먼저 시론적 단계에서 한국양명학에 내재한 주요한 생명사상의 특성들을 고찰해보고자 한다.

2. 왕양명의 생명철학

왕양명(王陽明, 1472~1528, 이름은 守仁, 자는 伯安, 陽明은 호)은 삶과 죽음을 넘나드는 역경과 고난도 마다지 않는 주체적이고 역동적이며 창조적인 삶을 살면서 자신의 독창적 '심학 사상'을 수립하였다. 필자는 왕양명의 심학을 생명철학의 입장에서 재조명·재정립하는 작업을 지속해 왔다.[1] 왕양명의 생명철학은 한국양명학의 뿌리가 되는바, 한국양명학의 생명사상의 특성을 고찰하기에 앞서 그 뿌리가 되는 왕양명 생명철학의 주요한 특성들을 고찰할 필요성이 요구된다.

왕양명 생명철학의 주요한 요소로는 첫 번째 '심즉리(心卽理)와 인간 주체

---

1) 김세정, 『양명학 인간과 자연의 한몸 짜기』(문경출판사, 2001)와 『왕양명의 생명철학』(청계, 2006) 참조.

성의 확립'을 들 수 있다. 양명은 37세 때 용장(龍場)에서 오도(悟道) 후에 주희(朱熹; 1130～1200)의 '격물설(格物說)'과 '성즉리설(性卽理說)'에 대한 반론으로 '심즉리설'을 제창하였다. 주희에게 있어 '격물(格物)'은 객관적 대상 사물에 나아가 그곳에 내재된 형이상학적인 객관적 존재의 원리·법칙(所以然之故) 또는 경전에 담긴 선험적인 보편적 당위의 규범(所當然之則)으로서의 '리(理)'를 탐구·인식함(卽物而窮其理)을 의미한다.[2] 그리고 인간의 마음에 내재된 본성(性)만이 리로 정의될 뿐, 마음은 리를 지각하고 운용하는 기능적인 측면만을 지닌 기적(氣的) 존재로 정의된다.[3] 따라서 주자학에 있어 마음과 리는 인식주체와 인식 대상이라는 이원적 체계를 지니게 되며, 주희의 격물설은 심리(心理) 이원에 근거하여 리에 대한 마음의 종속성과 향외적, 주지주의적, 사변적 성격이 강하다고 말할 수 있다.

양명은 이러한 주희의 '격물설'은 대상 사물에 나아가 고정불변한 이치인 '정리(定理)'를 구하는 것으로써, 이는 내 마음이 사물 가운데에서 리를 구하는 것이 되어 마음과 리를 양분하는 문제가 있다고 비판하면서,[4] 심즉리설을 제창한다. 양명은 "'물(物)에 있는 것이 리(理)이다'에서 '재(在)'자 앞에 하나의 '심(心)'자를 첨가해야 한다. 이 마음이 물에 있으면 리가 된다. 예컨대 이 마음이 어버이 섬기는 데 있으면 효가 되고, 임금 섬기는 데 있으면 충이 되는 것과 같은 종류이다"[5]고 주장하고, 또한 "리란 마음의 조리(條理)이다. 이 리

---

2) 『大學或問』 1장, "至於天下之物則必有所以然之故, 與其所當然之則, 謂理也." 『大學章句』, 「格物致知補亡章」, "所謂致知在格物者, 言欲致吾之知, 在卽物而窮其理也." 등 참조.

3) 『朱子語類』, 권5, "性便是心之所有之理, 心便是理之所會之地." "靈處只是心, 不是性, 性只是理." 『朱子文集』, 권24, "人之一身, 知覺運用, 莫非心之所爲."

4) 『傳習錄』(中), 「答顧東橋書」, 135조목, "朱子所謂格物云者, 在卽物而窮其理也. 卽物窮理, 是就事事物物上求其所謂定理者也, 是以吾心而求理於事事物物之中, 析心與理而爲二矣."

가 부모에게 발휘되면 효가 된다"[6]고 주장한다. 양명에게 있어 효와 같은 '리'는 주자학에서와 같이 인간 마음 밖의 불변하는 선험적인 당위의 도덕규범을 의미하는 것이 아니라 어버이와 같은 천지만물과의 감응(感應) 과정에서 상황에 부합되도록 마음으로부터 항상 새롭게 '창출(創出)되는 실천 조리'를 의미하는바, '마음이 곧 리'가 되는 일원의 계기를 갖는다. 아울러 양명은 "마음의 본체는 성(性)이니, 성이 곧 리이다. 그러므로 부모에게 효도하는 마음이 있으면 곧 효도의 리가 있고 효도하는 마음이 없으면 곧 효도의 리는 없다"[7]고 주장한다. '성(性)'이란 주자학에서와 같이 미발(未發), 즉 마음이 순응해야 하는 작용성이 없는 도덕적 규범이 아니라 마음 그 자체의 '유기적 속성'으로서 '성'은 상황에 따라 효와 같은 구체적인 실천 조리로 드러나게 된다. 이러한 의미에서 '마음이 곧 리'(心卽理)이며 '성이 곧 리'(性卽理)라고 말할 수 있으며, '리는 내 마음 바깥에 존재하지 않는다(心外無理)'[8]고 말할 수 있다. 이러한 양명의 심즉리설은 외재적 도덕규범에 대한 종속으로부터 인간을 해방시켜주고, 실천 조리와 실천 행위를 창출하는 주체적이고 역동적이며 창조적인 인간상을 정립해 준다.

두 번째 주요한 요소로는 '앎과 실천의 합일(知行合一)을 통한 실천적 인간상 정립'을 들 수 있다. 양명은 38세 때 주희의 '선지후행설(先知後行說)'을 비판하고 심리(心理) 일원적 체계에 근거한 '지행합일설(知行合一說)'을 제창한다. 양명에 있어 '마음'은 실천 조리를 창출하는 '역동적 창출성'과 의념과 사태에

---

5) 『傳習錄』(下), 「黃以方錄」, 321조목, "在物爲理, 在字上當添一心字, 此心在物則爲理. 如此心在事父則爲孝, 在事君則爲忠之類."

6) 『王陽明全集』, 권8, 「書諸陽百卷(二)」, 277쪽, "理也者, 心之條理也. 是理也, 發之於親則爲孝, …….."

7) 『傳習錄』(下), 「答顧東橋書」, 133조목, "心之體, 性也, 性卽理也. 故有孝親之心, 卽有孝之理; 無孝親之心, 卽無孝之理矣."

8) 『傳習錄』(上), 「陸澄錄」, 32조목, "心外無理, 心外無事."

대한 시비를 판단하는 '자각적 판단력'뿐만 아니라 실천행위를 이끌어 내는 '실천 지향성', 그리고 신체를 통해 실천 조리를 실천 행위로 이행하는 '능동적 실천성'을 동시적으로 내재하기 때문에, '지(知)'와 '행(行)'은 사실상 마음 안에서 이미 합일의 계기를 지닌다.[9] 따라서 양명에게 있어 '지'는 주자학에서와 같이 마음 밖에 존재하는 객관적 사물의 원리나 도덕적 당위의 규범에 대한 후천적·경험적 지식을 의미하지 않는다. '지'는 "의(意)의 영명(靈明)한 것" 또는 "몸을 주재하는 마음이 발동한 의(意)의 명각(明覺)"으로 정의되고, '행'은 "의가 섭착(涉着)한 것" 또는 "명각의 감응"으로 정의된다.[10] 예컨대 어린아이가 우물에 빠지려는 상황을 목격하게 되었을 때 깜짝 놀라 측은해하는 마음의 자각과 어린아이를 구하고자 하는 의지의 발동이 바로 마음의 선험적인 영명한 '지'를 의미한다면, 마음으로부터 발동한 의지가 몸을 통해 직접적으로 어린아이를 구하는 실천 행위를 이끌어내는 것이 바로 '행'을 의미한다.[11] 불쌍히 여기는 마음의 자각과 어린아이를 구하고자 하는 의지의 발동 그리고 어린아이를 구하는 실천 행위는 인간의 마음과 천지만물 사이에 간격 없이 이루어지는 일련의 '감응 과정'이다. 양명은 나아가 "지는 행의 주된 의지이며, 행은 지의 공부이다. 지는 행의 시작이며, 행은 지의 성취이다"[12]라고 주장한다. 실천 행위를 이끌어 내는 실천 의지로서의 '지'가 직접적으로 실천 행위의 시

9) 김세정, 「王陽明의 知行合一說 연구」, 『동서철학연구』 21호, 한국동서철학회, 2001, 105~107쪽 참조.

10) 『傳習錄』(下), 「陳九川錄」, 201조목, "…指心之發動處謂之意, 指意之靈明處謂之知, ……." 및 『傳習錄』(中), 「答羅整菴少宰書」, 174조목, "以其凝聚之主宰而言則謂之心, 以其主宰之發動而言則謂之意, 以其發動之明覺而言則謂之知, 以其明覺之感應而言則謂之物."

11) 『傳習錄』(上), 「徐愛錄」, 8조목 참조.

12) 『傳習錄』(上), 「徐愛錄」, 5조목, "知是行的主意, 行是知的功夫. 知是行之始, 行是知之成."

작이라면 실제적인 실천 행위를 통해서만 마음의 자각과 의지의 발동으로서의 '지'가 비로소 성취되는 것이다. 아울러 "진지(眞知)는 곧 행하는 바가 있는 것이기 때문에, 행하지 않으면 족히 지라고 말할 수 없다"[13]고 하였다. 양명은 '지'가 결국 실제적인 실천 행위를 통해서만 진지로 완성될 수 있다고 봄으로써 강한 실천성을 바탕으로 한 '실천적 인간상'을 정립하고 있다.

세 번째 요소로는 '선험적 생명 주체로서의 양지(良知)'를 들 수 있다. 양명은 50세 때 '치양지설(致良知說)'을 제창함으로써 독창적 심학 사상을 완성하였다. 양명은 "대저 사람은 천지의 마음이다. 천지만물은 본래 나와 한몸이므로, 살아있는 존재물들의 고통은 무엇인들 내 몸에 절실한 아픔이 아니겠는가? 내 몸의 아픔을 알지 못하는 것은 시비지심(是非之心)이 없는 자이다. 시비지심은 생각하지 않더라도 알고 배우지 않더라도 능한 것이니, 이른바 양지이다"[14]라고 주장한다. '양지'는 맹자에게 있어서의 능동적 실천성인 '양능(良能)'과 선천적 자각력인 '양지'의 통합체로써, 인간이 '천지만물의 마음', 즉 우주자연의 핵심적인 중추적 존재가 될 수 있는 토대가 된다. 이러한 선천적·선험적·능동적인 양지는 시비지심, 즉 '만물일체(萬物一體)의 인심(仁心)'으로 발현되는바, 예컨대 어린아이가 우물에 빠지려는 것을 보면 반드시 '깜짝 놀라 불쌍히 여기는 마음'(怵惕惻隱之心), 새와 짐승이 죽음에 직면하여 슬피 울거나 두려워하는 것을 보면 반드시 '차마 견디지 못하는 마음'(不忍之心), 풀과 나무가 꺾이고 부러지는 것을 보면 반드시 '가엾게 여기는 마음'(憫恤之心), 그리고 기와나 돌이 깨지는 것을 보면 반드시 '애석하게 여기는 마음'(顧惜之心)과 같이 천지만물의 생명 손상을 자신의 아픔으로 느끼는 '통각(痛覺)' 현상을 수반

13) 『傳習錄』(中), 「答顧東橋書」, 133조목, "眞知卽所以爲行, 不行不足謂之知."

14) 『傳習錄』(中), 「答聶文蔚」, 179조목, "夫人者, 天地之心. 天地萬物, 本吾一體者也, 生民之困苦荼毒, 孰非疾痛之切於吾身者乎? 不知吾身之疾痛, 無是非之心者也. 是非之心, 不慮而知, 不學而能, 所謂良知也."

한다.[15] 따라서 '시비지심'으로서의 '양지'는 천지만물의 생명의 온전성을 자각적으로 판단하고 생명 손상을 자신의 아픔으로 느끼는 선천적인 자각적 판단력으로서의 인간 마음의 '유기적인 생명성·생명력'으로서 천지만물과의 '감응'과 '통각의 주체'라고 말할 수 있다.

이러한 양지는 주자학에서와 같이 보편적·외재적 규범과 격식에 따라 시비판단 준칙을 고정된 틀(定理)로 미리 설정하는 것이 아니라 마주한 대상·상황과의 감응을 통해 시비판단의 준칙을 항상 새롭게 창출하고 이에 시비판단 작용을 진행하는 '수시변역성(隨時變易性)'을 지닌다.[16] 양지는 또한 '천리(天理)의 소명영각(昭明靈覺)', '허령명각(虛靈明覺)', '본래자명(本來自明)', '자연명각(自然明覺)'[17] 등으로 정의되듯 선험적 이성지나 후천적 경험지를 의미하는 것이 아니라 인간의 '선천적인 영명한 자각성'을 의미한다. 영명한 자각성의 주된 기능은 천지만물과의 감응을 통해 생명의 온전성에 대한 시비판단 작용과 시비판단에 따른 실천 의지와 실천 행위를 창출하는 데 있다. 아울러 양지의 영명한 자각성은 '항조자(恒照者)', '상각상조(常覺常照)'[18] 등으로 표현되듯 '항동성(恒動性)'을 지닌다.[19] 인간 누구나 내재하고 있는 선천적 '양지'는 곧 천지만물의 생명의 온전성에 대한 '시비준칙'이자 천지만물과의 감응을 통해 이들의 생명의 온전성을 자각적으로 판단할 수 있는 '판단력'임과 동시에 실제적인 실천을 이끌어내는 '능동적 실천력'을 통합하는 인간의 본질적이고 사실적인 마음이라고 말할 수 있다.

---

15) 『王陽明全集』, 권26, 「大學問」 참조.

16) 『傳習錄(下)』, 「黃以方錄」, 340조목 및 『傳習錄(下)』, 「黃省曾錄」, 248조목 참조.

17) 『傳習錄』(中), 「答歐陽崇一」, 169조목; 「答顧東橋書」, 137조목; 「答陸原靜書」, 164조목; 「答聶文蔚二」, 189조목 참조.

18) 『傳習錄』(中), 「答陸原靜書」, 152조목, 『傳習錄』(中), 「答歐陽崇一」, 171조목 참조.

19) 김세정, 「인간 良知의 유기적 생명성」, 『儒教思想研究』 10집, 한국유교학회, 1998, 405~428쪽 참조.

마지막으로 양지 실현의 최후 경계라 할 수 있는 '인간과 천지만물이 하나 됨의 세계'가 있다. 양명은 "대인은 천지만물로써 한몸을 삼는다"[20], "대저 사람은 천지의 마음이다. 천지만물은 본래 나와 한몸이다"[21]라 하여, 인간을 중추로 한 '천지만물일체설(天地萬物一體說)'을 제창하였다. 천지만물과의 감응과 통각의 주체인 '양지'가 바로 인간 누구나 '천지만물의 마음'으로서의 '성인(聖人)'이 될 수 있는 본원적인 바탕이 된다. 그러나 인간은 누구나 양지를 선험적으로 내재하고 있다고 하더라도 자신의 이익과 안위에만 집착하는 극단적 개체 욕망인 '사욕(私欲)'의 발동 가능성 또한 지니고 있다. 사욕이 발동하면 만물일체의 인심(仁心), 즉 '양지'는 차폐되고 인간 자신과 천지만물을 자·타, 주·객, 내·외로 분화시키고 나아가 자신의 이익을 위해 타인들과 투쟁하고 극단에 이르러서는 혈육 간에도 싸움을 일삼음은 물론 종국에는 류(類)를 멸하게 된다.[22] 따라서 사욕을 제거하고 양지를 회복하고자 하는 후천적 노력이 있어야 한다. '치양지(致良知)'는 바로 이러한 양지의 발현을 가로막는 "사욕을 제거함으로써 마음의 선천적 본질로서의 양지를 회복시킨다"라는 것을 의미한다.[23] 다만 양지는 그 자체가 자각적 시비 판단력, 실천 의지의 발동 및 능동적 실천성을 동시에 지니고 있기 때문에, '회복'이라는 의미는 단지 회복의 단계만을 의미하는 것이 아니라 '양지의 발현과 실천 행위의 창출'이라는 일련의 생명 전개 과정 모두를 포함한다.

'성인'은 자신의 사욕을 제거하고 선험적 양지에 따라 생민의 고통이나 배고픔을 자신의 고통이나 배고픔으로 느끼는 등 만물의 생명 손상을 자신의 책

20) 『王陽明全集』 권26, 「大學問」, 968쪽, "大人者, 以天地萬物爲一體者也,"

21) 『傳習錄』(中), 「答聶文蔚」, 179조목, "夫人者, 天地之心, 天地萬物, 本吾一體者也."

22) 『傳習錄』(中), 「答聶文蔚」, 180조목 및 『王陽明全集』, 권26, 「大學問」, 968쪽 참조.

23) 『傳習錄』(下), 「黃直錄」, 222조목 참조. "…如今念念致良知, 將此障礙窒塞一齊去盡, 則本體已復, 便是天淵了."

임으로 자각하고 안전하게 보살피고 교양하는 등의 실천을 통해 '천지만물과 하나 된 세계', 즉 천지만물을 온전하게 창생·양육하는 궁극적 경지에 도달하게 된다.[24] 이는 곧 양지 실현을 통한 '자아의 생명 본질 실현'(內聖·成己·修己·明明德)과 '천지만물의 생명 본질 실현'(外王·成物·治人·親民)이 하나가 됨을 의미한다. 인간에게 있어서의 양지 실현의 귀결처는 마음 밖에 존재하는 물질적인 부귀영화나 타인들로부터의 칭송과 명예를 구하는 일이 아닌 인간 내면에서의 '스스로의 만족'(自謙)을 구하는 데 있다.[25] 그리고 양지 실현을 통해 인간은 '진정한 즐거움'(眞樂)의 경지에 도달하게 되는바,[26] '진정한 즐거움'은 인간 자신의 전우주적 사명 즉, 천지만물의 창생·양육 과정을 주체적·능동적으로 이끌어가야 하는 책임을 완수해 나가는 과정에서 인간 자신과 천지만물이 하나 되는 '천지만물일체'의 토대이자 또한 천지만물일체를 통해 도달하는 최후의 경계이자 궁극적 경지라고 말할 수 있다.

3. 최명길의 실질(實質)과 생명 중시 사상

양명이 주희의 격물설에 대한 비판으로부터 시작하여 자신의 독창적 심학사상을 수립하고 있듯, 조선의 대표적인 양명학자 최명길(崔鳴吉, 호는 遲川, 1586~1647) 또한 당시 주자학자들의 '명분주의'에 대한 비판에서 시작한다. 그는 먼저 "대저 명분(名)은 실질(實)의 그림자이니, 명분만을 따라 그 실질을 책망하면 잃는 것이 많을 것이다. 형적(形迹)은 마음이 드러난 것이니 형적만

24) 『傳習錄』(中), 「答聶文蔚」, 179조목 참조.

25) 『傳習錄』(中), 「答歐陽崇一」, 170조목, "君子之酬酢萬變, … 無非是致其良知, 以求自慊而已" 및 『傳習錄』(中), 「答聶文蔚」, 179조목, "… 而以蘄天下之信己也, 務致其良知求自慊而已矣."

26) 『傳習錄』(中), 「答陸原靜書」, 166조목 및 『王陽明全集』, 권5, 「與黃勉之二」 등 참조.

을 고집하여 마음을 구한다면 잃는 것이 또한 많을 것이다. … 아아! 지금 세상 사람들이 숭상하는 것은 명분이요, 신이 힘쓰는 것은 실질입니다. 세상 사람들이 논하는 것은 형적이요, 신이 믿는 것은 마음입니다"[27]라고 하여, 당시 '명분'만을 고집하는 주자학자들을 비판하고 마음의 주체적이고 '실질'적인 태도를 중시하였다.

최명길은 나아가 양명의 '심즉리설'과 '양지설'을 수용하고,[28] "언제든지 내 마음의 체(體)로 하여금 소리개가 날고 물고기가 뛰어오르는 하늘에 합하게 할 것 같으면 비록 갇힌 속에 있을지라도 스스로 영귀무우(咏歸無雩)의 취향이 있을 것이다. … 이른바 본래면목(本來面目)이란 언제나 허명징철(虛明澄澈)한데 들어 있으면서 기뻐하고 성내고 슬퍼하고 즐거워하는 사이에 나타나는 것이니, 이러한 까닭에 옛 사람들이 용공(用功)함에 있어 동정(動靜)을 하나로 보는 것이다. 일월(日月)과 한서(寒暑)의 대사, 풍운(風雲)과 연우(煙雨)의 변태(變態)는 도체(道體)가 유행하는 오묘함 아닌 것이 없으며 내 마음의 지각작용과 더불어 상하로 함께 흐르면서 합하여 하나가 된다. 다만 깨달음이 여기 이르러 항상 체인(體認)하게 되면 희미하다고 하던 것이 자연스럽게 분명해지고 황홀한 사이라고 하던 것이 자연스럽게 오래도록 순수하고 익숙해질 것이다"[29]라고 하여, 심본체의 작용은 동정(動靜)을 일관하여 부단히 천지유행과 하나로 합한다고 보았다.

---

27) 『遲川集』, 권8, 「疏箚 論典禮箚」 丙寅, "夫名者, 實之影也, 而循名以責其實, 則失之者, 多矣. 迹者, 心之著也, 而執迹以求其心, 則失之者, 亦多. … 嗚呼, 今世之所尙者, 名也, 而臣之所務者, 實也, 世之所論者, 迹也, 而臣之所信者, 心也."

28) 『遲川集』, 권17, 「雜著·復箴」 및 『遲川集』, 卷8, 「論典禮箚」 등 참조.

29) 『遲川集』, 권17, 「寄後亮書」, "常使吾心之體, 妙合於鳶飛魚躍之天, 則雖在囹圄幽縶之中, 自有咏歸無雩之趣. … 抑所謂本來面目常涵於虛明澄澈之地, 而發見於喜怒哀樂之間, 古人用功所以無間於動靜. 而日月寒暑之代謝, 風雲煙雨之變態, 莫非道體流行之妙, 而與吾方寸知覺之用, 上下同流, 滚合爲一. 但能覺得到此而常常體認, 則所謂依俙者自然分明, 所謂恍惚之間者自然恒久純熟矣."

마음의 실질을 중시하는 태도와 마음의 주체성과 역동성을 바탕으로 최명길은 병자호란 때 당시의 실정을 냉철히 파악하여 당시의 상황으로 보아 '주화론(主和論)'을 펴는 도리밖에 없음을 깨닫고 의리(義理)를 절대적 가치로 인정하는 주자학파인 김상헌(金尙憲, 호는 都正, 1570~1652)의 '척화론(斥和論)'에 대항하여 주화론을 주장하였다. 최명길은 이념적 대의보다는 '현실을 중시'하여 '현실적 상황과 주체가 합치된 곳'에서 그 해결책을 찾으려 했다고 평가된다.[30] 다음과 같은 주장들 속에서 최명길은 양명의 주체성과 수시변역(隨時變易) 사상에 근거하고 주화론을 주장하였다고 하는 사실을 알 수 있다.

> 신이 이렇게 화친(和親)을 주장하는 것은 옳고 그름을 고려하지 않고 단지 이해로만 아뢰어 전하를 잘못 인도하고자 하는 것이 아닙니다. 현 정세를 참작하고 의리(義理)를 헤아리며, 선유들의 정론(定論)에 고증도 해 보고, 조종(祖宗)께서 행하신 역사적 발자취를 참고하여, 이렇게 하면 반드시 나라가 위태로울 것이고, 이렇게 하면 백성을 보호할 수 있을 것이며, 이렇게 하면 도리에 해로울 것이고, 이렇게 하면 사리에 합당할 것임을 익히 생각하여, 그것이 꼭 옳다는 자신이 서서 아뢴 것입니다.[31]

> 대개 도(道)에는 정도(正道)와 권도(權道)가 있고, 일에는 가볍고 중요한 것이 있으니 의(義)도 때에 따라 달라집니다. 성인께서 『주역』을 지을 때에 중도(中道)를 정도보다도 귀하게 여긴 것도 이런 까닭입니다.[32]

30) 송석준, 「韓國 陽明學과 實學 및 天主敎와의 思想的 關係性에 關한 硏究」, 성균관대 박사학위논문, 1992, 91쪽 참조.

31) 『遲川集』, 권11, 「丙子封書」 제3, "臣之爲此羈縻之言者, 非敢不願是非, 徒爲利害之說以誤君父也. 酌之以時勢, 裁之以義理, 證之以先儒之定論, 參之以祖宗之往迹, 如是則國必危, 如是則民可保, 如是則害於道理, 如是則合於事宜, 靡不爛熟思量, 有以信其必然."

32) 『遲川集』, 권11, 「丙子封書」 제3, "盖道有經權, 事有輕重, 時之所在, 義亦隨之. 聖人作

최명길은 먼저 자신이 주화론을 주장하는 것이 단지 실리적인 이해만을 고려한 것이 아니라 '의리'를 기준으로 하고 있음을 명확히 밝혔다. 그러나 그 의리는 고정 불변한 규범과 원칙에만 얽매여 시대적 변화와 상황을 반영하지 않고 오로지 명분과 형식에만 집착하는 주자학적인 정리론적(定理論的) 의리를 의미하지는 않는다. 최명길이 말하는 의리는 위민(爲民)과 민본(民本), 즉 백성들을 안전하게 보호하고 보살피는 일이며, "의(義)는 때에 따라 달라진다"라는 주장에서 알 수 있듯 의리는 고정 불변한 외재적 형식과 규범에 얽매이는 것이 아니라 주어진 사태에 따라 변화하며 자신의 본심에 따라서 설정된다는 사실을 알 수 있다. 양명 또한 '의'는 '양지'로서 고정 불변한 법칙과 규범에 집착함 없이 주어진 상황에 따라 스스로 옳고 그름을 판단하는 수시변역성을 지닌 것으로 정의하고 있는바,[33] 최명길의 주화론은 단지 실리주의를 바탕으로 하고 있는 것이 아니라 양명의 수시변역에 근거한 의리 사상을 근본으로 하고 있다고 말할 수 있다. 최명길은 또한 다음과 같이 주장한다.

> 이에 '주화(主和)' 두 글자가 신의 일생동안 신변의 누가 될 줄 압니다. 그러나 신의 마음은 아직도 오늘날 화친하려는 일이 그르다고 생각하지 않습니다.[34]

> 자기의 힘을 헤아리지 않고 경망하게 큰소리를 쳐서 오랑캐들의 노여움을 도발, 마침내는 백성이 도탄에 빠지고 종묘와 사직에 제사지내는 일조차 못하게 된다

易, 中貴於正, 良以此也."

33) 『傳習錄(下)』, 「黃省曾錄」, 248조목, "義卽是良知, 曉得良知是個頭腦, 方無執着. 且如受人餽送, 也有今日當受的, 他日不當受的; 也有今日不當受的, 他日當受的. 你若執着了今日當受的, 便一切受去, 執着了今日不當受的, 便一切不受去, 便是適莫, 便不是良知的本體, 如何喚得做義?"

34) 『遲川集』, 권11, 「丙子封書」 제3, "此見主和二字, 爲臣一生身累, 然於臣心, 尙未覺今日和事之爲非."

면 그 허물이 이보다 클 수 있겠습니까?[35)]

이러한 주장에서 알 수 있듯 최명길이 주화를 주장한 전제는 이념적 명분보다는 국가와 백성을 수호하려는 현실에 대한 그의 주체적 판단에 있으며,[36)] 주화론의 궁극적 목적은 명분과 형식주의에서 벗어나 백성과 국가를 위난으로부터 보호하고자 하는 '생명 중시'에 있었다.

4. 정제두와 강화학파의 주체성과 생명 존중 사상

정인보에 의해 조선 양명학파의 제일류 중에서도 가장 대종(大宗)으로 평가받는[37)] 정제두(鄭齊斗, 호는 霞谷, 1649~1736)에 이르러 한국의 양명학은 비로소 전개의 단계에 이르게 된다. 본래 주자학을 공부한 정제두는 "물(物)에 나아가서 리(理)를 찾아내려 한다면 덕성을 바탕으로 한 리의 본 모습을 볼 수 없다"[38)]고 하여 주희의 격물설에 대해 의문을 제기하고, '양지(良知)의 학문은 그 소이연과 소당연의 리가 모두 물(物)에 있다고는 하지만, 그 근원은 모두 마음에서 나온 것이어서 마음을 근본으로 삼은 것이다. 이렇게 하면 오히려 통솔하는 우두머리가 있으며 본원(本源)이 있게 된다"[39)]고 하여, 향외적

35) 『遲川集』, 권11, 「丙子封書」 제3, "未不自量力, 輕爲大言, 橫挑牛羊之怒, 終至於生靈塗炭, 宗社不血食, 則其爲過也, 孰於大是."

36) 송석준, 앞의 논문, 92쪽 참조.

37) 정인보, 『陽明學演論』, 삼성문화재단, 1975, 163쪽.

38) 『霞谷全集』(여강출판사, 1988 영인본) 권9, 「存言」(下), 319쪽, "如卽物而窮其理, 不見德性上理體."

39) 『霞谷全集』, 권9, 「存言」(中), 308쪽, "良知之學, 以其所以然當然之理, 物所各有者, 以其源, 皆出於心也, 卽由心而爲本, 是却有統領却有本源."

이고 주지주의적인 주희 격물설의 문제를 주체적 마음(양지)을 핵심으로 하는 양명학을 통해 해결하고자 하였다.

먼저 정제두의 심성론을 살펴보면 다음과 같다. 그는 "인심(人心)은 천지만물의 영(靈)이며, 천지만물을 모두 모아 놓은 것이다. … 인심은 감응하는 주체이며, 만리(萬理)의 체(體)이다"[40]라고 하여, 양명의 천지만물일체설을 수용하여 인간을 천지만물의 마음으로서의 감응 주체로 파악하고 있다. 인간 마음이 천지만물과의 감응 주체가 될 수 있는 근거는 그의 '생리설(生理說)'에서 찾을 수 있다. 정제두는 각 존재물들의 필연적인 존재법칙인 '물리(物理)'의 상위개념으로 인간에게만 적용되는 '생리(生理)'를 제시한다. '생리'는 인간의 특성으로서 인간 이외의 존재와 다른 '도덕적 능동성'으로 파악된다. 물론 인간도 다른 존재물들과 마찬가지로 필연법칙으로서의 존재법칙에 지배를 받는다. 그러나 '정신생기(精神生氣)'라고도 표현되는 도덕적 능동성을 지니며, 이 도덕성에 의해 단순히 존재법칙의 지배만을 받는 인간 이외의 존재들과 달리 '신묘한 생명력'을 실천을 통해 표출해낼 수 있는 것이다.[41] 그는 나아가 "모든 리 가운데서 생리를 주로 삼고 생리 가운데 진리(眞理)를 택하면 이것이 바로 리이다"[42]라고 하여, 생리의 핵심처로 '진리'를 상정한다. 그는 또한 "만물을 통섭하는 본체(統體)로서 조리 있는 흐름(條路)들의 주인 노릇을 하는 존재가 진리이니, 내 마음속에 들어 있는 명덕(明德)이 바로 이것일 뿐이다"[43]라고 하여, 진리가 명덕임을 밝히고 있다. '진리'는 '생명력의 으뜸'(命元)이며 '본래부

---

40) 『霞谷全集』, 권9, 「存言」(中), 309쪽. "人心者, 天地萬物之靈, 而爲天地萬物之總會者也. … 以人心者, 感應之主, 萬理之體也."

41) 『霞谷全集』, 권8, 「存言」(上), 285~286쪽 참조.

42) 『霞谷全集』, 권8, 「存言」(上), 287쪽, "故於凡理之中主生理, 生理之中擇其眞理, 是乃可以爲理矣."

43) 『霞谷全集』, 권8, 「存言」(上), 286쪽, "其所以統體而爲其條路之主者, 卽其眞理之所在者, 則卽吾心明德是已."

터 가지고 있는 알맹이'(本有之衷)로서,[44] 구체적으로는 내 마음속에 들어 있는 명덕이다. 또한 지극히 순수한 최고의 가치기준이며, 생리를 본체와 작용으로 나눌 때 본체에 해당하는 존재이다. 이 진리의 단계에 이르면 인간의 본래성인 '영통성(靈通性)'을 얻을 수 있기 때문에 모든 사물들과 감응할 수 있게 된다.[45]

정제두는 생리설을 토대로 양명의 양지설을 수용하고 있다. 그는 "측은지심(惻隱之心)이 곧 양지이다",[46] "측은지심은 사람의 생도(生道)이며, 양지 또한 생도(生道)이다. 양지는 측은지심의 본체로서, 측은해 할 줄 아는 까닭에 양지라고 할 뿐입니다"[47]라고 하여, 양지란 바로 타자의 생명 손상을 아파하는 감응과 통각의 주체임을 명확히 밝히고 있다. 나아가 그는 다음과 같이 말한다.

> 본래 사람의 생리(生理) 속에는 밝게 깨닫는 능력이 있기 때문에, 스스로 두루 잘 통해서 어둡지 않게 된다. 따라서 측은해 할 줄 알고, 부끄러워하고 미워할 줄 알며, 사양할 줄 알고, 옳고 그름을 가릴 줄 아는 것 가운데 어느 한 가지도 못하는 것이 없다. 이것이 본래부터 가지고 있는 덕이며 이른바 양지라고 하는 것이니, 또한 인(仁)이라고도 한다.[48]

---

44) 『霞谷全集』, 권8, 「存言」(上), 285쪽, "其爲體也, 實有粹然本有之衷. … 所謂天地之大德曰生. 然惟其本有之衷, 爲之命元, ……."

45) 김교빈, 『양명학자 정제두의 철학사상』, 한길사, 1996, 40~46, 52쪽 참조.

46) 『霞谷全集(上)』, 권1, 「與閔彦暉論辨言正術書」, 21쪽.

47) 『霞谷全集(上)』, 권1, 「與閔彦暉論辨言正術書」, 21~22쪽, "惻隱之心, 人之生道也, 良知卽亦生道者也. 良知卽是惻隱之心之體."

48) 『霞谷全集(上)』, 권1, 「與閔彦暉論辨言正術書」, 21쪽, "蓋人之生理能有所明覺, 自能周流通達而不昧者, 乃能惻隱 能羞惡 能是非, 無所不能者, 是其固有之德而所謂良知者也, 亦卽所謂仁者也."

양지는 단지 측은지심이나 시비지심만을 의미하지 않는다. '양지'는 생리의 영명한 자각성과 맹자의 사단(四端) 모두를 총칭할 뿐만 아니라, '인(仁)', 즉 만물일체의 인심(仁心)을 의미한다. 양지는 수양을 통해 얻어지거나 외부의 자극에서 얻어지는 것이 아닌, 인간의 선험적인 도덕적 자각 능력으로서 양지의 고유한 능력인 명각(明覺)의 기능을 통해 밖을 향해 막힘없는 실천으로 드러난다. 이에 정제두는 양지는 바로 양지양능의 통합체로서 지행(知行)이 일원임을 밝히고 있다.

> 본래 지(知)와 능(能) 두 글자는 둘로 가를 수 없습니다. 스스로 이런 것을 아는 것이 양지이며, 양지는 곧 양능이니, 오로지 지식 한 편에만 속한다는 의미가 아닙니다. 그러므로 대체로 양지설은 지각 한 면만을 가지고 말할 수 없습니다. 천지가 능히 유행·발육하고, 만물이 능히 생생화화(生生化化)하는 것이 양지양능 아님이 없으며, 자연지리(自然之理)가 양지양능의 체(體) 아님이 없습니다. 우리가 능히 측은(惻隱)·수오(羞惡)하고 능히 인민(仁民)·애물(愛物)하는 것에서부터 능히 중화(中和)·위육(位育)하는 것에 이르기까지 양지양능 아닌 것이 없습니다. 하늘이 나에게 준 것이며, 생각하지 않고 배우지 않아도 갖게 되니, 본연의 체(體)가 또한 양지양능의 체 아닌 것이 없습니다. 그러므로 심리(心理)가 하나라고 하고 지행(知行)을 합하는 것이니, 갈라 나눌 수 없습니다(다만 사람이 능히 채우지 못하고, 하나로 하지 못할 뿐입니다).[49]

---

49) 『霞谷全集(上)』, 권2, 「答閔彦暉書」, 31쪽, "盖知能二字不可二之. 其自能會此者, 是良知良能. 良知卽是良能, 非專屬知識一邊之意也. 故凡其所謂良知之說, 不可只以知覺一端言之也. 天地之流行發育萬物之化化生生, 無非其良知良能. 自然之理, 無非是此體也. 吾人之能惻隱羞惡能仁民愛物以至能中和位育也, 無非其良知良能. 天之所與我不慮不學而有之本然之體, 卽亦無非此體也. 故一心理合知行而有不得以分枝者也(獨人自不能充之, 不能一之耳)".

양지는 양명에서처럼 선천적 자각력인 양지와 능동적 실천력인 양능의 통합체이다. 후천적으로 생각하거나 배워서 얻어진 것이 아니라 마음의 본래 있는 모습 그대로인 양지 본체가 천지만물과 감응하는 과정에서 스스로 시비를 자각하고 능동적으로 측은해하고 부끄러워하며 타인을 사랑하고 만물을 아끼는 즉, 천지만물을 보살피는 실천을 하는 과정에서 만물은 생성되고 길러지며 인간 자신의 생명 본질 또한 실현된다. 이것이 곧 '치양지(致良知)'인 것이다. 이에 정제두는 "치양지[…본체를 지(知)라 하고 용공(用功)을 행(行)이라고 하며, 그 지의 체를 대본(大本)이라 하고 행에서 치지(致知)하는 것을 달도(達道)라고 하며, 그것이 자기에게 들어 있는 것을 명덕(明德)이라 하고 사물에 드러난 것을 친민(親民)이라고 하니, 모두 하나일 뿐 둘로 나눌 수 없다] 지행의 본체가 한 가지일 뿐입니다"[50]라고 하여, 천지만물일체를 실현하는 치양지, 즉 명명덕과 친민이 하나임을 명확히 한다.

정제두의 철학사상에 내재하는 의의는 먼저 '인간 주체성의 강조'와 '평등의식'에서 찾을 수 있다. 당시 주자학자들은 인간 내면에 담긴 본연지성(本然之性)의 보편성을 말하면서도 다시 기질지성(氣質之性)에 의한 차별성을 매우 강조했던 것과 달리, 정제두는 양지의 본체(眞理)가 모든 인간들의 마음속에 본질적으로 다 존재한다고 보아 인간의 보편적인 마음에 기초한 주체성을 강조하고 아울러 평등 의식을 드러냈다. 예컨대 정제두는 당시 신분적 차별이 매우 엄격한 신분적 봉건체제 속에서 "가장 좋은 법은 공적으로나 사적으로나 천민을 없애서 사내종과 계집종을 두지 않는 것이다", "국가 소유의 천민을 없애자", "개인 소유의 천민들이 생겨나는 것을 끊어 없애자"타고 하고, 더 나아가 "양반을 없애자"라고 하였고, 여자의 인권과 관련 "쫓아낸 부인들에게 개

50) 『霞谷全集(上)』, 권2, 「答閔彦暉書」, 30쪽, "致良知(…其本體謂之知, 而功用謂之行. 其知之體爲大本, 而其致之於行爲達道. 其在於己者爲明德, 而著於物者爲親民, 皆一而不可分二也) 此知行本體之一而已也."

가(改嫁)를 허용하고, 자식이 없이 과부가 된 30세 미만 사람들 또한 그렇게 하는 것이 옳다"라고 하는 등[51] 과감하게도 신분적 차별의식을 없애야 한다는 '인간 해방론'을 주장하고 남녀의 차별의식마저도 탈피해야 한다고 주장한다. 이 같은 정제두의 견해들은 '양지가 인간 누구에게나 들어 있다'는 생각을 바탕으로 사농공상의 신분문제를 넘어서서 천민까지도 두루 평등하다고 본 것이다. 따라서 민중을 향한 인간 자체의 해방을 암시한 것으로 평가되기도 한다.[52]

당시 주자학파(의리학파)에서는 당시의 난세를 수습하기 위한 방안으로 '존주대의(尊周大義)'의 명분론을 내세워 한결같이 '존중화(尊中華)·양이적(攘夷狄)'론을 제시하고 '숭명배청(崇明排淸)'론을 고집할 뿐 일체 다른 주장을 용납하지 않는 상황이었다. 그러나 정제두는 당시 명분만을 숭상하다가 허(虛)와 가(假)가 판을 치게 된 상황에 불만을 토로하고 실(實)을 추구해야 한다는 주장을 펴,[53] 대청(對淸) 관계에서 주자학파와 뜻을 달리하게 되었다. 당시 화이론(華夷論)이 심각하게 대두되고 있던 상황에서 정제두는 과감하게 대청 관계에서 "비록 오랑캐의 나라라도 능히 선왕(先王)의 예(禮)를 행할 수 있다면 또한 배울 만한 것이 있다고 본다"[54]고 하는 등 당시 폐쇄적 명분론에 속박되어 있던 한족 중심의 전통적 인간 차별의식을 탈피하여, 한족이나 오랑캐가 하나라는 '화이일야(華夷一也)'의 '인간평등론'을 주장하였다.[55] 정제두는 오랑캐라 하더라도 인간인 이상 당연히 양지를 지니고 있으며, 양지가 가리어지지 않고 제대로 드러낼 수만 있다면 교류할 수 있다고 본 것이다. 따라서 배타적 입장이 아니라 오히려 주체적 입장에서 대등한 외교관계를 맺을 수 있다고 생각한

51) 『霞谷全集(下)』, 권22, 「箚錄」, 罷公賤, 335쪽, 絶罷私賤所生, 337쪽, 公私賤法, 360쪽, 箚錄消兩班, 349쪽 및 定士民業, 338쪽 등 참조.

52) 김교빈, 『양명학자 정제두의 철학사상』, 205~206쪽 참조.

53) 『霞谷全集(上)』, 권2, 「答閔彦暉書」, 35~38쪽 참조.

54) 『霞谷全集(上)』, 권2, 「答閔彦暉書」, 38쪽.

55) 김길락, 『한국의 상산학과 양명학』, 청계, 2004, 391~393쪽 참조.

것이다.[56] 일찍이 정인보는 정제두를 허(虛)와 실(實)을 명석하게 분변하여 양지를 근거로 실을 세우는 일에 초점을 맞추어 경세론에서는 무조건 보수적인 면에 집착하기보다는 시세의 변통(變通)과 변법(變法)에 능하였다고 평한 바 있다.[57] 정제두는 주체성과 실천성을 기저로 하는 생리설과 지행합일설 및 치양지설을 바탕으로 당시 교조주의적이고 명분론적 사고에 경도된 주자학파들의 폐단을 비판하고 '인간 주체성의 회복'과 '인간 평등' 및 '주체적이고 평등한 외교'를 주장하였던 것이다.

정제두가 강화도로 들어가 제자들을 모집하고 문인들에게 양명학을 강론하여 많은 문인들을 배출하면서 '강화학파(江華學派)'가 형성되었다. 강화학파의 성향은 정제두의 학문과 학풍을 계승하여 발전시켜 온 관계로 학문의 진취성과 다양성을 지녔음은 물론 전통적으로 인간을 속박해 온 굴레를 탈피하고자 자유로운 학풍 조성에 이바지하였으며, 후기 실학사상과 연계되어 '실사구시적' 성향을 지니고 발전해 왔다고 평가된다.[58] 강화학파 또한 인간의 천부적 양지(良知)를 근거로 하여 심학에 역점을 두었다. 그들은 양명의 '심즉리설'과 '지행합일설' 그리고 '치양지설'에 이론적 근거를 두었으되, 시문학과 훈민정음 그리고 사학 등 폭넓게 연구하여 인간의 주체적 사관 확립에 역점을 두어 고질적 노예사상으로부터 인간해방을 추구하고자 하였다.[59] 그리고 천문(天文)·지지(地誌)·의약·역법(曆法) 등 실용(實用)과 실사(實事)에 역점을 두어[60] 대의명분론이나 허위의식에 사로잡히지 아니하고 실질적으로 민초들의 삶에 도움이 될 수 있는 학문 연구에 주력하였다. 또한 주자학파와 개화파의

56) 김교빈, 『양명학자 정제두의 철학사상』, 201쪽 참조.

57) 鄭寅普, 『陽明學演論(外)』, 삼성문화재단, 1975, 169쪽.

58) 김길락, 『한국의 상산학과 양명학』, 397쪽 참조.

59) 劉明鍾, 『韓國의 陽明學』, 동화출판사, 1983, 166~167쪽 참조.

60) 같은 책, 166~167쪽, 189쪽 및 196쪽 참조.

상당수가 조선의 패망과 더불어 친일을 통해 현실과 타협한 것과는 달리 강화학인들 속에는 자신의 '실심(實心)'을 속이고 현실과 영합한 사람은 하나도 없다. 또한 도학파의 많은 사람들이 보편을 지향하는 관점에서 도에 대한 위기의식을 바탕으로 위도(爲道) 의식을 실천해 간 모습과는 달리 철저한 민족 주체 의식을 기반으로 한 실천으로 제 모습을 드러냈다. 이런 점은 '스스로를 속일 수 없는 부자기(不自欺)'가 양심에 내재한 것이었기 때문이라고 평가된다. '부자기(不自欺)'의 양심은 참과 거짓을 가리는 궁극의 잣대일 수밖에 없으며, 구체적인 개별자들의 양심에 기초한 학문은 보편 지향과 달리 개별자의 주체 지향을 가능하게 하는 것이다. 따라서 이러한 강화학의 본령이 도학파의 보편 지향과 달리 민족 주체에 입각하여 앎과 행함을 일치시키는 실천으로 드러나게 되었다는 것이다.[61]

5. 한말 전환기 한국양명학의 생명사상

중세에서 근대로의 전환점, 즉 19세기 말 서세동점의 한말 전환기에 박은식(호는 白巖, 白菴, 謙谷, 1859~1925)과 정인보(호는 爲堂, 1892~미상)는 양명학을 통해 서구문화에 대한 대응이라는 동북아시아의 공통적 과제와 일제로부터의 국권회복이라는 민족적 과제를 해결하고자 하였다.

1) 박은식의 만물일체(萬物一體)의 대동(大同)사상

먼저 '국권회복'이라는 민족적 과제에 직면한 박은식은 51세(1909) 때 양

61) 김교빈, 「실심으로 살아가 양명학자들」, 『조선유학의 학파들』, 예문서원, 1996, 474~475쪽 참조.

명학에 입각한 유교개혁을 주장하는 「유교구신론(儒教求新論)」을 발표하였다. 또한, 52세 때에는 주자학을 '지리한만(支離汗漫)'하다고 비판하고 '간이직절(簡易直切)'한 양명학 수용의 필요성을 역설하는 「왕양명선생실기(王陽明先生實記)」를 발표하면서, 양명학 대중화를 통한 국권회복을 주장한다. 박은식은 「유교구신론」에서 양명학을 다음과 같이 평가한다.

> 오늘날의 유학자들이 각종 과학 이외에 본령학문(本領學問)을 구하고자 할진대, 양명학에 종사하는 것이 실로 간단절요(簡單切要)한 법문(法門)이라. 대개 치양지학(致良知學)은 직지본심(直指本心)하여 범인을 초월하여 성인의 경지에 들어가는 문로(門路)이며, 지행합일(知行合一)은 심술(心術)의 은미함에 있어 성찰(省察)하는 방법이 긴요하고 절실하며 사물을 응용함에 있어서 과감력(果敢力)이 활발하니, 이는 양명학파의 기절(氣節)과 사업의 특별히 드러난 공효(功效)가 참으로 많은 까닭이다.[62]

이러한 평가를 바탕으로 박은식은 "천부적 양지는 천하만인 누구나가 차별 없이 동일하게 품수하고 있다"라고 하는 '인간평등론'에 근거하여 '민권신장론'과 사상의 자유를 강력하게 주장하는 한편, 개개인의 자립화와 인간의 주체성을 근본으로 하는 '자주정신 계발'을 강조하고, 자주정신의 확대를 통하여 국가와 민족의 자주독립을 쟁취해야 한다고 주장한다.[63]

나아가 박은식은 양명학을 본령학문으로 수용하여 서구 문명의 장점을 주체적으로 수용하는 한편, 적자생존의 사회진화론에 바탕을 둔 제국주의 이론이 경술국치라는 현실로 드러나자 왕양명의 「발본색원론(拔本塞源論)」에 입각한 '대동사상'을 제창하여 약육강식의 제국주의 논리를 '세계 평화의 논리'로

62) 『朴殷植全書』(단국대부설 동양학연구소 1975년 간행본) 下卷, 「儒教求新論」, 47쪽.
63) 『朴殷植全書』 下卷, 「告我學生諸君」, 「儒教求新論」, 「王陽明先生實記」 참조.

전환시킴으로써 새로운 '인류 공존의 길'을 모색하였다.[64] 박은식은 양명학의 핵심을 '만물일체(萬物一體)의 인(仁)'으로 이해하였다.[65] 예컨대 박은식은 "왕자(王子)의 학(學)에 이르러서는 천지만물일체의 인(仁)을 미루어 성인이 입교(立敎)한 본의(本意)를 밝힘으로써 사해(四海)를 일가(一家)와 같이 보았고, 만백성을 일인(一人)과 같이 보았으니, 이것이 (양명학의) 대지(大旨)가 아니겠는가?"[66]라고 하고, 왕양명의 「대학문(大學問)」에 나오는 천지만물일체설을 「공부자탄신기념회강연(孔夫子誕辰紀念會講演)」에서 소개하는 등,[67] 양명의 천지만물일체설에 근거하여 '대동사상'과 '사해동포주의'를 전개하고 있다. 그는 어느 인종이든지 인간이면 누구나 양지를 가지고 있으며, 만물과 하나 되는 인(仁)은 사사로움이 없기 때문에 생물을 살리고 인류 전체의 발전을 도모할 수 있다고 본다. 박은식은 만물이 일체된 경지에서 보면 모든 사람에게는 자기만의 능력과 각기 자기에게 맞는 직분이 있을 뿐 황인종과 백인종 간에 인종적 차별은 없다고 하였다. 예컨대 "하늘이 사람을 낳음에 성분(性分)의 영능(靈能)과 직분(職分)의 권리를 부여함은 동·서양과 황·백인종이 같다"[68]고 하고, "상제는 지극히 크고 지극히 공평하여 모든 것을 똑같이 사랑하십니다. 하늘의 보살핌과 땅의 싣는 것으로 모든 물류(物類)의 나는 것, 뛰는 것, 움직이는 것, 심은 것과 각종 인종, 즉 황인종·백인종·홍인종·흑인종 등으로 하여금 모두 함께 살게 하고 함께 길러지게 하여 서로 눌리거나 피해를 보는 것이 없게 하십니다. 성인은 이를 본받아 만물을 일체로 삼고, 사해를 일가로 삼아 경계

---

64) 송석준, 「한말 전환기의 사상과 양명학: 백암 박은식의 사상을 중심으로」, 『陽明學』 5호, 2001, 161~164쪽 참조.

65) 『朴殷植全書』 中卷, 「王陽明實記」, 63쪽, "按先生之學이 致本心之良知하야 以同體萬物爲仁이라."

66) 『朴殷植全書』 下卷, 「日本陽明學會 主幹에게」, 237쪽.

67) 『朴殷植全書』 下卷, 「孔夫子誕辰紀念會講演」, 59~60쪽.

68) 『朴殷植全書』 中卷, 「夢拜金太祖」, 217~218쪽.

와 울타리가 없게 합니다"[69]라고 한다.

인간의 심체(心體)는 지역이나 인종에 관계없이 동연(同然)하고 각기 적절한 직분이 있다는 측면에서 보면, 개인과 국가의 경계를 넘어서서 사해동포주의가 가능하다는 것이다. 이러한 사해동포주의가 실현될 때라야 비로소 모든 사람과 만물이 공평하여 경계와 울타리가 없으며, 인종 간의 차별도 없어진다. 박은식은 '양지'에 근거하여 생존경쟁의 폐해와 제국주의 침략의 부당성을 통렬히 비판하고, 만물이 하나 됨을 실현하는 차원에서 국가 경계를 넘어서는 '대동평화'의 논리를 제시하고 있다.

> 대개 하늘의 도(道)는 모든 중생을 아울러 낳고 길러 모든 것에 후박함의 구별이 없으니, 도덕가는 이를 원본으로 삼아 만물일체의 인(仁)을 발휘하고 추진하여 천하의 경쟁을 그치게 함으로써 구세주의(救世主義)를 실현한다.[70]

박은식은 공평무사한 성인(聖人)은 모든 생물과 인류를 똑같이 사랑하므로 사해의 경계를 무너뜨릴 수 있고, 생민의 화란을 구제할 수 있으며, 경쟁의 폐해를 그치게 할 수 있다고 하였다. 그가 양명학을 주창한 것은 인류 평화의 근본을 세우려는 데 목적이 있기 때문에,[71] 대동사상은 인류가 대동평화를 향유하는 것을 목표로 삼았다.[72] 그런 측면에서 그의 대동사상은 '평화적 사해동포주의'를 표방한다고 평가할 수 있다.[73]

---

69) 『朴殷植全書』 中권, 「夢拜金太祖」, 212～213쪽.

70) 『朴殷植全書』 中卷, 「夢拜金太祖」, 215쪽.

71) 『朴殷植全書』 下卷, 「日本陽明學會 主幹에게」, 237～238쪽.

72) 『朴殷植全書』 下卷, 「孔夫子誕辰紀念講演會」, 59～60쪽.

73) 박정심, 「朴殷植의 近代的 大同思想에 관한 연구」, 『陽明學』 10호, 한국양명학회, 2003, 217～221쪽 참조.

2) 정인보의 감통(感通)의 생명사상

강화학파 이건방(李建芳, 호는 蘭谷, 1861~1939)으로부터 양명학의 대의(大義)를 배운 정인보는 1930년 『양명학연론(陽明學演論)』을 저술하여 국내에서 최초로 양명학과 중국양명학파는 물론 조선의 양명학파를 체계적으로 정리·소개하는 괄목할 만한 성과를 남겼다. 『양명학연론』에서 정인보는 "과거 수백 년간 조선의 역사는 실로 허(虛)와 가(假)로서의 연출한 자취"로써, 실심(實心)과 유리된 사리(私利), 사욕(私欲), 명분(名分), 허화(虛華) 등을 일삼았다고 비판한다. 정주학을 신봉한 조선조 유학자들, 즉 정주학을 빌려 자신의 편의를 도모하는 '사영파(私營派)'와 그 학설을 배워 중화적(中華的) 전통을 이 땅에 세우고자 하는 '존화파(尊華派)'들에 의해 주도된 당쟁과 살육과 세도(勢道) 등은 '실심'을 떠나 이기심 옹호를 위한 허(虛)와 가(假)의 연출이었다는 것이다. 즉 정인보는 과거 수백 년간의 조선의 역사는 '실심'과 '실행(實行)'을 떠난 허와 가로써 연출한 자취이며 온 세상에 가득 찬 것은 가행(假行)과 허학(虛學)이라고 진단한다.[74)]

이러한 비판을 전제로 정인보는 '실심'에 기초한 '실행'을 주장한다. 즉 실심인 '양지'의 회복을 통해 개인의 주체의식 확립과 한민족정신을 고취시키고 나아가 전인류의 화합을 꾀하고자 양명학을 연구한다. 정인보는 왕양명이 역설한 것은 '치양지(致良知)'요 배척한 것은 주희의 즉물이궁기리(卽物而窮其理)하는 격물설이라 주장하면서, '치(致)'는 '이룬다', 즉 '그 한도를 다한다'는 뜻이요, '양지(良知)'는 '천생(天生)으로 가진 앎'으로 누구나 다 같은 것으로 '치양지' 바로 이러한 앎을 앎답게 이루어 놓자 하는 것이라고 말한다.[75)] 정인보는 명덕(明德)·친민설(親民說)이 곧 '치양지설'로서, "명덕을 밝히는 일과 민중

74) 鄭寅普, 『陽明學演論』, 10쪽~12쪽 참조.

75) 鄭寅普, 『陽明學演論』, 15쪽~16쪽 참조.

을 친(親)하는 것이 한 일이라. 만일 민중과 간격이 있어 그의 이해와 안위(安危)가 내 몸의 통양(痛痒)같이 감통(感通)되지 못하면 명덕본체(明德本體)가 무엇이 밝았다 하리오. 민중을 친(親)하는 것이 곧 내 마음을 밝힘이요, 내 마음을 밝히는 것이 곧 민중을 친함이다"[76]라고 하여, 명덕·친민하는 '치양지'는 다름 아닌 감통을 통해 민중과 아픔을 함께하는 일로 보고 있다. 치양지는 국가 민중을 심내사(心內事)로 통감(痛感)하여 오직 말려 해도 스스로 마지 못하는 것을 이루는 것이라고 할 수 있다.

나아가 정인보는 양명 심학을 '우리의 마음이 타고난 그 본밑대로 조그만 협사(挾詐)가 없이 살아가려는 공부'라고 정의한다.[77] 이 '본밑 마음'은 자신을 속일 수 없는 '본심'이자 '양지'이며,[78] 양지의 주요 특성은 '감통'에 있다고 본다. 그는 양명의 '천지만물을 일체(一體)라 함'은 본심과의 감통되는 그 한 곳으로 좇아 본심에는 피차의 간격이 없음을 실조(實照)하고 하는 말이며, "민물(民物)과 나와의 감통됨이 간격이 없어야 비로소 양지의 진체(眞體)가 밝은 것"이라고 전제하면서 다음과 같이 주장한다.

> 본심이란 감통에서 살고 간격에서 죽는다. 만일 생민(生民)의 질통(疾痛)이 곧 내 질통으로, 생민의 곤고(困苦)가 곧 내 곤고로 그 감통됨이 내 몸에 있음 같을진대 스스로 분주 부제(扶濟)함을 마지못할 것이니, 그 몸이 거꾸러졌을지라도 본심은 살았다. … 이 감통의 중단은 곧 양지의 폐색(蔽塞)이요, 양지의 폐색은 곧 생명의 운절(殞絶)이니 어느 때든지 일점 양지 잠깐 반짝하는 곳에는 의연히 민물(民物) 일체(一體)의 감통이 있는 것이다.[79]

---

76) 鄭寅普, 『陽明學演論』, 21쪽.

77) 鄭寅普, 『陽明學演論』, 26쪽 참조.

78) 鄭寅普, 『陽明學演論』, 26～27쪽 참조.

79) 鄭寅普, 『陽明學演論』, 100～101쪽.

양명은 천지만물과 인간이 일체이며, 인간은 천지만물의 마음으로써, 인간의 천부적 양지는 천지만물과의 감응 주체이자 통각의 주체라고 규정한 바 있다. 정인보 또한 인간 '양지'를 천지만물과 감통하는 주체, 특히 생민의 아픔을 자신의 아픔으로 느끼는 통각의 주체로 규정하고 있다. 정인보는『양명학연론』「후기」에서 "본심상(本心上) 성의(誠意)는 언제나 감통적(感通的)이니 감통적인지라 은미한 속 일점 광명이 곧 일체(一體)의 인(仁)의 발핵(發覈)이니 민중의 통양(痛痒)이 내 통양임이 실로 내 마음의 본체 이러함이요. 일로부터 대언(大言)함이 아니다. 그러므로 누구나『내 번밑마음의 천생으로 가진 앎』(양지)을 찾으려거든 스스로 속일 수 없는 곳을 묵성(黙省)하여 보라. 스스로 속일 수 없는 그곳의 진체(眞髓)를 찾으려거든 민중의 감통, 간격에 있어 어느 것인가 이를 자증(自證)하여 보라"[80]고 주장한다. 이렇듯 정인보는 양명학에 대한 체계적 소개는 물론 양명의 천지만물일체설에 근거하여 민중의 고통과 고난을 자신의 고통과 고난으로 느끼는 본심 양지의 감통에 근거하여 당시의 시대적 과제를 해결하고자 하였다.

6. 나오는 말

양명은 '심즉리설'을 통해 인간 마음의 본체(양지)를 단지 인식 능력에 국한하지 아니하고 전 우주적 생명의 그물망 안에서 천지만물의 생명의 온전성에 대한 시비를 판단할 수 있는 선험적인 '자각력'과 실천 조리를 창출할 수 있는 '창출력', 그리고 이를 실천으로 이행할 수 있는 능동적인 '실천력'을 부여함과 아울러 인간을 천지만물의 주체적이고 능동적이며 중추적인 존재 즉 '천지만물의 마음'으로 자리매김시킴으로써, 위계적 질서와 외재적 규범으로부

80) 鄭寅普,『陽明學演論』, 187쪽.

터 인간을 해방시켜줌은 물론 주체적이고 창조적이며 역동적이고 실천적인 인간상을 수립하였다. 아울러 양명의 '지행합일설'과 '치양지설'은 인간의 내면적 자각과 반성을 통해 인간 자신을 천지만물과 안과 밖, 자아와 타자로 분리시키고 천지만물과의 대립·투쟁을 일으키는 극단적 개체 욕망을 제거하고 인간의 본질적 속성을 회복하여 실제적 실천 행위를 통해 천지만물을 온전하게 창생·양육하는 인간의 본질적 사명을 실현하고자 하는 방안으로 제시된 것이다. 인간의 생명 본질로서의 '양지'는 총체적 우주자연 안에서 만물과 상보적이고 유기적인 관계성을 바탕으로 자신의 실천 활동을 통해 이들의 생명은 물론 자신의 생명을 온전하게 유지시켜 나가도록 하는 데 목적을 두고 있다. 따라서 천지만물과의 유기적 관계성 속에서 이루어지는 '양지의 실현'은 다름 아닌 만물의 생명을 온전하게 유지시켜주는 일이자, 동시에 인간 자신의 생명 본질을 구현하는 일이라고 말할 수 있다. 따라서 '양지 실현'은 인간이 만물과의 감응 과정에서 극단적 개체 욕망을 제거하고 유기적 생명성으로서의 양지를 온전히 발휘하여 우주자연의 생명 창출 과정에 주체적·긍정적·능동적으로 참여함으로써 인간의 우주자연의 중추적 역할과 사명을 실현하는 일로 귀결된다.

이러한 인간의 주체성과 실천성, 만민 평등 의식, 역동적 시대정신 등을 근간으로 한 양명학의 생명 존중의 본래 정신은 조선조 양명학자들의 삶과 사상 속에서 살아 숨 쉬고 있었다. 이러한 한국양명학에서 나타나는 생명사상의 특성들은 다음과 같이 몇 가지로 정리해 볼 수 있다.

첫째, '심즉리설'과 '지행합일설', '치양지설'에 근거한 '주체적·실천적 인간관'과 '인간평등론'이다. 먼저 최명길은 '심즉리설'과 '양지설'을 토대로 당시 '명분'만을 고집하는 주자학자들을 비판하고 마음의 주체적이고 '실질'적인 태도를 중시하였으며, 이념적 대의만을 중시하는 '척화론'에 대항하여 '현실을 중시'하여 '현실적 상황과 주체가 합치된 곳'에서 그 해결책을 찾기 위한 방안으로 '주화론'을 주장하였다. 그리고 정제두는 주체성과 실천성을 기저로 하는 생리설과 지행합일설 및 치양지설을 바탕으로 당시 교조주의적이고 명분론적 사고에 경도된 주자학파들의 폐단을 비판하고 '인간 주체성의 회복'과 '인간 평등' 및 '주체적이고 평등한 외교'를 주장하였던 것이다. 특히 양지의 본체가 모든 인간들의 마음속에 본질적으로 다 존재한다고 보아 인간의 보편적인 마음에 기초한 '주체성'을 강조하고 아울러 '평등 의식'을 드러내었다. 아울러 강화학파는 인간의 천부적 양지를 근거로 하여 인간의 주체적 사관 확립에 역점을 두어 고질적 노예사상으로부터 인간해방을 추구하고자 하였으며, 대의명분론이나 허위의식에 사로잡히지 아니하고 실질적으로 민초들의 삶에 도움될 수 있는 학문 연구에 주력하였다. 그들은 또한 스스로를 속일 수 없는 부자기(不自欺)를 토대로 철저한 민족 주체 의식에 따라 앎과 행함을 일치시키는 실천으로 드러났다. 박은식 또한 천부적 양지는 천하만인 누구나가 차별 없이 동일하게 품수하고 있다고 하는 '인간평등론'에 근거하여 '민권신장론'과 사상의 자유, 개개인의 자립화와 인간의 주체성을 근본으로 하는 '자주정신 계발'을 강조하고, 자주정신의 확대를 통하여 국가와 민족의 자주독립을 쟁취해야 한다고 주장하였다. 그리고 정인보는 과거 수백 년간의 조선의 역사는 허(虛)와 가(假)로써 연출한 자취이며 온 세상에 가득 찬 것은 가행(假行)과 허학(虛學)이라고 진단하고, '실심(實心)'에 기초한 '실행(實行)'을 주장한다. 실심인 '양지'의 회복을 통해 개인의 주체의식 확립과 한민족정신을 고취시키고 나아가 전 인류의 화합을 꾀하고자 하였다.

둘째, 양지의 '수시변역성(隨時變易性)'에 근거한 주체적 시대정신이다. 양명학에 있어 '의(義)'는 곧 '양지'로서 고정 불변한 법칙과 규범에 집착함 없이 주어진 상황에 따라 스스로 옳고 그름의 판단 준칙을 설정하고 이에 시비를 판단하는 '수시변역성'을 지닌다. 고정 불변한 규범과 원칙에만 얽매여 시대적 변화와 상황을 반영하지 않고 오로지 명분과 형식에만 집착하는 주자학적인 정리론적(定理論的) 의리 또는 교조주의와 달리 한국의 양명학자들은 그들 자신이 당면한 중대한 시대 문제에서 출발하여 자신의 주체적 양지의 수시변역성에 따라 시대문제를 해결하고자 하였다. 예컨대 최명길은 당시 척화론자들과 달리 명분과 형식주의에서 벗어나 "의(義)는 때에 따라 달라진다"라는 입장에 근거하여 국가와 백성을 수호하려는 현실에 대한 그의 주체적 판단에 따라 '주화론'을 주장하였다. 정제두 또한 주자학파의 '존주대의(尊周大義)'의 명분론을 근거로 하여 '존중화(尊中華)·양이적(攘夷狄)'하는 '숭명배청(崇明排淸)'론에 대응하여 '화이일야(華夷一也)'의 '인간평등론'을 주장하고, 배타적 입장이 아니라 오히려 주체적 입장에서 대등한 외교관계를 맺을 수 있다고 보았다. 강화학파의 학인들은 천문·지지(地誌)·의약·역법 등 실용과 실사에 역점을 두어 대의명분론이나 허위의식에 사로잡히지 아니하고 실질적으로 민초들의 삶에 도움될 수 있는 학문 연구에 주력하였다. 나아가 중세에서 근대로의 전환점, 즉 19세기 말 서세동점 한말 전환기에 박은식과 정인보는 양지론을 근간으로 한 '인간평등론'과 '천지만물일체설'에 근거한 양명학을 통해 서구문화에 대한 대응이라는 동북아시아의 공통적 과제와 일제로부터의 국권회복이라는 시대적·민족적 과제를 해결하고자 하였다.

셋째, '천지만물일체설'을 근거로 한 '생명 존중 사상'이다. 양명학에 있어 진수는 "인간과 천지만물은 한몸이며, 인간은 천지만물의 마음"이라고 하는 '천지만물일체설'이다. 여기서 인간 마음, 즉 양지(萬物一體의 仁心)는 천지만물과의 감응의 주체로서 천지만물의 생명 손상의 아픔을 자신의 아픔으로 느끼는 통각의 주체이다. 최명길은 비록 천지만물일체설을 직접적으로 주장하지는 않았으나, 마음의 본체의 작용은 동정(動靜)을 일관하여 부단히 천지유행(天地流行)과 하나로 합한다고 보아, 인심(人心)을 매개로 천지와 인간이 하나 될 길을 열어 놓고 있다. 그가 "이에 '화친을 주장한다(主和)'는 두 글자가 신의 일평생 신변의 누(累)가 될 줄로 압니다"라고 하면서도 끝내 주화를 주장한 것은, "힘을 헤아리지 않고 경망하게 큰소리를 쳐서 오랑캐들의 노여움을 도발, 마침내는 백성이 도탄에 빠지고"라는 말에서 알 수 있듯, 백성들의 고통을 외면할 수 없는 불인(不忍)한 마음 때문이다. 최명길이 주화(主和)를 주장한 전제는 이념적 명분보다는 국가와 백성을 수호하려는 현실에 대한 그의 주체적 판단에 있으며, 주화론의 궁극적 목적은 명분과 형식주의에서 벗어나 백성과 국가를 위난으로부터 보호하고자 하는 '생명 중시'에 있었다고 말할 수 있다. 정제두는 "인심(人心)은 천지만물의 영(靈)이며, 천지만물을 모두 모아 놓은 것(總會)이다. … 인심은 감응하는 주체이며, 만리(萬理)의 체(體)이다"라고 하고, '양지'란 바로 타자의 생명 손상을 아파하는 감응과 통각의 주체, 즉 만물일체의 인심(仁心)으로 파악함으로써 양명의 천지만물일체설을 온전하게 수용 전개하였다. 이러한 양지 본체가 천지만물과 감응하는 과정에서 스스로 시비를 자각하고 능동적으로 측은해하고 부끄러워하며 타인을 사랑하고 만물을 아끼는 실천 행위를 수행한다. 이러한 '천지만물일체설'은 '계급 타파'와 '인간 평등 의식'으로 나타나게 된다. 한말 전환기 박은식은 양명학의 핵심을 '만물일체의 인(仁)'으로 이해하고, 천지만물일체설에 근거하여 '대동사상'과 '사해동포주의'를 제창하여 약육강식의 제국주의 논리를 '세계 평화의 논리'로 전환시킴으로써 새로운 '인류 공존의 길'을 모색하였다. 정인보 또한 '양지'를 천지만물과 '감통'하는 주체, 특히 생민의 아픔을 자신의 아픔으로 느끼는 통각의 주체로 규정하고, 명덕·친민하는 '치양지'는 다름 아닌 감통을 통해 민중과 아픔을 함께하는 일로서, 치양지는 국가 민중을 심내사(心內事)로 통감(痛感)하여 오직 말려 해도 스스로 마지 못하는 것을 이루는 것이라고 보았다.

조선의 양명학자들은 단지 단순한 관념론자나 교조주의자들이 아니다. 이들은 어떠한 권위나 명분에도 얽매이지 않고 어떠한 권력이나 탄압에도 굴하지 않으면서 자신의 주체적 양지에 따라 그들 자신이 당면한 시대 문제를 해결하고자 양명학을 수용하여 이를 당시의 시대 문제를 해결할 수 있는 새로운 방안으로, 즉 한국적 양명학으로 발전시켰다. 그들이 당면한 그리고 그들이 해결하고자 했던 시대 문제는 한편으론 지배층의 착취와 탄압에 의해 다른 한편으론 외세의 침략으로 인해 억압받고 고통받는 민중들의 아픔을 함께하면서 이들의 아픔을 어루만지고 민중들을 그러한 억압과 고난으로부터 해방시켜주고 외세의 침략으로 인한 존폐의 위기로부터 나라를 구하는 일이었던 것이다.

이러한 시대 문제를 해결하려는 방안으로 '인간의 주체성 회복'과 '만민 평등 의식'을 토대로 한 '생명 존중 사상'을 수립하고 몸소 실천 활동을 전개하였던 것이다. 필자는 이 글을 계기로 하여 앞으로 주체성과 창조정신, 생명 존중의 정신 및 수시변역의 시대정신과 역동적 실천정신 등을 풍부하게 함유하고 있는 한국양명학자들의 사상을 현대적 관점에서 생명철학으로 재조명하고 재정립함으로써 오늘날 우리가 안고 있는 시대문제를 해결해 가나는데 일조할 길을 모색해보고자 한다.

참고문헌

『大學或問』, 『大學集註』, 『朱子語類』, 『朱子文集』.

『王陽明全集』, 『傳習錄』.

『遲川集』(한국문집총간 89).

『霞谷全集』(여강출판사, 1988 영인본).

『朴殷植全書』(단국대부설 동양학연구소 1975년 간행본).

김교빈, 「실심으로 살아가 양명학자들」, 『조선유학의 학파들』, 예문서원, 1996.

김교빈, 『양명학자 정제두의 철학사상』, 한길사, 1996.

김길락, 『한국의 상산학과 양명학』, 청계, 2004.

김세정, 「王陽明의 生命哲學에 관한 硏究」, 성균관대 박사학위논문, 1998.

김세정, 「王陽明의 知行合一說 연구」, 『동서철학연구』 21호, 한국동서철학회, 2001.

김세정, 「인간 良知의 유기적 생명성」, 『儒敎思想硏究』 10집, 한국유교학회, 1998.

김세정, 『양명학 인간과 자연의 한몸 짜기』, 문경출판사, 2001.

김세정, 『왕양명의 생명철학』, 청계, 2006.

박정심, 「朴殷植의 近代的 大同思想에 관한 연구」, 『陽明學』 10호, 한국양명학회, 2003.

송석준, 「韓國 陽明學과 實學 및 天主敎와의 思想的 關係性에 關한 硏究」, 성균관대

박사학위논문, 1992.

송석준, 「한말 전환기의 사상과 양명학: 백암 박은식의 사상을 중심으로」, 『陽明學』 5호, 한국양명학회, 2001.

유명종, 『韓國의 陽明學』, 동화출판사, 1983.

정인보, 『陽明學演論』, 삼성문화재단, 1975.

5장

하곡 정제두의 체용론(體用論) 분석

— 「양지체용도(良知體用圖)」를 중심으로 —

김 용 재
(성신여자대학교 한문교육과)

1. 논제의 출발

* 왜 하곡의 「양지체용도(良知體用圖)」를 연구하는가?
* 왜 '체용(體用)'의 범주에 국한하여 하곡의 철학사상을 연구하는가?

한국의 왕양명이라고 할 수 있을 정도로 그의 생애를 양명학 연구에 전념하였던 하곡(霞谷) 정제두(鄭齊斗)의[1] 사상은 한갓 과거급제와 정치세력을 앞세우려는 당시 선비들에게는 물론, 현대 사회를 살아가는 우리 사회에 경종을

1) 하곡 정제두는 인조 27년(1649)에 태어나, 조선조 효종·현종·숙종·경종을 거쳐 영조 12년(1736)까지 생존한 圃隱 鄭夢周의 11세 孫이다. 대외적으로 중국에서는 明·淸이 교체되는 전환기였고 대내적으로는 임진왜란과 병자호란을 거친 후 당쟁의 격화가 심했던 사회적 혼란기였다. 그는 30세를 전후로 양명학에 심취, 스승 박세채와 결별할 정도로 양명학에 대한 신념이 굳었다고 한다(『한국철학사상사』, 한국철학사연구회, p. 264, 참조 한울 아카데미).

울릴 수 있을 정도로 순수 학자의 길을 제시해 준 귀감이라 할 수 있다.[2)]

하곡은 당시 다양한 학문연구 성향이 배제된 주자학 위주의 학문 풍토 속에서 양명학에 많은 관심을 표명하였고,[3)] 중국 양명학의 맹목적인 답습과 무비판적 수용보다는 독창적이고도 일관된 이론을 제시하고자 각고의 분석과 업적을 남겼다. 그는 유학사상의 이론을 현실에 여하히 접목시켜 나가느냐에 관심이 많았고, 본고에서 분석하려고 하는 '하곡의 양지(良知)에 대한 체용론(體用論) 분석' 역시 여기에 귀결시키려는 데에 그 목적이 있다.

이러한 하곡의 학문적 태도는 성현(聖賢)의 사상이라 하여 그대로의 답습(踏襲)이나 묵수(墨守)가 아닌 시대적 상황에 맞게 고려해야 한다는 '시의성(時宜性)' 차원에서 그 가치를 찾아볼 수 있으며, 이는 주자학이건 양명학이건 간에 하곡에게는 전통 그대로의 학문이라고 하여 최고의 것 자체로 인정하지 않았다는 의미이다.[4)]

---

2) 김길락은 「霞谷의 哲學思想과 近代精神」에서 다음과 같이 하곡을 평가하고 있다. "鄭齊斗와 朴殷植은 근대 한국유학사상사에서 한국 양명학의 두 巨星이라 꼽을 수 있는 인물이다. 더욱이 하곡은 江華에 들어가 양명학을 講學하여 江華學派를 형성하면서 한국의 양명학파를 형성시켰고, 따라서 한국 양명학에서 하곡이 차지하는 비중은 참으로 중대하다."

3) 송석준은 하곡이 양명학에 정진하게 되는 연유에 대해 시대적 문제를 간과해서는 안된다고 밝힌 바 있다. "하곡이 편안한 분위기에서 정주학에 여념하지 않고 구태여 험난한 양명학으로 전향한 연유를 개인의 학문적 성향에 기인한 것뿐만이 아니라, 그가 살았던 당쟁의 소용돌이의 시대적 정황과 연계하여 생각해야 한다"(송석준, 「한국양명학과 실학 및 천주교와의 사상적 연관성에 관한 연구」, 성균관대학교 박사학위논문, 1992. p. 97 참조).

4) 여기에서 하곡 정제두가 聖賢의 가르침을 온전히 계승한 자라고 평가하고 싶다. 논어의 첫 관문인 학이편에 "學而時習之 不亦說乎"라는 구절이 있다. 聖賢으로부터 배운 바를 '그 시대와 때에 알맞은 時宜性과 融通性'을 발휘하여 공부하는 학자로 하여금 창조적이고 진보적인 학문을 터득했을 때의 喜悅을 맛본다는 의미다(金容載, 「仁의 도덕개념과 유교 윤리학적 함의」, 『동양철학연구』 제35집, 동양철학연구회, 2003).

이러한 논거 아래 하곡 정제두의 사상은 그 출발처가 단순히 성현의 학문을 전수하기보다는 독창적·개방적·진취적인 입장에서 재시도하였던 것임이 분명하다. 그러면 하곡 정제두의 독창적인 성리철학을 어떠한 방법론으로 접근할 수 있는가?

본 논고는 하곡 정제두가 왕성한 학문활동을 했던 시기에, 知友였던 성재 민이승과의 왕래 서신을 통하여 밝히려 했던 양명학의 핵심 개념 '양지(良知)'를 체용론(體用論) 관점에서 분석하고자 한다. 더욱이 그가 남긴 최고의 논문이라 할 수 있는 「存言」[5]은 기존에 많은 학자들의 선행연구가 있었으므로, 본 논고는 정제두와 민이승 사이에 오갔던 서간문에 있는 「양지체용도(良知體用圖)」를 가지고 고찰해 보기로 한다.

동양사상에서 '도설학(圖說學)'이 시작된 것은 본래 유가(儒家)와 도가(道家)의 두 학문이 교섭되는 과정에서 비롯되었다. 한국 사상사에서 '도설학(圖說學)'이라는 학술용어가 본격적으로 나타난 것은 아니지만, 성리학의 이론 탐구방법으로 일정한 논리를 도표화하거나 도식화하고 여기에 분석과 아울러 해석을 붙인 도설법(圖說法)은 조선 초 삼봉 정도전(1342~1398)의 「학자지남도(學者指南圖)」와 양촌 권근(1352~1309)의 「입학도설(入學圖說)」에서 그 연원을 찾아볼 수 있다. 이후 퇴계 이황(1501~1570)의 「성학십도(聖學十圖)」, 여헌 장현광(1554~1637)의 「역학도설(易學圖說)」, 배상설(1759~1789)의 「도학육고(道學六圖)」 등 대표적인 도설(圖說)들이 출현하였다.[6] 사실 한국성리학의 특성은 『중용(中庸)』 사상을 중요한 바탕으로 하고 있으며, 그 전개과정의 특징 가운데 하나는 도설(圖說)과 논변(論辨)이 많다는 것이다.[7]

---

5) 『霞谷集』 안의 「存言」편은 上·中·下 3편으로 구성되어 있는데, 왕양명의 「傳習錄」 上·中·下 세 편에 필적할 만한 것으로 평하기도 한다(柳承國, 『韓國의 人間象』, 「鄭齊斗 — 陽明學의 泰斗」, 서울 新丘文化社, 1966, p. 290).

6) 서경요 외, 『조선조 성리철학의 구조적 탐구』, 성균관대학교 출판부, 2001, p. 12 참조.

7) 이병도, 『한국유학사 서설』, 민족문화추진회, 1987.

하곡이 생존한 시기에는 직접적으로 주자학을 비판할 수 없었기 때문에, 자신의 학설을 퇴계나 율곡에 비교하여 설명하기란 여간 어려운 일이 아니었을 것이다. 따라서 하곡은 자신의 성리학적 개념과 용어들을 주자학설에 비교·정리하고자 노력하였고, 결국은 「양지체용도(良知體用圖)」라는 '도(圖)'와 '도설(圖說)'을 내놓는 성과를 낳았다. 본 논고는 비록 단편으로서 매우 간략한 '도(圖)'이지만, 엄연히 하곡의 논리를 일목요연하게 살펴볼 수 있는 자료의 존재 가치를 살리고자 「양지체용도(良知體用圖)」를 중심으로 그의 철학적 논리를 고찰하기로 한다.

2. 체용(體·用) 범주의 기초적 이해

'체(體)'와 '용(用)'은 동양철학에서 중요한 범주의 하나라 할 수 있다.[8] 특히 유가철학에서는 '체용' 범주의 사용에 관해서 시대와 인물별로 다양한 해석을 보이며 전개되어 왔다. 왕필의 본체론에 입각한 체용(體用)으로부터, 웅십력의 물과 파도에 비유되는 체용론(體用論), 그리고 서구의 근대문명을 받아들이면서 생겨난 중체서용(中體西用)에 이르기까지 체용 범주를 사용한 여러 학자들의 견해는 사뭇 차이가 있었다.[9]

---

8) '體用'에 관해서는 대체로 두 가지 견해가 있다. 첫째는 '체용' 범주가 불가에서 기원했다는 학설이다. 둘째는 '체용' 범주는 원래 유가에서 사용했었는데 오히려 불가에서 이를 도용했다는 학설이다. 이러한 상반된 견해는 명말청초에 활발한 논의가 이루어졌는데, 이옹은 '체용' 범주가 선종의 혜능으로부터 기원했다고 하여 前者의 입장을 옹호했고, 고염무는 '체용'이 중국 고대 유가철학에서 본래적으로 자생했던 철학범주라 하여 後者의 입장에 무게를 실어 주었다.

9) 강진석, 「體用의 기원 논쟁을 통해본 중국유가의 文化 讀法」, 『중국학연구』 20호, 2001, p. 570 참조.

아무튼 '체용(體用)'이 성리학의 탄생과 함께 그 용어의 쓰임새가 활발하게 진행되었다는 사실에는 이의가 없을 것이다. 왜냐하면 '체용(體用)'은 성리학자들이 자신의 사상적 견해를 피력하기 위해 빌린 사유방식임과 동시에 논리 전개방법의 출발이었다. 뿐만 아니라, 본질적으로 '체용'을 통하여 사상적 기저에 깔려있는 성리학자들의 세계관이 드러난다는 것도 활발한 쓰임을 보인 원인이라 할 수 있다.

따라서 유가철학에서 '체용' 범주의 활용은 유학사상의 형이상학화(形而上學化)가 시작되었던 송대(宋代)에 접어들어 가장 활기를 띠게 되었다고 할 수 있을 것이다.[10] 역시 성리학의 출현과 함께 '체용'의 철학적 개념으로의 부상은 확실해진 것이다.『송원학안(宋元學案)』의 제1편 「개권(開卷)」에서는 호원(胡瑗)이 '명체달용(明體達用)의 학(學)'[11]이라는 슬로건을 내걸고 사대부(士大夫)들에게 커다란 이상을 제시했던 유명한 사실이 특필되어 있다. 이것을 시작으로 하여 소강절·정명도·정이천·장횡거 등에게 '체용'의 철학적 범주로서의 활용은 확실하게 사용되었다. 남송(南宋)의 주자에 이르러서 '체용'은 사변(思辨)의 범주로서 쓰임은 물론이고, 완전히 자유자재로 운용되면서 그 장대한 이론체계가 구축되기에 이른다. 주자의 「중용장구」 제1장과 『주자어류』 제1권 제1조는 체용 범주의 완전 상용화를 보여주는 단적인 예(例)라 할 수 있다.

> 큰 근본이란 천명의 본성이요 천하의 이치로서, 道의 體를 말함이요, 達道란 본성을 따라감을 이르는 것으로 천하고금이 모두 이로부터 말미암는 것이니 道의 用을 말함이다.[12]

---

10) 唐 이전, 유교관계의 문헌에서 체용을 범주로 하여 논의를 구성하고 있는 문장도 한두 개 없는 것은 아니지만 산발적인 것에 불과하다(시마다겐지 저, 김석근 옮김, 『주자학과 양명학』, 까치, 1986, p. 12).

11) '明體達用의 학문'이란 곧 "體를 명확하게 파악·인식하고 用을 활발하게 실천·실현한다"는 학문의 성격을 특징짓는 용어다.

陰陽에서 用은 陽에 있고, 體는 陰에 있으며, 더구나 動靜은 단서가 없고 陰陽은 시작이 없다.[13]

호원의 체(體)를 명확히 인식하여 용(用)을 활발하게 실천한다는 '명체달용지학(明體達用之學)'으로부터 시작한 '체용' 범주의 활용은, 주희의 '완전한 본체'와 '위대한 작용'이라는 '전체대용(全體大用)'으로 확산되었고, 이것은 유학자들에게서 '체용'의 논리 없이는 성리학의 완성을 기대할 수 없을 정도가 되었다.

이와 같이 체용을 중심으로 하는 성리학 이론체계는 한국에 전파되면서 더욱더 논의의 대상으로 급부상하게 되었는데, 이는 '심성론(心性論)' 측면에서 성리학을 한 단계 상향시킨 한국 성리학만이 갖는 또 하나의 궤적과도 같은 것이다. 당연히 하곡 정제두도 그의 학설을 전개하기 위한 논리적 서술을 위하여 이 '체용'의 범주를 도외시할 수 없었고, '체용(體用)'에 관한 '도(圖)'와 '도해(圖解)'를 남겼다고 볼 수 있다.

하곡은 당시 한국 성리학의 화두였던 '심성(心性)'에 관한 철학적 고민 — 체용론(體用論) — 을 평소 그의 시(詩) 세계에까지 담아두고 있을 정도였다. 아래의 '天理' 詩 두 편은 하곡의 평소 철학적 소신을 감상으로 담아 놓은 대표적이다.[14]

---

12) 『中庸章句』: 大本者, 天命之性, 天下之理, 皆有此出, 道之體也. 達道者, 循性之謂, 天下古今之所共有, 道之用也.

13) 『朱子語類』, 권1: 在陰陽言, 則用在陽而體在陰, 然動靜無端, 陰陽無端, 陰陽無始, 不可分先後.

14) 하곡의 漢詩는 31수에 불과하다. 漢詩란 옛 시대 선비의 홍취와 감정을 가장 압축하여 표현해주는 매개체라 할 수 있다. 하곡에 있어서 생활의 정서나 자연에 대한 정감을 표현한 詩보다, 사상적 고민과 함께 어우러져 있는 '天理詩'를 본고 서두에서 밝혀놓은 것은 하곡 자신의 '체용'에 관한 철학적 논리들이 평소 관심거리에서 벗어나지 않고 있었음을 보여주는 것으로 판단했기 때문이다.

나의 心性을 바깥으로 하지 않으면
하늘[天]과 사람[人]은 저절로 하나가 되는 법이다
어찌하여 (바깥에서) 物理를 구하려고 하는가?
돌아서면 그 근원을 망각하게 될 것을 …
不外吾心性　　天人自一元
如何求物理　　轉使亡其源 15)

(인간의) 본성과 감정은 강물[水]의 體用과 같으니
본체는 맑아 性이 되고, 그 작용은 情이 되는 것이다.
흐르는 물속에서도 알 수 있으니, (비록 강물은) 섞여서 흘러갈지라도
흐린 곳이라 하여 어찌 이 본체의 맑음이 없다고 하겠는가?
性情元同水體用　體淸爲性用爲情
從知流水渾水濁　濁處寧無是體淸16)

위 천리시(天理詩) 세계에서도 언급하고 있듯이 '체·용'은 항상 자신의 철학적 고민이었다. 그러면 체용은 어떻게 개념 규정할 수 있을까? 앞 절에서도 잠깐 언급했었지만 '체용' 범주가 불가(佛家)로부터 기인한다고 한다. 그러면 불가의 체용은 어떻게 정의할 수 있는가? 예컨대 불가에서는 '체용(體用)'을 '인과(因果)'에 대해서 정의하는 것으로서 '대승기신론'의 비유를 들어 말한다면, 원인과 결과의 관계가 곧 체용론(體用論)이 된다. 즉 바람이 원인이 되어 파도가 되는 관계처럼, 물[體]과 파도[用]의 관계로 풀어 설명하는 것이다.17)

---

15) 『하곡집』, 권7, 「失題」: 不外吾心性, 天人自一元, 如何求物理, 轉使亡其源.

16) 『하곡집』, 권7, 「次靜觀齋集中韻」: 性情元同水體用, 體淸爲性用爲情, 從知流水渾水濁, 濁處寧無是體淸.

17) 시마다겐지 저, 김석근 외 역, 『주자학과 양명학』, 까치, 1986, p. 8 "블교의 영향, 체용의 논리" 참조.

그러나 유가철학에서는 '체용' 개념을 정확히 정의하기란 실로 막역하다. 그러나 선진유가(先秦儒家)에서 '체용'에 대한 언급이 없었다고 하여 공맹철학(孔孟哲學) 자체에 체용관념까지 없었다고는 할 수 없다. 체용이란 용어의 언급 유무 사실과 체용 관념의 유무 관계는 별개의 것이기 때문에, 유가(儒家)에서도 본디 체용에 관한 철학적 관념은 소유하고 있었다.[18] 굳이 '체용'을 개념 정의한다면 '체(體)'는 근본적인 것이거나 본질적인 것, 혹은 일차적인 것이라 할 수 있고, '用'은 파생적인 것 혹은 2차적인 것이라고 정의할 수 있다.[19] 이것을 필자는 실체와 작용, 본체와 현상계 정도로 구분 가능하다고 생각한다. 또는 한 가지 물체를 음의 위치에서 보면 양이 되었다가 양의 위치에서 보면 음이 되는 것을 체용이라고도 일컫는다. 따라서 '체용'은 물체나 사건의 작용이 음양을 달리하는 표현인 셈이다. 그러면 '체(體)'와 '용(用)'에 대한 범주를 통하여, 하곡이 밝히려 했던 심성론을 그의 「양지체용도(良知體用圖)」를 중심으로 살펴보기로 한다.

3. 양지체용도(良知體用圖)의 구조

하곡의 양지·체용에 관한 이론은 그의 知友 민이승과의 주고받은 서간문에서 일목요연하게 나타난다.[20] 원래 이 「양지체용도(良知體用圖)」는 민이승

---

18) 元代 許衡과 명말청초의 왕부지는 '체용'에 관한 설명에서 본래 유가의 사상이었음을 주장한다. 그들은 문자의 기록상에서 '체'와 '용'이 출현하지 않았을 뿐이지, 공맹유학이 체용의 원리에 벗어난 것은 없다고 한다. 다시 말하면 문자 출현의 有無와 관념의 존재 有無는 다른 맥락에서 봐야 한다는 것이다(강진석, 「체용의 기원 논쟁을 통해 본 중국유가의 문화 독법」, 『중국학연구』 20호, pp. 569~583 참조).

19) 張岱年은 「中國古典哲學에 있어서 基本概念의 起源과 變遷」(『哲學研究』, 1957)에서 이와 같이 정의한 바 있다.

의 학문적 견해가 실린 편지글에 대해 하곡 자신의 견해를 정리하여 답신으로 보낸 글 가운데, '양지체용도'라는 그림이 실려져 있고,[21] 이 그림을 통하여 하곡은 양지체용 이론의 구조적 설명과 함께 그의 성리학적 견해를 체계적으로 정리·서술하였다.

따라서 하곡의 성리학적 관점을 올바르게 이해하기 위해서는 이 「양지체용도」가 내포하고 있는 구조와 논리를 천착해야만 한다. 또 '도(圖)'가 상징하고 있는 부분과 편지글 속에서 필요한 부분마다 해설[圖說]을 가했던 곳을 세심히 살펴보고, 여기에 담겨져 있는 사상적 함의를 발췌함으로써 그의 성리철학에서 체용론의 범주에 접근해야 한다. 그러면, 『양지체용도』의 구조와 구성체계를 먼저 분석하기로 한다.

우선 크기가 다른 세 개의 동심원으로 구성되어 있는데(〈그림 1〉 참조) 가장 안쪽에 제일 작은 동심원 안에는 '인의예지(仁義禮智)'를 핵심 내용으로 하는 '심지성(心之性)'이 위치하고 있다. 하곡은 이것을 '마음의 본연'[心之本然]·

〈그림 1〉 성권(性圈) → 가장 안쪽의 동심원

20) 하곡의 입장에서 보면 민이승과의 주고받은 편지의 회수나 분량 또는 내용의 질적인 측면에서 볼 때, 비록 학문관이나 내용이 같지는 않았지만, 가장 빈번한 교류를 하면서 서로의 학문적 역량을 진작시켜 준 소중한 知友로 평가하고 있다(김교빈, 「하곡의 철학사상에 대한 연구」, p. 106, 성균관대학교 박사학위, 1992).

21) 『하곡집』, 「答閔誠齋書」 二.

'양지의 본체'[良知之體]라 하여 좌우측에 기록하였다. 이 최소 동심원을 편의상 性의 지역[性圈]이라 한다.

이른바 이 심지성권(心之性圈)이 곧 '체권(體圈)'에 해당된다고 볼 수 있다. '인의예지'의 사덕(四德)을 인간의 선천적 성질로 인정하여 '심지성(心之性)'을 가장 작은 최소 동심원의 중심에 위치시켰다. 그 바로 아랫부분에 '심지본연(心之本然)'과 '양지지체(良知之體)'를 써서 '심지성(心之性)'의 성격을 규정하고 있다. 이렇게 해서 '심지성(心之性)' = '심지본연(心之本然)' = '양지지체(良知之體)'라는 등식 관계를 성립시킨다. 그런데, 이 『양지체용도』가 '양지(良知)'를 중심으로 전개되는 그림임에도, '심지성(心之性)'은 짙고도 확연히 보일 수 있는 큰 글자로 써서 강조하는 반면, '양지지체(良知之體)'는 보통 크기의 글자로 써 놓은 점이 두드러진다. 이것은 '정권(情圈)'의 경우에도 마찬가지이다.[22] 아마도 하곡이 성리철학의 핵심용어인 심(心)과 성(性) 그리고 정(情)의 관계를 밝히기 위해서는 '양지'를 통해 설명할 수밖에 없다고 생각한 것이라 추측된다. 실제로 이 도(圖)는 「양지체용도」라 명명하였으므로 '양지'의 역할이 가장 기대될 수밖에 없다.[23]

다음으로 이 최소 동심원을 에워싸는 중간 크기의 동심원 안에 사단(四端)과 칠정(七情)을 내용으로 하는 '심지정(心之情)'이 있으며, 이것은 '마음의 발동'[心之發]·'양지의 작용[良知之用]'이라 기재하였다. 이 중간 크기의 동심원을 편의상 정(情)의 지역[情圈]이라 한다.

'심지정(心之情)' 즉 정권(情圈)은 곧 '용권(用圈)'에 해당된다고 볼 수 있다. 정권(情圈)에는 '성권(性圈)'의 '심지성(心之性)' 오른쪽에 붙어 있는 '인의(仁義)' 옆으로 그 각각의 단서인 '측은지심'과 '수오지심'을 적어 놓았고, 마찬가지로 '심지성(心之性)' 왼쪽에 붙어 있는 '예지(禮智)' 옆으로는 그 각각의 단서인 '사

22) 최재목, 『동아시아의 양명학』, 예문서원, 1996.

23) 본 논고의 제4장에서 '良知'의 특성과 역할에 대해 설명하였다.

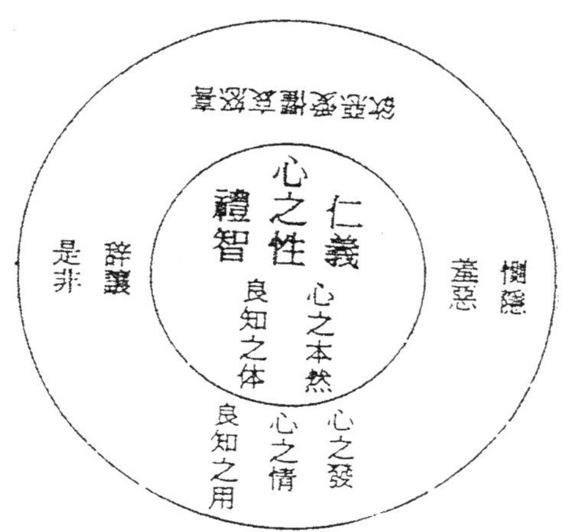

〈그림 2〉 정권(情圈) → 성권(性圈)을 에워싸고 있는 두 번째 동심원

양지심' 과 '시비지심'을 대응시킴으로써 이른바 사단(四端)을 밝히고 있다. 제일 위쪽으로는 '심지성(心之性)'에서 발동되는 감정의 양태를 형용하기 위하여 거꾸로 써놓은 '희노애구애오욕(喜怒哀懼愛惡欲)'의 칠정이 있다. 원의 중심에는 '성권(性圈)'의 방식에 따라 사단과 칠정을 내용으로 하는 '심지정(心之情)'을 큰 글씨로 적고, 그 밑에 보통 글씨로 '심지발(心之發)'과 '양지지용(良知之用)'으로써 그 성격을 규정하고 있다. 이렇게 하여 '심지정(心之情)' = '심지발(心之發)' = '양지지용(良知之用)'의 등식 관계를 성립시킨다.

잠시 여기에서 주목할 만한 것은 성권(性圈)과 정권(情圈)을 통하여 하곡의 독창적인 심성이론과 양지체용(良知體用) 이론의 특징이 부각되는 사실을 찾아볼 수 있다. 하곡은 양지를 성(性)과 정(情)으로 구분하여 양지의 체(體)와 양지의 용(用)으로 규정하고 있고, 이에 따라 심의 본연과 양지의 체를 나타내는 '성(性)'의 동심원과 심(心)의 발용 상태와 양지의 용(用)인 '정(情)'의 동심원을 대응관계 및 본말관계(本末關係)로 본다는 것이다.

양지의 체(體)로서 규정한 성(性)을 핵심으로 하여 그 외연에 양지의 용

(用)으로서의 정(情)이 위치하고 있음은 성(性)이 정(情)에 내재하여 정(情)보다 우위의 관계 혹은 본말관계로까지 이해되고, 이것은 양지(良知)에 있어서 성(性)이 정(情)을 제어하는 역할도 하는 것이다.

마지막으로 이 동심원을 가장 바깥의 둘레에 쌓고 있는 제일 큰 원이 있다. 그 동심원의 맨 윗부분에 '하늘'[天]과 맨 아랫부분에 '땅'[地]를 각각 써 놓고 있는데, 이것은 인간을 포함한 천지만물이 존재하고 활동하는 전체영역을 표시한 것으로서, 천지만물(天地萬物)이 자리하고 있다는 의미다. 또한 이것은 양지의 '체권(體圈)'으로부터 시작하여 양지의 '용권(用圈)'에 이르는 범위를 표현한 것이라 할 수 있으며, 인간의 마음[良知]과 만물은 일체로서 그 간격이 있을 수 없는 '천지만물일체무간권(天地萬物一體無間圈)'임을 표현한 것이다.

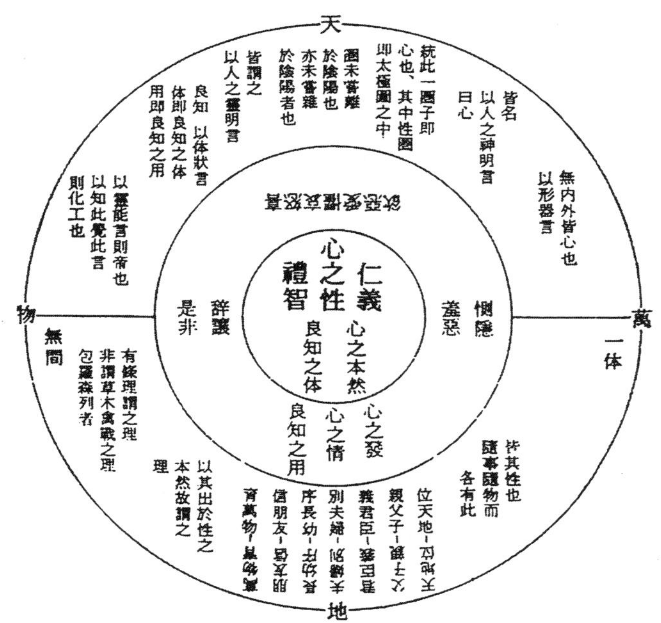

〈그림 3〉 만물권(萬物圈) → 가장 바깥을 에워싸고 있는 동심원, 양지체용도(良知體用圖)의 전도(全圖)

인간의 본성인 심지성(心之性)으로부터 출발하여 그 작용인 정(情)의 단계를 거치고 천지만물에 이르는 '만물일체권(萬物一體圈)'은 하곡에만 아니라 양명에게도 결론적으로 도출되는 최후의 단계이다. 사실 이것은 현실적으로 볼 때, 인간과 만물이 상호 불가분의 관계에 있기 때문에 그림의 좌우에 있는 만물의 글자 밑에 '일체무간(一體無間)'이라고 밝혀줌으로써 인간과 천지만물 사이의 유기적인 연대관계를 나타내주고자 한 것이다.[24] 이것은 양명이 치양지(致良知)를 설명할 때와 거의 흡사하다고 볼 수 있다.

> 대체적으로 사람은 천지의 마음 〈모든 작용의 중심〉이다. 천지만물은 본래 나와 일체이다.[25]

본래 양명학에 대한 관심과 긍정적 의도를 표명·수용하였던 하곡 자신도 다음과 같이 부연한 것을 보면 그의 철학적 소견이 어디에 흐르고 있었는지를 대략 짐작하게 한다.

> 인심은 천지만물 가운데서 영묘한 것이다. 따라서 천지만물을 고아 총괄하게 한다. 〈인심의 본체는 천지만물에 있고, 천지만물의 작용은 인심에 있다는 뜻〉 그러므로, 천지만물의 모든 것을 모아서 총괄하여 인심에 구멍을 연 것이다

---

24) 이 부분에 대하여 김교빈은 다음과 같이 부연 설명하였다. 그러나 '대저 사람과 사물은 본래 생겨남을 같이한다 하여도 실은 이치를 달리한다. 그 氣血은 같더라도 性情은 절대로 다르다"고 하여 人性과 物性을 분명히 구분하려는 것이 하곡의 입장이다. 그래서 하곡은 "우리 心性에서 벗어나지 않는다면 하늘과 사람은 저절로 한 가지 근원일 텐데" 라고 말하였다. 만물이 一體요 一源이라고 하는 것도 "우리 心性에서 벗어나지 않는다"는 것을 전제조건으로 해서, 즉 인간의 心性[性情]을 축으로 해서 성립하고 있다. 이처럼 인간이 차지하는 위치를 분명히 지적함으로써 人性과 物性을 구분하는 입장에서는 만물이 무조건적으로 一體가 되지 않는다.

25) 『전습록』: 盖人是天地之心也, 天地萬物固與一體也.

좀 더 이 만물권의 구조를 분석해 보면, 이 가장 큰 동심원의 절반을 나누고 그 반원 윗부분에 '천권(天圈)'과 반원 아랫부분의 '지권(地圈)'으로 나누었다. 그리고 각각마다 단문으로 설명해놓았다. 한편, 천권(天圈) 제일 위에는 "이 한 권을 통어하는 것은 心이다. 그 가운데 성권(性圈)은 『태극도(太極圖)』의 중권으로 아직 일찍이 음양에서 벗어남도 없고 또 일찍이 음양에 섞임도 없는 것이다"라고 하여, 『양지체용도』 전체를 개괄하고 있다.

이와 같이 '양지체용도'에서는 각각의 영역 사이에 동심원이 둘러져 있는데, 이것은 각 단계별로의 경계를 표현한 것이라 할 수 있다. 또한 분명히 각 층의 영역마다 논리적인 구분을 나타내는 것이고, 여기에는 필시 성리철학에서 논의되는 범주의 개념들이 서로 어떤 전제가 되어주며 이론의 전개역할을 시도하는 것이라 추론할 수 있다. 본고가 밝혀야 할 부분이 바로 각 동심원 단계의 논리적 전개를 '체용' 범주로 설명해내고자 하는 점이다.

또한 이 그림은 단순한 순서 매김을 통하여 동심원이 확대되는 과정만을 나타낸 것이라고는 볼 수 없다. '양지체용도'는 제목 자체가 보여주듯이 양지의 '성(性)'과 '정(情)'이 '체용(體用)' 범주를 통하여 어떤 역학구조 속에서 서로 관계하고 있는가를 보여주고자 함이라고 추론할 수 있기 때문이다. 그러면 다음 4장에서 양지의 체용관계와 논리적 전개 양상을 분석하기로 한다.

4. 양지체용(良知體用) 일원론의 논리와 특징

위 3장까지는 체·용에 대한 성리학적 개념의 기초 설명과 하곡의 체용론을 살펴보기 위해 논증의 근거로 내세운 '양지체용도'의 구조에 대하여 간략히 서술하였다. 그렇다면, 하곡의 체용론에서 가장 특징적인 논리는 무엇인가? 이에 대한 논증을 펴나가기 위해서는 우선 두 가지의 문제제기로부터 출발해야 한다.

첫째, '과연 양지(良知)는 체(體)와 용(用)으로 나누어질 수 있는가?' 둘째, '양지가 체와 용으로 나누어짐이 가능하다면 왜 하곡은 다시 체용 일원론을 주장하는가?' 우선 첫 번째 문제의식으로부터 접근해 보기로 한다. 하곡이 양지를 체(體)와 용(用)으로 나눌 수 있다는 관점은 사실 왕양명의 학설과 유사하다.

본체는 바로 양지의 본체이며, 작용은 바로 양지의 작용이다.[26)]

하곡의 양지 체용 이론은 왕양명과 같은 명제로 출발하지만 그 설명은 더 자세하다. 본고 3장에서 양지체용도의 구조를 살펴보았듯이 동심원 제1도(第1圖)로부터 제3도(第3圖)로 확장되기에 이르기까지, '양지' 두 글자가 기재되지 않은 부분이 없다. 이것은 '양지'를 넓은 의미로 봄과 동시에 하나의 '매개체'로 설정하여 체[본체]로부터 용[현상]에 이르기까지를 일원론적으로 설명하고자 함이다.

또 유가의 경전인 사서(四書)는 서로 일관된 논리로 구성되어 있는데, 소위 『대학』의 '명덕(明德)'과 『중용』의 '미발지중(未發之中)'이 곧 『맹자』의 사단(四端)과 성선(性善)이며 심선(心善)이고, 이 모두는 '심≒양지의 체'라는 것이다.

良知는 그 글이 맹자에 있고, 그 설명은 곧 대학의 致知에 있으니, 실제로는 明德이 곧 이것입니다. 형님(민이승)께서는 반드시 명덕이 본체이고 양지가 작용이라고 여기시지만, 仁의 이치가 본체가 되고 측은한 마음이 작용이 되는 것과 다름이 없습니다. 사실 체와 용은 하나이기 때문입니다. [27)]

---

26) 『전습록』 중, 體卽良知之體, 用卽良知之用.

27) 『하곡집』, 「답민언휘서」: 且良知者, 其文孟子, 其說卽大學致知而實明德是也. 兄必以爲明德體良知用也, 然其仁理體惻隱用也, 亦無異也. 盖其實體用一也.

본체를 가리키는 것으로써 말하면 왈 양지라 하는데, 이것이 곧 마음의 본체이고 곧 아직 마음의 동요가 일어나기 이전의 中입니다[미발지중]. 작용을 가리키는 것으로써 말하면 왈 양지라 하는데, 이것이 곧 선을 알고 악을 아는 것이 이것입니다[양지].[28)]

위 민이승과의 서신 내용을 도표화하면 다음과 같다.

〈표 1〉 하곡의 '양지'를 중심으로 하는 '체'와 '용'의 구분

양지(良知)	
체(體) [本體]	용(用) [作用]
명덕(明德) 마음의 본체 [心之體] 아직 드러나지 않은 미발지중(未發之中) 마음의 본래적 상태 [心之本然] 인의예지(仁·義·禮·智) 마음에 들어있는 본성(本性)	마음의 작용 [心之情] 측은·수오·사양·시비의 사단(四端) 희·노·애·락·애·구·애·오·욕의 칠정(七情) 선(善)을 알고 악(惡)을 아는 지(知) [知善知惡] 마음에 들어 있는 감정(感情)
양지의 본체: '성(性)'	양지의 작용: '心'
이기론 관점: '진리(眞理)'	이기론 관점: '生理'

하곡은 왜 양지를 체와 용으로 나누어 설명하는가? 얼핏 모순된 듯하다. 하곡이 『양지체용도』에서 강조하려 했던 것은 아마도 주자의 '격물설'에 대한 이견(異見)을 드러내기 위한 것이 주목적인 듯하다.[29)] 결국은 성즉리(性卽理)

---

28) 『하곡집』, 「답민성재서」: 其有以指體而言曰良知, 是心之本體 卽未發之中是也. 其有以指用而言曰良知, 是知善知惡是也.

29) 하곡은 四書 해설에도 적지 않은 저술을 남겼는데, 결국 『大學』~『論語』~『孟子』~『中庸』에 이르기까지 四書는 모두 일관된 명제와 논리로 전개되어 있는 경전임을 밝히기 위한 것이라 한다. 그리고 四書에서 거론되고 있는 성리철학의 개념들을 일치화시키려 하고 있다.

보다는 심즉리(心卽理) 명제에 접근하기 위함이었다.

… 또한, 종횡으로 顚倒하는 것, 이 모두를 心이라 하고 양지라고 말하는 것은 사물에 감응하는 이치〈理〉가 모두 心에서 나오는 것이지 物에 (理가) 있기 때문은 아니다…30)

하곡은 「양지체용도」에서 '체용' 관계를 논함에 심(心)과 성(性)의 관계를 더욱 확연히 하고자 했다. 이 부분은 실로 왕양명보다 더 상세하다. 그에 의하면 '성(性)'은 인간의 마음[心] 속에 내재하는 천리(天理)로서의 이치[理]이며 밝은 덕[대학에서 말하는 명덕]에 해당한다. 한편, '심(心)'은 성(性)을 포함하는 더욱 넓은 범위의 개념으로 간주한다. 『양지체용도』에서도 성(性)을 핵심 중앙부에 있고 성권(性圈)에서 정권(情圈)으로, 정권(情圈)에서 다시 만물권(萬物圈)으로 나아가는 과정을 '심(心)'[양지]이라는 존재물로 엮어나가는 듯한 인상을 주는 것이 특징이다.

心은 性의 그릇이며, 性은 心의 道이며, 전체를 말하면 곧 心이라 이르고, 본연을 말하면 곧 性이라고 이른다.31)

대개 性이라는 것은 즉 理의 體이다. 32)

하곡은 심(心)이 성(性)을 담는 그릇으로 파악했다. 여기에서 하곡 체용 이

30) 『하곡집』 「答閔誠齋書」 二: … 且其縱橫顚倒 皆說心說良知者 爲其事物感應之理 皆出於心而不在於物故也 ….

31) 『하곡집』, 「존언」 하: 心者性之器 性者心之道 語其全體則曰心 語其本然則曰性.

32) 『하곡집』, 「존언」 중: 蓋性者卽理之體也.

론의 특징이 드러난다. 일반적으로 '본체(本體)'와 '작용(作用)'이라고 할 때에는 서로 대대(待對)관계 혹은 대응관계에 해당하지만, 하곡의 체용관계는 '불가분의 관계'로 설명한다는 점이다. 왜냐하면 「양지체용도」에서와 같이 심(心)의 본연이자 양지(良知)의 체(體)이면서 심(心)의 성(性)인 핵심부의 성권(性圈)이 구체적인 현실로 나아갈 때 '양지'라는 매개물을 통하여 작용[用]이 드러나기 때문이다.[33] 하곡이 '이치[理]'의 본체[體]와 작용[用]을 '심(心)'을 통하여 동시에 언급했다는 사실이 이를 입증하는 것이다.

> 理 本體가 心의 作用을 낳지만 心의 作用이 곧 理 本體이다. 心에 작용이 없으면 곧 理에도 본체가 없는 것이다. 理의 본체가 없다면 곧 心에도 작용은 없다. 理가 곧 心이며 心이 곧 理이다.[34]

바로 이 부분이 두 번째 하곡 체용 이론의 특징에 대한 적확한 답이 될 수 있다. 양지를 체와 용으로 나눌 가능성에 대해 설명하고, 왜 다시 체용 일원론을 주장하는가에 대한 자답(自答)인 셈이다.

즉 양지(良知)≒심(心)이 비록 체(體)와 용(用)으로 나누어진다 할지라도, 이 양지의 체·용 또한 일심(一心)에 지나지 않는다는 것이다. 성(性)과 정(情)의 경계는 분명한데, 그 통하는 체(體)는 모두 '하나의 마음'에서 나온다고 생각하였기 때문에, '양지'를 '일심(一心)'으로 말하여도 틀린 것은 아니고, 성(性)을 심(心)에 옮겨 놓아 말하고 또 정(情)을 심(心)에 옮겨 놓고 말하는 것을 비난하는 자는 양지의 본체론을 오인(誤認)하는 것이라 생각한 것이다.[35] 이

---

33) 하곡은 활발한 生理에 해당하는 心의 작용성[用]을 근거로 心의 본체[體]이자 良知인 眞理가 명확해지는 것이다.

34) 『하곡집』, 「존언」 상: 理之體出心之用 而心之用卽理之體也 心無用則理無體矣 理無體則心無用矣 理卽心 心卽理也.

35) '통'을 '통섭' 혹은 '주재한다'는 주자학적 의미의 '心統性情' 해석이 아니라, 하곡은 '心

에 대하여 하곡은 다음과 같이 표현한다.

> … 큰 근본이라는 것은 하나의 마음[一心]을 말하는 것에 불과하다. 만일 性情을 말한다면 곧 그 경계의 나누어짐은 일찍이 분명하지 않음이 없다. 양명도 통섭하는 體는 모두 이 마음에서 나오는 까닭에 총괄적으로 心을 갈한 것이다…[36)]

> … 『악기』왈, 사람이 태어나서 고요한 상태는 하늘로부터 얻은 본성이다. 외물에 감응하여 (마음이) 動하게 되는 것은 본성의 욕망이다. 외물[物]에 이르러서 知가 (그것을) 안다[知]. 그런 연후라야 좋고 싫음이 드러나는 것이다. 즉 知가 안다[知知]는 말에서 앞의 '知'는 體[마음에서 본래 밝은 것]이며, 뒤의 '知'는 用[사물에 감응하여 지각하는 것]이다. 양지는 비록 체와 용으로 나뉘지만, 그것은 결국 一心일 뿐이다. 體를 가리켜 양지라 말할 때도 있는데, 심의 본체, 즉 未發之中의 中이 이것이다. 또 用을 가리켜 양지라고 말할 때도 있는데, 선악을 알 수 있는 것이 이것이다…[37)]

하곡은 양지체용에 대하여 『여명체용도(黎明體用圖)』를 통해 비유 설명하였다. 『여명체용도』는 『양지체용도』 바로 밑에 그려져 있는 것으로서 '밝음'을 '양지의 체(體)'에 비유하고, '불빛의 비춤'을 '양지의 용(用)'에 비유한 그림

通性情'으로 파악한다. 이 부분에 대한 자세한 논의는 사실 하곡의 「명자설」 부분에 잘 나타나있다.

36) 『하곡집』, 「答閔誠齋書」 二: … 不過以大本一心言之 若就言其性情 則其界分亦未嘗不明耳. 陽明以統體皆不出此心故 統以言於心 ….

37) 『하곡집』, 「答閔誠齋書」 二: 樂記曰, 人生而情 天之性也. 感於物而動 性之欲也. 物至知知 然後好惡形焉. 其上知字是體〈心之本明者〉 下知字是用〈就其發於物 知此覺此者〉 雖良知分體用 然其者一心而耳也. 其有以指體而言曰良知 是心之本體 卽未發之中是也. 其有以指用而言曰良知 是知善知惡是也.

이다.

> 단지 하나의 양지로도 충분하다. 마치 불이 본래 밝은 것은 體라 할 수 있고, 그 불빛의 빛남이 사물에 비추는 것이 用과 같은 것이다. 그러나 그 밝음은 곧 하나뿐이므로 불로써, 또는 그 비추는 것과 더불어서 그 밝음을 분별할 수 있는 것은 아니다. 따라서 총괄해본다면 이 하나의 양지로 말하는 것이 곧 이와 같을 뿐이다.[38)]

그러나 그 '비춤'에 있어서 비춤의 밝고 어두운 정도를 '선악(善惡)'에 비유하여 설명할 수 있을 것이다. 즉 '양지'는 본체로서의 '성(性)'과 작용으로서의 '심(心)'이 있지만, '선악' 소재의 기준으로 본다면 순수 지선한 '진리(眞理)'에 해당하는 부분과 선악이 혼재되어 있는 '생리(生理)'로 구분됨과 같은 논리다.[39)]

〈표 2〉 하곡의 '理' 관점

理	
性	心
眞理	生理
良知	

따라서 양지가 순수(純粹)·지선(至善)한 본체[性]와 선악이 혼재된 작용[心]으로 나뉘기 때문에 양명학의 폐단이라 할 수 있는 '임정종욕(任情從欲: 정에 맡겨 욕심을 따름)을 방지하는 관점에 따라 '체용'으로 나눈 것이다.

---

38) 『하곡집』, 「答閔誠齋書」 二: … 只言一良知足矣. 如火上本明其體也 其光暉燭物其用也 而其明卽一耳 不可以火上與照上分別其明. 故統以一良知言之.

39) 이러한 측면에서 볼 때, 하곡의 理氣論과 心性論은 아주 일관되어 있다.

그러면, 두 번째 문제의식에 대한 해답을 좀 더 부연할 필요가 생긴다. 나누어진 양지 체용을 다시 일원론적 관점으로 부합하려함은 무슨 근거로부터 가능한 것인가? 가장 근원적인 출발점은 기존의 전통 성리학의 관점을 뒤엎는 이론을 제시했기 때문이다. 위의 〈표 1〉에서 알 수 있는 바와 같이 하곡은 '사단'도 선악이 혼재된 부분으로 인식했다는 점이다.

> 측은·수오·사양·시비의 마음은 본성이지만, 과불급이 있게 되는 것은 사사로움이 가리기 때문이다. 희·노·애·락의 감정 또한 본성이지만, 절도에 맞는 것도 있고 절도에 맞지 않는 것도 있는 것은 욕심이 그 사이에 있기 때문이다.[40)]

이 말은 사단과 칠정이 비록 다른 '심(心)'의 일부이지만, 용(用)으로서의 결과는 동일할 수 있다는 의미다. 그래서 양지체용도의 제2도[중간 동심원]에 보면 사단과 칠정이 같은 동심원에 함께 기재되어 있음을 살펴볼 수 있다.

> 생각해보면, 사단은 그 본 모습을 얻으면 선해지고, 본 모습을 잃으면 과불급이 있게 된다. 본디 이것은 먹는 일이나 남녀관계, 좋아함과 싫어함이 모두 이와 같지 않음이 없다.[41)]

이는 하곡에 있어서 심즉리와 성즉리의 두 명제가 공존하고 있음을 보여주는 것이다. 어떻게 보면 성즉리 명제가 전체집합을 의미한다면 심즉리 명제는 부분집합에 해당된다고 볼 수 있다. '이치[理]'가 순수·지선한 진리(眞理)로

---

40) 『하곡집』, 「존언」 상: 惻隱羞惡辭讓是非之心性也. 有過不及者, 私蔽之也. 喜怒哀樂之情亦性也. 有中節不中節者, 欲間之也.

41) 『하곡집』 「사단장잡해」, 맹자해: 按四端得其本體則無不善, 失其本體則有過不及矣. 盖此則雖食色好惡亦無不皆然.

서의 본체적 의미는 곧 성즉리에 해당하고, 그중에서 활발발한 생리(生理)로서 작용적 의미는 심즉리에서의 '리(理)'를 의미하기 때문이다.[42] 어쨌든 하곡에는 심(心)도 리(理)이고 성(性)도 리(理)가 되는 셈이다. 그러나 인간을 가장 기본 단위로 생각하는 하곡에는 '마음'이 주(主)가 되기 때문에 마음 밖에서 '이치[理]'를 구함이 석연치 않은 것으로 파악한다. 그런데 '성(性)'과 '심(心)'이 모두 이치[理]가 됨을 하나의 매개체로 풀이한다. 그것이 곧 '양지(良知)'인 것이다. 하곡 철학에서 있어서 양지는 맹자가 말한 인·의·예·지의 지(知)의 기능도 가지고 있지만, 우선 단순한 지각이나 지식의 지(知)가 아닌 인간의 도덕적 존재가치와 능력을 부여받을 수 있는 것이라 할 수 있다.

따라서 심(心)과 성(性)을 '양지'로 표현하고 심(心)과 성(性)을 체용(體用)으로 표현하면 본체로서의 양지와 작용으로서의 양지는 일원론으로 연결된다. 이것이 양지체용도의 결론이다. 이를 좀 더 박진하게 도식화하면 다음과 같다.

〈표 3〉 하곡 「양지체용도(良知體用圖)」의 도표화

體[本體]	구분 기준	用[作用]
仁·義·禮·智	良知	四端·七情
性	心	情
지극한 선[至善]	善惡의 유무	善惡 공존
眞理	理	生理

5. 맺음말

조선의 양명학에 대한 초기 비판 형태는 학술의 근거를 찾아서 양명학을

42) 이에 대해 김교빈은 하곡 철학사상의 중층구조라고 설명한 바 있다.

비판하였으나, 임진왜란과 병자호란을 겪은 이후에는 사회의 혼란을 대처하기 위하여 정치적으로 주자학에 근거를 두고 사회의 통제를 강화하면서 양명학을 이단시하며 탄압하였다.[43] 이 시기 하곡을 비롯한 양명 철학이 한국에 부진할 수밖에 없었던 것은 양명학 자체에 결함이 있다거나 가치가 적었다기보다는, 당시 유학자들 사이에서 사상적 구속과 배척에 기인한 것으로 보인다.[44] 실제로 후일 양명학을 '이단(異端)'과 '사학(邪學)'으로 여기는 학계의 풍토는 실학자의 활동 시기에도 적지 않은 영향력을 행사했던 것으로 나타난다. 성호 이익이 당시의 학풍에 대하여 날카롭게 비판한 사실이 이를 입증해 준다.

> 宋나라 이후 유학은 심오할수록 더욱 은미해져서, 한 글자 두 글자의 뜻에 대해 깊이 연구하며 지극히 토론하고 변설한 것들이 상자에 가득 차게 되었다. 사람들은 문득 여기에만 정신을 쏟아, 아는 것을 시급하게 여기고 실천하는 것을 더디게 여기니, 聖人의 "행하고도 남은 힘이 있거든 글을 배우라"는 가르침과 그 기상이 같지 않음이 이와 같았다. 태극설을 읽어보면 이미 저 한 구절은 '형태가 없는 것에도 理가 있다'는 뜻을 알게 했다. 그러나 주희 이후 많은 사람들은 제각기 반드시 다양한 해설을 하였다. 또 『대학』에는 『대학장구』와 『대학혹문』이 있고, 또 『장구어류』와 『혹문어류』가 있으며, 『주자대전』에도 여러 諸子說이 있어서 사람마다 도리어 同異와 得失을 끝까지 조사하게 하여 다른 것을 언급할 겨를이 없었으니 또한 세교가 매양 땅에 떨어지게 되었다.[45]

아는 것[知]에는 시급하고 실천[行]하는 것에는 느긋한 유자(儒者)들의 행위

---

43) 하곡의 학설이 형성된 이 시기에는 성리학이라는 순수학문의 학파적 대립이라기보다는 정치적 당파의 정권대립으로 나타나는 갈등의 심화기라고 평가하기도 한다.

44) 현상윤 지음·이형성 교주, 『풀어 옮긴 조선유학사』, 현음사, 2003, p. 404.

45) 『성호사설』, 권19, 「경사문」.

가 “행하고 남은 힘이 있거든 글을 배우라”[46]라는 성인(聖人)의 교훈과도 점점 멀어지는 학풍이라 할 수 있다.

전반적으로 하곡의 철학사상은 후학들이 의리와 심성을 두 가지로 나누어 생각하고 공부하고 있기 때문에 학자들이 진리에 대하여 두 갈래로 여기고 있는 것과 같다고 생각했다. 이러한 학술적 분열 현상이 만들어낸 중대한 선택은 이원론과 일원론의 구분을 통한 갈림길의 선택이었다. 하곡은 그의 ‘양지체용도’와 ‘서간문’ 등의 주장을 통하여 양명의 일원론에 가까운 학설을 채택하였다. 이것은 후일 하곡이 양명학자라는 사실을 공개적으로 나타낸 스스로의 선언이 되었던 셈이다.

하곡의 양지체용에 관한 견해를 종합하여 보면, 양지의 체(體)라는 것은 인간이 선천적으로 가진 마음의 본성·본연으로 맹자가 말한 인의예지의 사덕(四德)과 같은 것이며, 마치 촛불의 밝음과 같은 것이고, 양지의 용(用)이라는 것은 심(心)이 외물에 발동한 정(情)의 상태로서 촛불의 빛남이 사물에 비추는 것과 같은 것이라 할 수 있다.

심(心)·성(性)·정(情)은 당대 성리학 범주로서 최고 논의의 대상이었는데, 하곡은 사사물물마다 존재하는 본성의 이치를 구현하여 인간 세상에 이를 실현하고자 하는 성즉리(性卽理)의 이론보다, 양란(兩亂) 이후 현실사회의 개혁과 인간이라면 누구에게나 실천 지향적인 삶의 자세를 구현시키기 위해 인간의 도덕 주체성과 도덕 자각성을 ‘양지’로 설정함으로써 활발한 도덕 실천정신을 현실에 곧장 투영할 논리를 구하였다고 할 수 있다. 그것이 곧 ‘체(體)’와 ‘용(用)’을 통한 도덕 본체와 도덕실천의 정신을 강화한 것이다.

---

46) 『논어』, 「학이」: 子曰 … 行有餘力 則以學文.

참고문헌

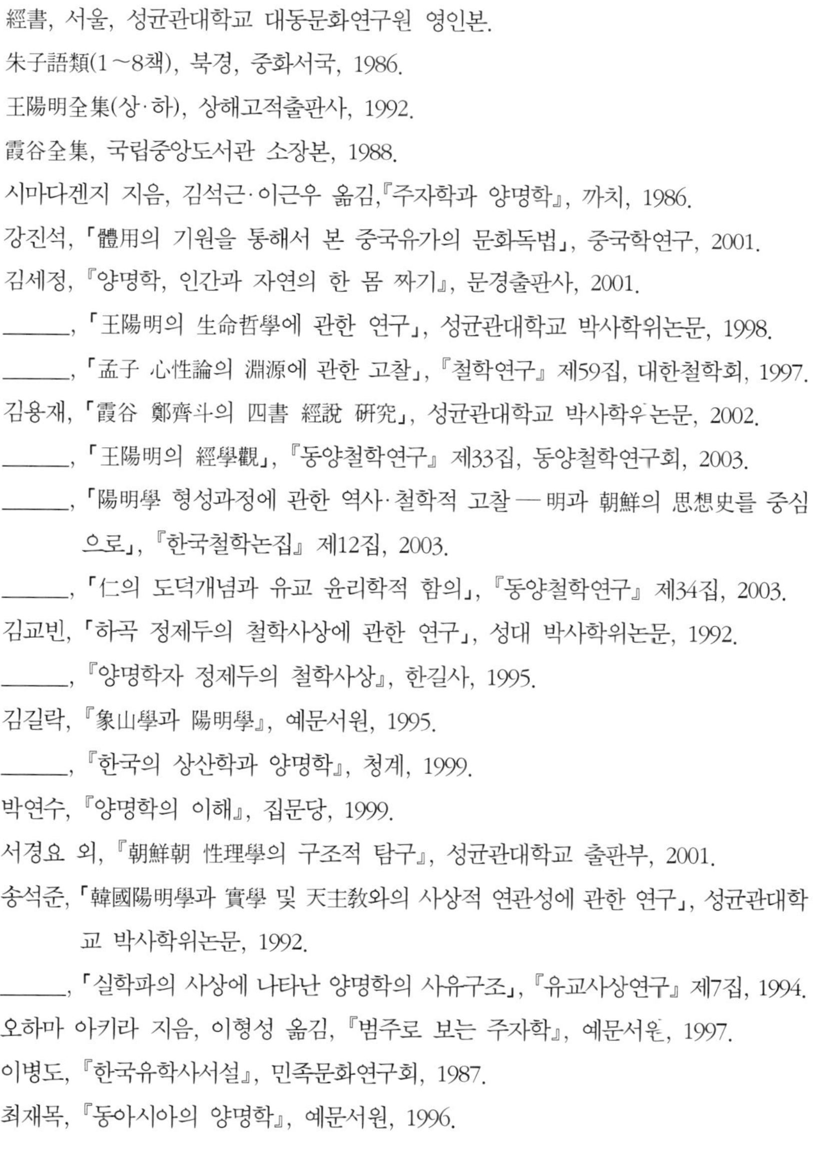

經書, 서울, 성균관대학교 대동문화연구원 영인본.

朱子語類(1～8책), 북경, 중화서국, 1986.

王陽明全集(상·하), 상해고적출판사, 1992.

霞谷全集, 국립중앙도서관 소장본, 1988.

시마다겐지 지음, 김석근·이근우 옮김,『주자학과 양명학』, 까치, 1986.

강진석,「體用의 기원을 통해서 본 중국유가의 문화독법」, 중국학연구, 2001.

김세정,『양명학, 인간과 자연의 한 몸 짜기』, 문경출판사, 2001.

______,「王陽明의 生命哲學에 관한 연구」, 성균관대학교 박사학위논문, 1998.

______,「孟子 心性論의 淵源에 관한 고찰」,『철학연구』제59집, 대한철학회, 1997.

김용재,「霞谷 鄭齊斗의 四書 經說 硏究」, 성균관대학교 박사학위논문, 2002.

______,「王陽明의 經學觀」,『동양철학연구』제33집, 동양철학연구회, 2003.

______,「陽明學 형성과정에 관한 역사·철학적 고찰 — 明과 朝鮮의 思想史를 중심으로」,『한국철학논집』제12집, 2003.

______,「仁의 도덕개념과 유교 윤리학적 함의」,『동양철학연구』제34집, 2003.

김교빈,「하곡 정제두의 철학사상에 관한 연구」, 성대 박사학위논문, 1992.

______,『양명학자 정제두의 철학사상』, 한길사, 1995.

김길락,『象山學과 陽明學』, 예문서원, 1995.

______,『한국의 상산학과 양명학』, 청계, 1999.

박연수,『양명학의 이해』, 집문당, 1999.

서경요 외,『朝鮮朝 性理學의 구조적 탐구』, 성균관대학교 출판부, 2001.

송석준,「韓國陽明學과 實學 및 天主敎와의 사상적 연관성에 관한 연구」, 성균관대학교 박사학위논문, 1992.

______,「실학파의 사상에 나타난 양명학의 사유구조」,『유교사상연구』제7집, 1994.

오하마 아키라 지음, 이형성 옮김,『범주로 보는 주자학』, 예문서원, 1997.

이병도,『한국유학사서설』, 민족문화연구회, 1987.

최재목,『동아시아의 양명학』, 예문서원, 1996.

한국사상연구회, 『조선유학의 개념들』, 예문서원, 2002.
현상윤 저, 이형성 교주, 『풀어 옮긴 조선유학사』, 현음사, 2003.
汪傳發 著, 『陸九淵王陽明』, 貴州人民出版社, 2

6장

19세기 시대상황과 조응한 유학자, 이진상

박 상 리
(성균관대학교 유교문화연구소)

1. 19세기 유학자들의 시대인식

개항을 전후로 하는 조선 사회는 성리학적 지배질서가 붕괴하고 제국주의의 침략으로 대내외적으로 혼란한 상황이었다. 유학자들 역시 큰 위기의식을 가지고 새로운 시대에 대응할 수 있는 논리개발에 주력하였으며, 이전의 성리학 전개과정에서 보였던 여러 논쟁의 지양이라는 과제를 풀고자 하였다.

당시 활동한 유학자들이 현실을 인식하고 대응하였던 논리를 척사위정론이라고 하지만 그들이 모두 동일한 논리구조를 가졌던 것은 아니었다. 학파나 문중에 따라 성리학적 이해도 달랐으며 시대에 대응하는 양상도 다양해졌다. 이 시기의 유림은 영남학파와 기호학파의 학문적 전통 위에서 몇 개의 학파로 이루어져 있었는데, 이들은 학파에 따라 학문적 성향이 다르고 현실을 인식하는 논리도 달랐으며 대응책도 달랐다.

이항로, 기정진, 이진상, 전우 등 당시의 성리학자들은 특히 조선 유학에 대한 문제의식을 가지고 성리학 전반에 걸쳐 나름대로 특징 있는 학설을 제시하고 문하에 많은 제자들을 배출하여 학파를 형성하게 된다. 대표적 학파로는 이항로(李恒老; 1792~1868)를 연원으로 하는 화서학파, 기정진(奇正鎭; 1793~1879)을 연원으로 한 노사학파, 전우(田愚; 1836~1905)를 중심으로 한 간재학파, 송병선(宋秉璿; 1836~1905)의 연재학파, 유치명(柳致明; 1777~1861)을 중심으로 하는 정재학파, 그리고 이진상(李震相; 1818~1886) 중심의 한주학파 등이 그것이다.[1)]

이들은 대체로 리기에 대한 이해를 바탕으로 주리적 성향을 보인다. 이는 성리(性理)의 이론적 토대와 실천적 지향성을 위한 의리(義理)가 일관적 구도로 정립되기 위한 리일원화(理一元化) 경향을 보여준다고 하겠다. 조선 전기에는 리기의 조화를 추구하는 입장이 우세한 반면, 후기에는 한쪽을 강하게 주장하는 경향이 나타난다. 특히 이항로, 기정진, 이진상 등은 주리론을 주장하는데 성리학에 기초한 그들의 성리설은 가치론적 정통성을 확립하고자 하는 목적의식 속에서 시대상황과 맞물려 강한 가치의식으로 드러난 것이다.

또한 이들은 현실적, 대내외적 모순에 대해서도 나름대로 해결책을 제시하여 위정척사와 한말 의병으로 이어지는 실천적인 지향성을 가진다. 다시 말해 내우외환의 시대 상황에 대처하기 위한 방법으로 유교적 질서의 공고화를 통해서 모순을 타개하려고 하는 위정척사의 기치를 내걸었던 것이다. 이러한 노력은 한말 의병 등 실천지향적인 모습으로 전개되었지만 제국주의의 침략하에서 전통적인 성리학 질서의 공고화는 좌절된다. 그러나 이 시기의 성리학은 조선 성리학의 총결이자 성리학적 가치체계의 천명이라는 점에서 그 의의를 갖는다고 하겠다.

이 시기에 활동한 유학자들 중에서 특히 주리적 성향이 가장 강한 이진상은 영남학의 계보를 이어 한주학파를 형성한다. 그는 리기와 심성 문제에 있어서 심즉리설(心卽理說)을 표방하는 철저한 주리론의 입장을 견지하였다. 이

---

1) 한국사상사연구회, 『조선유학의 학파들』, 예문서원, 1996 참조.

후 이진상 문하의 한주학파는 심즉리설에 기초한 논리를 전개하면서 그것의 근대적 변용을 시도하고 또 현실운동의 이론적 밑받침으로 기능을 함으로써 다른 학파와 차별화된다. 이런 점에 근거하여 본 연구는 심즉리설을 중심으로 이진상의 사상체계와 특징을 살펴보고자 한다.

2. 한주 이진상의 생애와 학문

경상도 성주지역은 이황의 학문적 전통을 계승하면서도 조식의 영향 아래 있었다. 18세기 이후 이 지역 유자들은 이전의 대립과 분열을 넘어 학문중심지로 자리 잡게 되는데 그 중심에 서 있던 이가 이진상이다.

이진상은 자가 여뢰(汝雷)이고 호는 한주(寒洲)·정와(定窩)이다. 어렸을 때부터 재주가 뛰어나, 7세 때 글을 배우기 시작하였고 13세에 사서삼경을 독파하여 사방에 이름이 알려지기 시작하였다. 그가 17세 때 스스로의 재주를 믿고 경사(經史)에서 복서(卜筮)에 이르기까지 다양한 분야를 모두 섭렵하고자 하였지만 그의 숙부인 이원조(李源祚)가 성리학에 힘쓸 것을 권고한 이후 『성리대전』을 읽기 시작하였다. 이후 이진상은 주희의 철학을 기초로 제현(諸賢)의 문집을 비교·고찰하며 성리설에 관한 이론적 체계를 구축하였다. 그는 성리학에 대한 천착뿐만 현실문제에도 관심이 깊었다. 1857년에 중국에서 반란이 일어나자 청에 대한 사대(事大)를 철폐하자는 내용의 상소문을 썼으며, 옛 성현의 이상적 제도를 참조하고 당시의 실정에 적합한 개혁안을 구상하여 「묘충록(畝忠錄)」을 짓는 등 사회제도의 폐단을 극복하고 개혁하는 문제에 고심하였다.

이진상의 학문은 주희와 이황의 이론을 기초로 한다. 그는 주희의 사상이 초년과 만년의 체계가 다르다고 확신하고 주자학의 본질을 고증을 거쳐 철저하게 탐구하였다. 특히 그는 주돈이의 「태극도설」과 주희의 「태극도설해」에 보이는 태극과 음양의 관계성이 주희의 만년정론이라고 하여 이에 기초하여 자신의 성리학설을 구축한다. 또한 퇴계의 리기설에서는 리기의 호발(互發)을 인정하지 않고 리발일도설(理發一途說)을 주장하였다. 또한 심론(心論)에서는 심이 리기의 합(合)이 아니라 심즉리라는 설을 제기하여 그만의 철학체계를 세웠다. 이러한 입장은 당시 큰 파문이 일었고 퇴계학파의 배척을 받기도 하였지만 그의 학문이 이황에게서 연원한다는 것은 의심의 여지가 없다.

이진상은 어려서 숙부인 이원조(李源祚)의 가르침을 받고 20세 이후 안동의 이황 학맥과 연관을 맺으면서 리에 대한 이론이 더욱 강화되었다. 그는 20세 때 도산서원을 참배하고 퇴계를 사숙할 뜻을 가졌으며, 34세에는 퇴계학파의 정맥인 유치명을 만나 이후 그의 영향을 받았다. 뿐만 아니라 이현일, 이상정 등의 학설을 두루 섭렵하여 퇴계학맥을 계승하였다고 하겠다. 이진상의 학문은 아들인 이승희, 곽종석 등을 통하여 고령은 물론 합천, 거창까지 확산되었고 이후 한주학파라고 불리는 학맥을 형성하게 된다.

그런데 이진상의 학문적 계통에 대해서는 여러 의견이 있다. 넓은 의미에서 영남지역 퇴계학통에 속하지만 이황-김성일-이현일-이재-이상정에서 정종로-이원조 계통으로 지적하기도 하고, 혹은 이상정-남한조-유치명계통으로 파악하기도 하며, 퇴계학파 내의 독립 연원으로 분류하기도 한다.

특히 한주학파인 『동유학안(東儒學案)』의 저자 하겸진은 이진상을 유치명의 계보로 파악하여[2] 유치명이 살던 대평(大坪)과 이진상이 살던 대포(大浦)를 합하여 이들의 학맥을 평포학안(坪浦學案)으로 분류하였다. 하겸진은 이진상이 35세에 퇴계학통의 종장 자리에 있던 유치명을 방문하여 성리설을 토론하고 가르침을 받았으며, 40세 때 유치명과 그의 제자인 김홍락을 방문하였는데 이러한 유치명과의 교유로 독자적인 성리학 체계를 형성하였다고 하였다.

---

2) 『동유학안』 13편 「평포학안」: 先生初受業定憲公, 中歲謁定齋柳先生致明, 往復問辨, 遂師事之.

또한 한주는 이황의 학문적 전통을 계승하지만 경상도 성주를 중심으로 형성된 지역적인 특성[3])으로 조식의 영향도 받았다고 할 수 있다. 성주는 지역적으로 경북의 안동과 경남의 진주를 잇는 만큼 학자들의 학문적 풍토나 특색도 대체로 안동의 이황의 학문과 진주의 조식의 학문[4])을 절충, 종합하려는 경향이 있었다.

그가 사사한 이원조도 주희와 이황을 학문의 모범으로 삼으면서 조식의 학통도 수용하고 있는데 이는 이진상에게 영향을 주었다. 또한 이진상의 후학들도 대부분 남명을 존숭하면서 일련의 관계를 맺게 된다. 그중에서도 이진상의 문인인 허유는 스스로 퇴계의 학맥이라 자처하지만 남명학문의 핵심이라 할 수 있는 「신명사도(神明舍圖)」와 「신명사명(神明命銘)」에 대하여 「신명사도명혹문(神明舍圖銘或文)」이란 글을 통해서 주석을 달아 분석하였는데 학문적 관심의 차원을 넘어 내면적으로 남명을 계승하려는 의지가 엿보인다고 하겠다.

---

3) 강좌와 강우의 중간지대라 할 수 있는 중부지역인 성주에서는 정구와 이진상이 등장하여 독특한 학풍을 형성하고 있다. 성주지역은 이인좌의 난을 거치면서 성주 유림내부에서 분열과 대립이 일어났다. 즉 북쪽지역은 난의 토벌군에 가담하였지만 남쪽지역은 방관하는 입장을 취하였다. 이를 계기로 성주 내의 남북대립이 심화되었는데 18세기 이래 전개된 사림의 대립과 분열을 뛰어넘고 학문의 중심지로 자리 잡게 한 사람이 이진상이었다.

4) 조식의 실천사상의 근간이 되는 것은 敬과 義이다. 경은 한 몸의 주재가 되며 義는 모든 행동의 근본이 되는 것으로 이는 서로 體用을 이루며 그의 행등철학으로 나타났다. 그의 목표는 아래로 人事를 배워서 위로 天理에 도달하는 것이었다. 그러므로 인사를 버리고 천리를 논한다거나 反窮省察하지 않고 聞見이나 일삼는 것은 口耳之學이지 修身之道가 아니라고 보았다. 그가 성리학에 대하여 이론적으로 탐구하는 것을 그다지 즐겨하지 않았던 것은 이황과 대조된다. 조식의 이러한 실천정신은 문인·후학들에게 많은 영향을 끼쳤다. 그의 문인으로 오건, 정인홍, 최영경, 김우옹, 하홍도 등이 있다. 이들은 지리산을 중심으로 진주 등지에서 실천유학을 진흥시키고 국가가 위난에 처하였을 때에는 투철한 선비정신을 보여주었다. 이러한 정신은 근세의 의병운동으로 계승되었다.

곽종석 또한 한주의 주리설을 계승했지만 단성에서 태어났고 강우지역을 기반으로 살았기 때문에 남명에 관한 관심이 잠재적으로 있었다고 하겠다. 김창숙은 곽종석의 제자이자 남명의 외손서 동강 김우옹의 13세 종손이다. 또한 하겸진은 가정적으로 남명과 학맥이 닿아있는데, 『회봉집』을 보면, 대체로 이황계열의 학문을 숭상하면서도 한편으로는 남명에 대하여 숭앙하는 마음 또는 남명의 사상을 계승하려는 점을 엿볼 수 있다. 대체로 이러한 이유로 남명학에서는 한주학파중의 다수를 남명학 계열에 넣기도 한다.

이진상은 리기론에서 리와 기를 구별하여 리의 근본성을 밝히고, 이와 관련해 심성론에서는 리의 주재성에 의한 심의 주재성을 강조하는 심즉리설을 주장하였다. 그는 주리 두 글자가 성현들이 서로 전한 심법(心法)이라 강조하면서 기 중시적 경향을 배격하는 학문적 성격을 보여준다. 그리고 스스로를 퇴계의 가장 명확한 해석가로 자부하며 리의 궁극성을 추구하는 리기관을 기초로 하여 리의 주재성과 심의 주재성을 연결시키려고 하였다. 그 결과 자신의 학문적 종지라고 할 수 있는 「심즉리설」을 지어서 심과 리의 관계를 규명한 것이다.

심즉리설의 제기는 사단칠정이 발동함에 사단칠정 모두가 리발(理發)이라는 주장을 함으로써 이황의 주리적 경향을 강화한 동시에, 자신만의 독자적 학설을 구축한 배경이 된다. 즉 한주는 심즉리설의 기반 위에서 이황의 심성설을 재해석하여 한말의 역사적 상황 속에서 대응할 수 있는 논리를 제공하였던 것이다.

그의 저작 중에 심즉리설과 관련된 글은 다음과 같다. 18세 때 『성명도설』을 지어 주리적 입장을 분명히 한 후, 23세 때 「심경도설」을 지어 퇴계학의 종지가 심학에 있음을 확인하고 도설로써 계승하였고, 「이단론」을 통해 주리의 입장에서 주기론 및 이단사설에 대하여 비판한다. 44세 때 지은 「심즉리설」은 성리설에 대한 검토와 비판을 통해 자신의 학설을 세우고 61세 때 「리학종요(理學綜要)」를 편찬하여 자신의 학설을 종합하였다. 이 중에서 본고에서는 주로 「심즉리설」과 『리학종요』를 중심으로 이진상의 리기와 심성에 대한 이론을 살펴보고자 한다.

3. 리기설

1) 이황의 리기설

이진상은 기본적으로 이황의 리기호발설(理氣互發說)을 계승하면서 리의 체용론(體用論)을 통해 리의 동정(動靜)을 주장한다. 이황의 성리설은 리기의 호발을 주장하여 리기불잡(理氣不雜)을 강조하는 이원적 성격을 지니고 있다. 또한 퇴계는 리기 관계를 분리와 결합의 양면성을 동시에 수용하는 것으로 본다. 현실의 존재에서는 리와 기가 서로 떠나지 않는 것이면서, 본체와 근원 상에서 보면 리는 사물이나 기에 사로잡혀 있지 않은 전체성 또는 보편성으로 독립된 존재로 인식할 수 있다는 것이다. 또한 리발(理發) 리동(理動)을 기초로 리의 능동성을 강조한다. 그는 기대승과의 논쟁에서 리기 호발을 자신의 입장으로 정리하였는데 이는 주자학과 달리 리발을 강조한다는데 특징이 있다.

퇴계는 리와 기에 동·정의 작용이 있어서 각각의 역할이 있으면서 상호적 성격이 있다고 하였다. 주자가 리를 동정의 주체로서 강조하고 있지만 퇴계는 여기에서 한발 더 나아가 "리가 동하면 기가 따라서 생겨나고 기가 동하면 리가 따라서 나타난다"[5]고 하여 리의 동·정이 기의 생성근원이 되고, 기의 동정이 리의 발현계기가 되는 것임을 밝히고 있다. 또한 이황은 리귀기천(理貴氣賤)의 리우위설을 제시하여 주리와 주기의 태도를 유교와 노장(老莊)으로 대비시킨다. 그것은 리를 가치의 기준으로 확립하는 것을 정도(正道)라 하고 기

---

5) 『退溪集』 권25, 「答鄭子中別紙」: 理動則氣隨而生, 氣動則理隨而顯.

(氣)를 목적으로 삼아 리를 상실하는 태도를 이단이라 규정하는 것이다. 따라서 그는 주리론을 유교의 정통으로 확인하며 리를 기준으로 하면 기를 그 속에 포섭할 수 있는 것으로 확인한다. 이에 비해 기를 기준으로 하는 주기론은 리를 등지게 되는 것으로 이단에 빠지는 것이라 대비시키고 있다.

이러한 리기론을 퇴계는 심성개념을 이해하는 데 적용하였다. 기대승과 사단칠정을 논한 편지에서 사단과 칠정은 모두 리와 기의 합이지만 그 가리키는 바와 유래를 볼 때 사단(四端)은 리를 주로 하고 칠정(七情)은 기를 주로 한다고 볼 수 있다고 하였다. 그 후 리는 운동성을 가지지 못한다는 일반적인 관점에도 불구하고 리의 능동성을 강조하며 발현을 인정한다. 이것은 성리학에서 일반적으로 무형(無形), 무위(無爲)의 특성이 있는 것으로 보는 리에 대해 직접 작위, 운동성까지 인정한 것이다.

그런데 이러한 이황의 리기설은 혼륜설(渾淪說)과 분개설(分開說)의 양면을 지니고 있다. 따라서 이후 퇴계학파는 이황의 이론을 해석함에 있어서 각자의 시대적 요구와 해석자에 따라 각각 어느 한쪽에 치우쳐 부각되거나 양면의 균형을 확립하고자 하는 시도가 있었다.

2) 이진상의 리기설

이진상은 "주재는 리이고 작용은 기이다"[6]라고 하여 리와 기를 구분하여 이황 리기설의 분개설로 논의를 전개한다. 그는 리기 호발에 대하여 사단의 발(發)은 리 위주라고 하였지만 칠정의 발은 기 위주라고 하지 않았다. 사단칠정 모두 리발로 보았던 것이다.

> 형이란 다만 이목구비 사체뿐이니 원래 스스로 발하여 정이 될 수 없는 것

---

6) 『寒洲全書』 권27, 「答崔純夫」: 主宰是理, 作用是氣.

> 이다. 그 기(氣)는 진실로 심을 관통하는 기이지만, 기는 곧 발하는 바의 자료요 원래 발하는 바의 주가 아니니 또한 스스로 발하여 정이 될 수 없다. …… 퇴도의 기발리승과 리발기수는 또한 기의 발하는 바에 리가 참으로 타고, 리의 발하는 바에 기가 곧 따른다고 말하는 것이다. 비록 호발이라 말할지라도 실은 리기가 각각 발하는 것이 아니다.[7]

이러한 리발에 기초하여 동정문제에도 동정 내지 발함은 모두 리가 주가 되고 기는 자료가 될 뿐이며 리기의 관계를 리주기자(理主氣資)의 주종관계로 밝혀 리의 주재성을 강조한다. 리기의 관계가 이미 주자(主資)의 관계에 놓여 있기 때문에 동정하는 것은 태극 곧 리이고, 음양과 같은 기는 태극이 동정하는 도구일 뿐이라는 의미이다.

이러한 리주기자(理主氣資)는 마치 사람이 말을 타고 출입하는데, 사람이 출입한다고 말하지만 말이 출입한다고 말하는 것과 같은 것이라고 한다. 따라서 동정은 '말'에 비유될 것이 아니라 '출입'에 비유되어야 한다는 것이다.[8]

> 이 기가 있기 전에 먼저 리가 있었다. 이 리가 있어야 비로소 동정할 수 있게 되었다. 그러므로 동 또한 태극의 동이며, 정 또한 태극의 정이다. 동하면 곧 양을 낳고 정하면 곧 음을 낳는다. 이러한 동정으로 말미암아 기라는 이름이 있게 되었으며 이때 리는 항상 주가 되고 기는 항상 재료가 된다. 동하지도 않고 정하지도 않으나 동정의 신묘함을 함유하고 있는 것이 리의 체이며, 동할 수 있고 정할 수 있는 조짐이 리의 용이다. 기는 동하면 정하지 않고 정하면 동하

---

7) 『寒洲全書』 권37, 「四七原委說」: 形只是耳目口鼻四體而已, 元不能自發而爲情. 其氣則固貫通乎心之氣, 而氣乃所發之資, 元非所發之主, 亦不能自發而爲情. …… 退陶之氣發理乘理發氣隨, 亦謂氣之所發而理實乘, 理之所發而氣便隨也. 雖云互發, 實未嘗各發也.

8) 『寒洲全書』 「理學綜要」 권1, 「天道 上」: 其實, 則人爲出入之主而馬爲出入之資, 只可言人之出入矣. 理爲動靜之主而氣爲動靜之資, 只可言理之動靜矣.

지 않으니 결코 스스로 동하거나 스스로 정할 수는 있는 물이 아니다.[9]

여기에서 이진상이 리선기후(理先氣後)를 말한 것은 논리적인 선후로서 리주기자(理主氣資)를 나타낸 말이다. 태극 즉 리의 동정으로 기가 동정하므로, 기의 동정이 리의 동정에 지배되는 자료이다. 기 자체에는 동정하는 힘이 없다는 것이다. 따라서 태극이 동정의 주체임을 강조한다. 그는 "동은 태극의 동이요, 정은 태극의 정이니 태극은 본체를 가리키는 것이고, 동정은 유행을 가리키는 것이다"[10]라고 하여 태극은 동정의 본체이고 동정은 태극의 유행이라 하였다.[11] 즉 태극을 동정의 주체로 확인하여 리의 능동적 근원성을 더욱 적극적으로 주장하고 있다.

그뿐만 아니라 이진상은 리의 동정의 문제를 리생기(理生氣)의 문제와 연관지어 리와 기는 서로 별개의 것이며 리가 기를 낳는다고 주장하였다. 리가 스스로 동정하지 않으면 기를 낳을 수 없다는 관점에서 리의 동정을 옹호한 것이다. 뿐만 아니라 리의 동정은 스스로 동정하는 것이지만 기의 동정은 리에 의지하는 동정이라고 하여 동정의 질적 차별성을 통해 기의 동정과 리의 동정을 구분한다. 리는 원인자이자 주가 되며 '자동자정(自動自靜)'하는 리의

---

9) 『寒洲全書』 권9, 「與李肯庵書」: 未有此氣, 先有此理. 才有此理, 便會動靜. 動亦太極之動, 靜亦太極之靜. 動便生陽, 靜便生陰. 由動靜, 有氣之名, 而理常爲主, 氣常爲資. 無動無靜, 涵動靜之妙者, 理之體也, 能動能靜之幾者, 理之用也. 氣則動而無靜, 靜而無動, 而決非自動自靜之物也.

10) 같은 곳: 動是太極之動, 靜是太極之靜, 而太極是指本體, 動靜是指流行.

11) 리의 동정을 인정함으로써 능동성을 확인하는 입장은 퇴계학파의 공통된 견해이지만 학자마다 조금씩 초점이 다르다고 하겠다. 장현광은 理氣經緯說이 기의 운행 속에서 그 기준이 되는 理의 운행을 제시하였고, 이현일은 율곡의 氣發一途說을 비판하면서 互發說에 근거하여 발동주체로서 理의 능동성을 강조하고 있다. 이상정은 태극이 음양의 기틀을 타고 동정하는 것임을 강조하여 기를 떠나지 않은 리의 능동성을 인정하는 것으로 한정시키고 있다.

동정의 특성을 들어 기의 동정과 구분하는 것이다. 이는 기의 운동성을 부정하고 발동하는 주체를 리로 확인하는 리발일도설(理發一途說)로 연결된다. 또한 이이(李珥)가 발(發)과 발지(發之)를 구분하지 않고 모두 기에 연결시킨 것을 비판하면서, 발은 리이고, 발지는 기라고 구분하였다. 이는 일반적으로 발하는 것은 기이고, 발하게 하는 것은 리라는 명제와 다르다. 이러한 동정의 차별성을 기초로 이진상은 리발일도설을 제기한 것이다.

그러나 이진상이 리의 주재를 강조하는 것은 리가 활물(活物)임을 강조하는 것이지 기를 배제하는 것은 아니다. 리는 기를 주재하여 운동하게 하지만 운동의 실제 주체는 기이다. 그런데 기의 운동은 리의 주재에 의한 것이므로 리가 운동하는 것이라고 말하는 것이다. 또한 리는 운동의 주재자요 기는 리의 주재를 받아 운동하므로 주재자인 리를 언급하면 재료인 기는 항상 그 가운데 이미 언급된 것과 같다.

결국 이진상이 리발일도설을 주장한 것은 리기의 주(主)·자(資) 관계와 불상잡(不相雜)을 분명히 하기 위한 의도였다고 하겠다. 퇴계학파의 리기설에서 주리의 입장을 제시하는 점은 일관된 공통점이라고 하겠다. 그러나 이진상은 보다 적극적으로 불상잡을 넘어서 리기 선후의 리우위성을 강조하고 특히 심즉리설과 연관하여 리의 주재성을 통하여 주리적 질서를 확립하고 있는 것이다.

4. 심즉리설

1) 심즉리설을 제기한 이유

앞에서도 언급하였듯이 이진상은 리의 주재성을 기초로 하여 심즉리설을 주장하고, 심즉리 세 글자가 바로 성인이 서로 전한 비결(秘訣)이라고 하였다. 그런데 '심즉리'라는 명제는 양명학의 주요 개념이며, 양명학은 조선의 유학계에서는 이단으로 철저하게 비판받았다는 점에서 이는 상당한 모험이라고 할 수 있다. 그가 이러한 모험을 감수하면서도 굳이 심즉리설을 제기한 것은, 당시 '심시기(心是氣)'를 주장하는 기호학의 명제를 강하게 비판하려는 의도였다고 하겠다.

이진상은 주리적 리기설에 기초하여 심즉리의 입장과 충돌하는 기호학파의 심시기설을 비판한다. 그는 심시기설이 주희의 언급에 기초하고 있는 사실을 인정하면서도 주희가 스스로 초년설을 수정하여 만년정론으로 삼은 것이 심즉리설이라고 하여 자신의 심즉리설의 정당성을 입증하였다.

주희는 심이 몸을 주재하며 리와 기로 이루어져 있다고 하였다. 이 때문에 심은 리라고 하기도 하고 기라고 하기도 하는 등 양면성으로 보일 가능성을 갖고 있다. 이진상에 따르면 심시기설(心卽氣說)은 주희의 초년설을 따른 것이며, 심을 동정(動靜)과 음양(陰陽)으로 성(性)을 태극으로 규정하여 심을 형체로 여겨서 성을 담는 그릇으로 보았다고 지적한다.

> 선생이 초년에 심을 기(氣)라 하고 이발이라 하며 성을 리라 하고 미발이라 하여, 성이 심을 탄다고 말하였다. 그래서 신을 형이하라 하고 심을 기의 정상이라 하였다.12)

그러나 만년에는 심이 성을 본체로 정을 작용으로 삼아서 성과 정을 거느리고 있음을 제시하여 심즉리로 전환하였음을 강조하였다. 리주기자(理主氣資)의 리기론 체계에 바탕하여 심의 기적 측면을 리적 측면으로 이해하여 심즉리설을 주장하는 것이다.

그런데 심즉리설은 양명학에서 주장하는 핵심내용이므로, 육왕학을 이단

---

12) 『理學綜要』 권7: 先生初時, 以心爲氣爲已發, 以性爲理爲未發, 而謂性乘心. 故以神爲形而下者, 以心爲氣之精爽.

으로 간주하던 퇴계학파에서는 파문이 일어날 수밖에 없었다. 이 때문에 이황을 배향한 도산서원에서는 이진상의 문집을 소각시키는 일이 발생하기까지 하였다. 그럼에도 불구하고 이진상은 이 개념을 사용하지 않을 수 없다고 하며, 자신의 심즉리설이 양명학과는 근본적으로 차이가 있음을 강조한다. 이러한 위험요소를 안고서도 그가 강력하게 심즉리를 주장할 수밖에 없었던 것은 심즉리라는 명제만이 심시기(心是氣)와 확실히 구분될 수 있기 때문이며, 이것으로 '심시기'를 주장하는 이들을 비판하려는 의도가 깔려 있다고 하겠다.

> 심을 논함에, 심즉리보다 좋은 것이 없고 심즉기보다 좋지 않은 것이 없다. 대체로 심즉기의 학설은 실로 근세 유현에게서 나왔는데 세상에 이 학문에 종사하는 자가 대부분 이를 따랐다. 소위 심즉리는 바로 왕양명의 무리들이 미쳐 날뛰었던 주장으로 우리 학문을 하는 사람들이 그것이 도를 어지럽히는 것이라고 배척하지 않음이 없었는데 이제 모두가 이것과 반대로 하는 것은 무엇 때문인가?[13)]

이진상은 성리설의 역사를 주기론의 오류를 주리론으로 바로 잡아가는 과정으로 본다. 곧 주자 이후 오징(吳澄)은 태극의 동정을 부정하는 주기론(主氣論)을 제기하였고, 왕양명과 나정암은 리를 기와 합쳐서 제시하여 주기론이 풍조를 이루었던 것으로 보았다. 여기서 그는 퇴계를 주기론으로 떨어진 중국 성리학을 바로잡아 주자의 정통을 계승하여 주기의 견해를 배척하고 주리의 종지를 밝힘으로써 후학들이 성법(聖法)을 따르고 정맥을 받들게 하였다고 평가한다. 또한 퇴계 이후 우리나라 유학자들이 화담의 학설을 따라 '음정양동

13) 『寒洲全書』 권37, 「心卽理說」: 論心, 莫善於心卽理, 莫不善於心卽氣. 夫心卽氣之說, 實出於近世儒賢, 而世之從事此學者多從之. 若所謂心卽理乃陽明輩猖狂自恣者之說, 爲吾學者莫不斥之爲亂道, 今乃一切反之何也.

(陰靜陽動)’ ‘기자이(機自爾)’를 내세워 주기론에 빠져들고 퇴계학파의 선비들도 분개설(分開說)에 치우쳐 혼융한 실체를 손상하고 있음을 지적하며 이를 극복한 인물로서 이상정을 들고, 그가 리주기자설을 밝혀 주리철학을 확립하였던 것으로 제시하였다.

이러한 이진상의 ‘심시기’ 비판은 그의 이단론에서 더욱 분명해진다. 이진상은 「심즉리설」을 짓기 전인 23세 때에 이미 「이단설」을 지어 주기(主氣)의 노장, 신한(申韓; 신불해와 한비자), 열자, 고자, 순자, 양웅, 불교를 비판한다. 그는 ‘리를 기로 인식하는 설’[認理爲氣]보다 주기(主氣)를 더 배척하였다. 왜냐하면 리를 기로 인식하는 것은 리를 해치는 정도이지만 주기는 멸리(滅理)라고 보았기 때문이다. 그래서 제자들이 주기론에 빠지지 않게 하고 리학으로 인도하기 위하여 61세에 『리학종요』를 편찬하였던 것이다.

특히 이진상은 화씨지벽(和氏之璧)을 비유로 들면서 자신의 심즉리와 구별되는 심즉기(心卽氣)를 비판한다.

> 대개 옥은 천하의 지극한 보배이다. 그러나 세상에는 돌을 옥으로 아는 자가 있다. 형산의 옥은 돌 속에 싸여 있어서 오직 변화(卞和)만이 그것이 옥인 줄 알고 왕[勵王]에게 바쳤다. 왕이 옥공을 불러서 그것을 보이니 그가 돌이라고 하였다. 이것은 그 밖의 돌만 보고서 그 안에 옥이 있음을 알지 못한 것이다. 조정에 있는 사람이 조금 옥과 돌을 구별할 줄 아는 자가 있었는데 역시 모두 돌이라고 했다.[14]

심에 대한 인식문제를 이진상은 이처럼 옥돌을 예로 들어 설명한 것이다.

---

14) 『寒洲全書』 권37, 「心卽理說」: 夫玉天下之至寶. 而世有認石而爲玉者. 荊山之玉, 蘊於石中, 惟卞和知其爲玉抱而獻於王. 王召玉工示之曰石也. 此見其外之石, 而不知其中之玉者也. 在朝之人, 稍知玉石之別者, 亦皆以爲石.

이진상은 여기에서 옥은 리, 돌은 기로 비유하고 아직 가공이 되지 않은 옥의 원석을 본 사람들의 반응을 세 가지로 나누고 있다.

> ㈀ 옥과 돌을 구분조차 못 하는 사람이 원석을 보고 옥이라고 함.
> ㈁ 옥과 돌을 조금은 구별할 줄 아는 사람이 원석의 겉만을 보고 돌이라고 함.
> ㈂ 원석의 가치를 알고 있는 변화와 같은 경우.

그는 이 중에서 자신의 심즉리설을 돌 속에 옥이 있다는 사실을 안 변화(卞和)에 비유하고, 심시기설(心是氣說)은 돌 속에 옥이 있다는 사실을 모른 옥공에 비유하고 있다. 이것은 '심시기설'이 심의 알맹이는 보지 못한 채 껍데기만 보고 한 말이라는 비판이다. 또한 옥과 돌을 구별할 줄 알지만 역시 돌이라고 하는 자는 이황의 심합리기설(心合理氣說)을 곧이곧대로 받아들인 사람을 가리키고 있다. 이는 이황의 심합리기설(心合理氣說)을 제대로 보지 못하고 문자에만 매달려 자신의 심즉리설을 틀렸다고 하는 자들에 대한 비판이다.

또한 이진상은 성즉리를 심즉리란 명제로 대체하면서 양명학의 핵심명제인 심즉리설과 구분할 필요가 있었다. 그는 양명학의 심즉리설(心卽理說)은 사실 심즉기(心卽氣)라 단정하여 자신의 심즉리설과 다르다고 주장한다. 자신의 심즉리설은 맹자와 정자 이래로 본래 있는 종지로 스스로 창출한 것이 아니라는 것이다. 양명은 성(性)을 기(氣)로 여긴다.[15] 그래서 이진상은 양명이 말하는 리는 주자학에서 말하는 기이므로 기의 단서로 말하면 양명의 마음은 인의예지의 본심이 아니라고 한다.

> 대개 양명이 말한 심즉리는, 사단과 오상(五常)의 리를 심이라고 말할 수 없다. 천하사물의 리는 모두 내 마음이 소유한 것으로 여긴 것이다. 사물에 나

---

15) 『傳習錄』: 氣卽是性, 性卽是氣, 原無性氣之可分也.

아가 리를 궁구하는 실상이 없다면 리는 실로 번잡하고 요란하게 되어 기품과 물욕을 모두 천리로 간주하게 될 것이니 어찌 심의 본체와 묘용에서 참다운 천리를 보게 될 것인가? 만일 리를 가지고 리라고 하여 심즉리라고 한다면 어찌 선학에 빠지는 근심이 있겠는가.[16)]

그는 왕양명의 심즉리설은 기를 위주로 하는 학문이어서 사설(邪說)로 오랫동안 배척받았을 뿐만 아니라 기를 리로 여겨 대본(大本)이 확립되지 못한다고 한다. 대본인 리가 확립되지 않는다는 것은 리가 기의 조리에 불과하여 죽은 물건처럼 되어 버리기 때문이라는 것이다.

살피건대, 양명의 이른바 천리는 바로 정기신(精氣神)이 모인 것이다. 그러므로 심을 말하면 다만 형기신(形氣神)의 지각을 말할 뿐이고, 성을 말하면 정신의 작용을 말할 뿐이다. 그 입언의 골자는 오직 기의 조리에 있는 것이다. 그렇다면, 백 개의 리를 말하더라도 또한 기를 주로 하는 학문일 뿐이다.[17)]

양명은 천리를 정·기·신의 통합체로 보기 때문에 심과 성도 기로 여기며, 양명의 심학은 기를 주로 하는 측면이 그 이면에 포함되어 있다고 볼 수 있다. 또한 양명은 리와 기를 이원적으로 구별하지 않고, 리는 기의 조리이고 기는 리의 운용이라고 여긴다. 이런 점 때문에 이진상은 양명에게 있어서 천리가

---

16) 『寒洲全書』「求志錄-退溪集箚疑」: 蓋陽明謂心卽理者, 非能以四端五常之理謂之心也.. 天下事物之理, 都看作吾心之所有而了. 無卽物窮理之實, 則此理裏許實不免叢雜擾攘, 而氣稟物欲, 都和作天理矣, 何嘗有見於心之本體妙用, 眞個是天理者乎. 如果以理爲理, 而謂之心卽理也, 則豈有陷禪之患哉.

17) 『寒洲全書』『理學綜要』 卷21, 「通論第十中」: 陽明之所謂天理者, 乃精氣神之所會. 故言心, 則但言形氣神之知覺, 言性, 則但言精神之作用. 其立言骨子, 惟在氣之條理. 然則雖說出百理字, 亦只是主氣之學.

발현한 것도 기가 발현한 것으로 간주하였다고 볼 수 있다. 그래서 이진상은 한원진이 기를 주로 하여 전개하는 심즉기와 왕양명이 리를 주로 하여 전개하는 심즉리의 논리는 서로 상반되는 것 같지만 일치하며, 양명은 기를 리로 간주하는 한원진이고 한원진은 리를 기로 여기는 왕양명이라고 비판한다.[18)]

2) 심즉리설 이해

앞에서 이진상이 심즉리를 제기한 이유는 바로 당시 '심시기'를 주장하는 이들을 비판하려는 것이었음을 언급하였다. 그렇다면 이 심즉리설은 어떠한 근거가 있는가? 한주는 자신이 이 설을 제기한 입론의 근거로 『서경』「대우모」의 도심(道心), 『논어』의 종심(從心), 『맹자』의 심설(心說), 정이의 심즉성(心卽性)·성즉리(性卽理), 주희의 심위태극(心爲太極), 이황의 「심통성정도(心通性情圖)」의 중도(中圖)를 제시한다.

이진상은 주리적 견해로서 심성정을 모두 일리(一理)라 하여[19)] 심즉리를 내세웠다.[20)] 심즉리에서 심은 태극이고, 성은 태극의 정(靜)이며, 정(情)은 태극의 동(動)이다. 또한 심은 모든 리를 결집하는 중추이고 천리의 전체를 간직하는 리의 총체이다.[21)] 심이 태극이므로 심의 본체를 리로 인식할 수 있다. 이 심을 태극과 일치시키는 것은 소강절의 '심위태극(心爲太極)'이타는 언급을 주희가 받아들여 「역학계몽」에서 '심위태극(心爲太極)'[22)]을 그대로 따른 것이다.

---

18) 『寒洲全書』「求志錄-大學箚義」: 以是推之, 則南塘之認心爲氣, 乃是陽明之認心爲理, 陽明卽以氣爲理之南塘也, 南塘卽以理爲氣之陽明也.

19) 『寒洲全書』 권3, 「心性情說」: 非性別是一理, 心別是一理, 而情又別出於一理也.

20) 『寒洲全書』 권37, 「心卽理說」: 性情只是一理, 則心之爲理者, 固自若也.

21) 『理學綜要』 권6: 心者, 衆理之總會, 而人之太極. …… 心者, 天理在人之全體, 而形氣之主宰.

22) 『性理大全』 권15, 「易學啓蒙」: 邵子曰, 道爲太極, 心爲太極(주희의 心爲太極은 소옹의

이진상은 또한 이황의 심합리기설(心合理氣說)을 심즉리설로 발전시켰다. 그는 이황의 「심통성정도」를 매우 중요하게 생각했는데, 그중에서 중도(中圖)를 재조명하면서 심즉리설을 이황의 본뜻으로 해석하여 새롭게 규정하고 있다. 이진상은 「심통성정도」의 중도는 성정의 근본을 밝힌 것이라고 한다. 합리기(合理氣)인 심(心)에서 기적인 요소를 배제하여 심의 주재성에 의해 성발위정(性發爲情)의 발현 방식에 따라 성이 그대로 정으로 드러나게 된다고 본다. 하도(下圖)는 심을 리기(理氣)의 결합으로 제시하여 호발(互發)을 설명한 것으로 파악한다. 따라서 그는 퇴계의 심설에 대한 전통적인 해석인 심합리기설(心合理氣說)을 하도에 한정시키고 퇴계의 본의는 중도를 통해 심즉리설로 나아간 것이라고 해석한다.

이러한 이해는 이황의 논지에서 충분히 제기될 수 있다. 이황은 하도(下圖)에서 하나이면서 둘을 강조하는 분리·분개의 입장을 보여준다. 즉 심통성정(心統性情)의 구도 아래 심의 리를 위주로 하는 경우는 리에 의한 주재성이 강조되므로, 리발(理發)로서 기가 리에 타는 것이어서 사단은 순선(純善)이다. 반면 심의 기를 위주로 할 경우에는 리의 주재성이 약화되므로, 기발로서 리가 기를 따르는 기발이리수지(氣發而理隨之)이다. 이처럼 이황의 심을 구조상에서 보면 리와 기가 합하여 이루어진 구조이기 때문에 심은 자연히 허령지각한 능력을 갖춘다. 또한, 심·성·정의 관계를 보면 성은 고요하나 리를 갖추고 있고, 성을 담고 있는 것이 심이며, 움직여 만사에 응하는 것이 정이다. 이렇게 성으로부터 정으로 드러나게 하는 것이 심이다. 따라서 이황은 심을 '리기가 합하여 성정을 통섭하는 것'으로 정의하는 셈이다. 이 같은 이황의 해석에서 주목되는 것은 심에 대한 정의이다.

주희는 심을 작용의 관점에서 기의 정밀한 것으로서 지각으로 보는 한편, 심을 구조적으로 파악하여 합리기(合理氣)로 본다. 그러나 이황은 마음을 합리

말을 인용한 것이다).

기(合理氣)로 이해하지만 기로 정의하지는 않는다. 이러한 마음에 대한 이해를 고려할 때 그가 심의 작용에도 리의 측면을 위주로 이해하거나 기의 측면을 위주로 이해할 가능성을 배제할 수 없다. 결국 이황에게 심통성정(心統性情)의 명제는 마음의 구조적 특성에 따라 마음의 주재성이 강조되고 약화되는 두 양상으로 나누어짐을 확인한다. 이는 곧 마음은 리에 따른 주재인가 아니면 기에 따른 주재인가의 문제이기도 하다. 따라서 이후 퇴계학파는 기에 따른 주재보다 리에 따른 주재를 강조하는 경향으로 흐르게 된다.

특히 이진상의 경우에는 마음의 주재성에 대해 리가 주재하고 기가 바탕이 되는 리주기자(理主氣資)의 이론을 적용하여 기에 따른 주재의 문제를 불식함으로써 심즉리설을 제시하게 된 것이다.

그는 심을 리와 기가 함께 있는 합리기(合理氣)로 보고 있지만 본래의 심은 리이기 때문에 심즉리라고 하였다. 따라서 그의 심즉리는 심의 본체를 가리킨다.

> 인의예지의 순수하고 지선한 것은 심의 본체이다. 외부가 둥글고 구멍이 뚫려 허명하고 바르게 통하는 것은 심의 형체이다. 사단과 칠정으로 만물을 느끼고 서로 응하는 것은 심의 묘용이다. 사려를 막고 잡박스럽게 하여 인욕을 따라 방탕한 것은 심의 객용이다.[23]

인의예지를 심의 본체라고 한 것은 곧 리로서의 성이고 사단과 칠정을 심의 묘용(妙用)이라고 한 것은 바로 정을 가리킨다. 따라서 성과 정, 심의 본체와 묘용은 체용일원의 관계이다.

더 나아가서 이진상은 성보다 심이 보다 포괄적이고 주재의 능력이 있다

---

23) 『理學綜要』 권8: 仁義禮智, 純粹而至善者, 心之本體也. 圓外竅中, 虛明而正通者, 心之形體也. 四端七情, 感物而迭應者, 心之妙用也. 閑思雜慮, 循人欲而蕩蕩者, 心之客用也.

고 보아서 '심통성정'의 통은 '아울러 포괄한다(兼包)'의 의미와 '관섭한다'의 두 의미가 있다고 설명한다. 심의 체용이 각각 성정이므로 통은 포괄의 의미가 있는 것이고 성정 이외에 심은 없다고 보는 것이다. 뒤집어서 말하면 심이 주재라는 것은 바로 심이 리임을 의미하는 것이다.

> 심을 넓게 말하면 리와 기를 겸하지만 주재를 말하면 리만을 가리키며 본체를 말하면 성이 곧 심이니 주재를 말한다는 것은 심만을 가리켜 말한 것이다.[24)]

심의 본체에서는 심과 성이 하나요, 심의 주재에서는 심과 리가 하나이다. 이처럼 이진상은 주재개념을 중심으로 심과 성의 차이를 분석하여 심즉리설을 주장한다.

5. 한주학파의 성격

한주 이진상은 조선 성리학이 봉착한 문제점을 근원적으로 탐구하고 그 비판적 견해로 주희와 이황의 이론을 기초로 한 자신의 심즉리설을 제기하였다. 이러한 성리설을 기초로 하는 세계관을 가진 이진상은 그렇다면 당시 사회적 상황에 어떻게 대처해나갔을까?

이진상의 철학은 심즉리설에 기초하지만, 그 시대 성리학자들과 마찬가지로 급박한 시대상황 속에서 실천적인 모습도 보여 준다. 그는 삼정문란으로 대표되는 내정의 문란에 대해 『무충록』을 지어 전제(田制), 관록(官祿), 병제(兵制), 과거(科擧) 등에 관한 개혁안을 작성하기도 했으며 운양호 사건이 일어나

24) 『理學綜要』 권6: 泛言心則兼理氣, 而言主宰則單指理, 言本體則性卽心, 而言主宰則專言心.

자 의병을 도모하기도 하였다. 1880년에는 부산의 일본관을 찾아가 화륜선에 올랐는데 이 자리에서 상호교린의 신의를 저버린 일본을 비판하기도 한다.

이러한 모습은 대체로 이후 한말 한주학파의 실천방향을 제시해주는 것이다. 이진상의 심즉리설을 계승하면서 형성된 한주학파의 인물로는 이진상의 직전(直傳) 제자와 재전(再傳) 제자로 구성된다. 직전 제자는 곽종석,[25] 허유, 이승희, 이승훈, 김진우, 장석영[26]이 있다. 재전 제자는 일제 강점기에서 해방에 이르는 시기에 활동하였는데 특히 곽종석의 제자들이 중심이 된다. 대표적인 이들로는 하겸진,[27] 이인재,[28] 이병헌, 김창숙,[29] 김황[30] 등이 있다. 이들을 학문적 활동의 특성으로 분류하면 다음과 같다.

㈀ 실천적 지향성을 보여주며 대표적으로 파리장서사건을 주도하였다. 곽종석, 김창숙이 이에 속한다.[31]

---

25) 郭鍾錫(1846～1919): 곽종석은 단성에서 출생하여 51세 이후 거창 茶田에서 살았다. 25세 때 이진상의 문하에 들어가, 심즉리설을 비판하는 사람들과 많은 논쟁을 통하여 이를 옹호하였다. 1919년 유림단의 파리장서를 주도하였다. 또한 한주의 문집이 도산서원에서 반송된 후에는 한주의 심즉리설에 더욱 확신을 가지고 해명하는데 주력하였다.

26) 張錫英(1851～1928): 장석영은 칠곡에서 살았고 족숙 사미헌 장복추에게 배웠지만 주로는 이진상 문하에서 공부하였다. 만주에서 이승희와 같이 활동하였다.

27) 河謙鎭(1870～1946): 진양에 살면서 27세에 곽종석의 문하에서 수학하였으며 전우의 심성설을 비판하였다. 우리 국성인 예의를 기반으로 서양문물을 수용하자고 주장하였다.

28) 李寅梓(1870～1929) : 고령에서 살면서 20세 때 곽종석의 문하에 들어가 수학하였다. 서양문명의 근본이 서양철학에 있다고 하여 고대 희랍철학을 분석할 정도로 서양문물에 적극적으로 대처하였다.

29) 金昌淑(1879～1962): 김창숙은 임시정부에서 독립운동을 하였으며 해방 후 성균관과 유림조직을 재건하는 중심역할을 담당하였다.

30) 金榥(1896～1978): 김황은 성리설과 역사학에 관한 많은 저술을 남겼다.

31) 곽종석은 50대 이후 서구문물에 관심을 가지고 외세 침략에 대응하기 위해 내정개혁, 만국공법에 큰 기대를 걸었다. 그래서 의병전쟁과 같은 무력적인 항쟁에 대해서는 소

(ㄴ) 공자교 운동을 전개한 이승희와 이병헌이 있다.[32]

(ㄷ) 은둔하여 후진양성과 학문연구에 몰두한 계열로 이인재, 하겸진이 있다. 이들은 특히 서양문물에 대해 변화된 관점을 보여준다.

이상에서 우리는 한주 이진상의 문하에서 전통유학의 근대적 계승과정이 가장 활발하게 나타나고 있는 사실에 주목할 필요가 있다.[33] 한주학파는 사승연원이나 학설상의 동질성만으로 묶인 학파는 아니다. 한주학파의 인물들은 현실을 직시하면서 적극적으로 살아갔으며 현실운동에는 그들의 철학이 뒷받침되어 상호 긴밀한 연관작용을 하고 있다.

한주학파는 경상도 성주를 중심으로 형성되었는데 당시 사회적 이슈였던 농민층의 반봉건 항쟁과 서양의 침략에 대한 인식과 대응론 등을 규명하여 당시 유학계에서 독특한 위치를 차지하였다. 그들은 일반적인 의병활동을 주로 한 척사론자들과 다르게 계몽운동과 외교운동을 펼쳤다.

이들의 세계관은 성리학적 가치질서에 기반을 둔 것이었으며 그들이 보여준 다양한 현실적 대응의 모습은 유학을 바탕으로 한 것이었다. 이진상과 그의 제자들은 다른 성리학설에 비해 리를 절대화하는 경향을 보여주었다. 그 이유는 다양하게 설명될 수 있지만 무엇보다 봉건적 질서의 해체와 서구세력의 침투라는 내외적인 위기상황이 작용한 결과로 볼 수 있다. 즉 이 시기의

극적이었다. 그는 위정척사의 전통에 기초를 두지만 신학에 대한 관심을 가지고 관련 서적을 읽었다. 그래서 그의 문하에는 이인재, 이병헌, 김황, 하겸진, 김창숙 등의 서양문화에 관심을 가진 문인들이 있었다.

32) 금문경학 연구를 주로 하였다. 이승희는 아버지인 이진상의 영향을 받아 위정척사의 입장을 견지하였다. 그는 1867년 대원군에게 내정개혁을 촉구하는 5조목을 올렸다. 또한 동문들과 의병을 일으킬 것을 모색하였지만 곽종석의 반대로 무산된 뒤 외교적인 방안을 통해 국권회복을 모색하였다.

33) 금장태, 『퇴계학파와 리철학의 전개』, 서울대출판부, 2000, p. 5 참조.

성리설은 절대선의 세계로 회복되지 않고는 그 시대를 바로 잡을 수 없다는 신념이 가변적인 기(氣)보다는 불변적인 리에 절대적 가치와 권위를 부여하게 되었을 것이라고 본다.

또한 한주학파는 주리론의 전통에서 오히려 신문물이나 신학문을 개방적으로 수용하였다. 일반적으로 영남 유학계는 주리론적 경향이 강해서 서구문화 즉 신학에의 관심이 강하지 않을 것으로 생각될 수 있다. 그러나 이인재, 이승희 등의 경우처럼 유교개혁론에서 종교화운동 그리고 서구수용론에 이르기까지 다양한 형식으로 유학 자체의 근대적 변용을 모색하였다. 이로 볼 때 리를 중시하는 것은 시대와 상황에 따라 아주 보수적이 되거나 아니면 근본적인 변화를 추구하거나 하는 서로 상반되는 경향으로 나타남을 알 수 있다.

참고문헌

『退溪集』

『寒洲全書』, 『理學綜要』

『傳習錄』

『性理大全』

금장태, 「퇴계학파의 학문, 한주 이진상의 성리학과 심즉리설」, 『퇴계학보』 제102집, 퇴계학연구원, 1999.

_____, 『퇴계학파와 리철학의 전개』, 서울대출판부, 2000.

_____, 『한국유학의 心說: 심성론과 영혼론의 쟁점』, 서울대학교출판부, 2002.

김낙진, 「17세기-19세기 강우 유학의 흐름과 쟁점」, 『남명학연구』 제15집, 경상대학교 남명학연구소, 2003.

김동혁, 「한주 성리학의 주리적 특성」, 『동양철학연구』 제6집, 동양철학연구회, 1986.

山內弘一, 「이진상의 심즉리설과 영남학파」, 『碧史 이우성정년기념 민족사의 전개와 그 문화』 상권, 창작과 비평사, 1990.
송찬식, 「조선말기 주리파의 인식논리-한주 이진상의 사상을 중심으로」, 『동방학지』 제18집, 연세대 1976.
_____, 「한주 이진상의 학문과 생애」, 『담수』 제13호, 1984.
이숙인, 「근 · 현대 한국유학의 현황 ; 개화기 (1894-1910) 유학자들의 활동과 시대인식」, 『동양철학연구』 제37집, 동양철학연구회.
이종우, 「이진상 심즉리설의 연원적 고찰」, 『동양철학연구』 제34집, 동양철학연구회, 2003.
이형성, 「이진상 성리학의 방법론에 관한 고찰」, 『한국사상과 문화』 제6집, 한국사상문화학회, 1999.
_____, 「이진상의 성리설에 있어서 주재성에 관한 일고찰」, 『동양철학연구』 제19집, 동양철학연구회, 1998.
_____, 「한주 이진상의 심성론 연구-심즉리설과 이심사심론을 중심으로」, 『한국사상과 문화』 제2집, 한국사상문화학회, 1998.
한국사상사연구회 편저, 『조선유학의 학파들』, 예문서원, 1996.

7장

조선(朝鮮) 효제문자도(孝悌文字圖)의 실천윤리

이 경 남
(성균관대학교 강사)

1. 서론

조선은 개국과 함께 주자학적 성리학을 국가통치이념으로 채택하면서 문화전반에 이르기까지 주자학적 이데올로기가 팽배하였다. 조선 초기의 유학(儒學)은 새로운 왕조의 정당성을 확보하고 확고한 국가질서를 수립하기 위해 조선사회를 주자학적 질서로 재편하는 노력을 하였던 것이다. 이렇게 시대적 요구에 의해 도입된 신유학은 수용의 단계를 넘어 조선의 정체성을 찾아 발전해가는 과정으로 전개된다. 사화기를 거치면서 오히려 유학은 내재적으로 성숙하는 단계로 접어들어 심화 발전된다. 그러나 당쟁과 양란을 거치면서 사회적 모순이 드러났고, 그 해법을 찾는 움직임이 일어났다.

특히 조선의 18세기는 사회격동의 시대, 역동적인 시대사조의 시기로 일컬어진다. 이 시기는 기존의 주자학적 사유와 이념의 틀에서 벗어나 진보적인 인식 속에서 주체적으로 자의식을 찾아가는 전환기로 인식되고 있는 것이다. 이 시대의 새로운 사상적 조류로 주체적인 자존의식과 현실적이고 실용적인 사고가 크게 중시되는 사회적 분위기가 조성되었다. 그리고 이러한 사회적 분위기는 회화(繪畵)에도 많은 영향을 끼치게 된다. 예를 들어 화원(畵員)과 문인(文人)들은 기존의 중국적 산수에서 벗어나 조선의 실제 경관을 묘사하는 진경산수화(眞景山水畵)를 발달시켰으며, 곧 일반 서민들의 생활상을 표현한 풍속화는 순수한 감상화의 차원으로까지 발전해갔다. 한편, 농업 생산력과 화폐경제의 발달은 회화를 제작하는 동기와 수요층을 변화시키는 역할을 하였다. 이전까지 회화의 주요 수요층은 지배층에 국한되어 있었으나, 점차로 기존의 양반층 이외에도 부를 축적한 중인(中人)계층과 서민들이 지배층의 전유물로 여겨졌던 문화를 향유할 수 있었다. 이러한 변화는 순수 감상용 회화보다 장식용 그림을 통해 뚜렷하게 나타나기 시작하였다. 그리하여 정통회화보다는 민화(民畵)가 성행하게 되는 사회경제적인 토대가 마련되었다. 민화는 기존의 미의식(美意識)과 심미안(審美眼)에서 탈피하여 당대 일반 서민들의 개방적 의식과 정서를 역동적으로 표현하고 있다.

민화는 지속적으로 형성된 민중의식이나 감정, 미의식(美意識) 등이 기존의 지배계급인 사대부(士大夫) 계층에 의해 표출되지 못하고 있다가 그림이라는 매개를 통해 그들만의 잠재된 미의식이 표출된 것이다. 다시 말해서, 민화의 성행은 임진왜란(壬辰倭亂)과 병자호란(丙子胡亂)이라는 양대 전란으로 인한 기존 질서의 붕괴, 현실적인 실학사상의 융성, 경제력 증대로 인한 그림에 대한 수요 증대, 현실위주의 의식전환 등을 배경으로 하여 기층부에 잠재되어 있던 미의식이 자연적으로 표현된 것이다. 또한 민화에 담긴 의식은 현세적인 행복과 소원성취, 재앙을 막고 장수를 기원하는 등 민중의 생활과 밀접하게 관련되어 있고, 유불도 사상이 모두 융합된 형태로 혼재되어 있음을 알 수 있다. 이들 민화 가운데 특히 효제문자도(孝悌文字圖, Confucian Ideographs)는 유학의 실천윤리를 그대로 축약하여 구성한 그림이라는 점에 주목할 만하다.

본 논문은 유학의 내용을 효(孝, filial piety)·제(悌, brotherly love)·충(忠, loyalty)·신(信, trust)·예(禮, propriety)·의(義, righteousness)·염(廉, integrity)

·치(恥, sensibility)의 덕목으로 함축적으로 표현하고 있는 조선시대 효제문자도의 실천윤리를 고찰한 연구이다. 우선 효제문자도에 앞서서 문자도의 유래와 그 연원을 살피고, 효제문자도가 등장하는 배경에 대해 알아본다. 다음은 효제문자도에 나타난 실천적인 덕목의 내용과 그 상징에 대해 고찰한다. 이어서 이러한 효제문자도가 어떻게 쓰이고 있는지 그 효용성에 대해 논하고자 한다. 이러한 과정을 통해서 유학의 덕목이 담긴 효제문자도의 의미와 사회적 역할이 도출될 것이며, 유학에서 제시하고 있는 이상적인 가치관도 함께 제시될 것이라고 기대한다.

자료출처: 가회민화박물관(http://www.gahoemuseum.org)

자료출처: 조선민화박물관(http://www.minhwa.co.kr)

2. 효제문자도의 형성

1) 효제문자도의 개념

문자도(文字圖)는 어떤 이념을 그림으로 재미있고 쉽게 풀이한 민화[1]의 한 부류이다. 문자도는 다양한 자체(字体) 속에 동물·식물·자연현상·설화·길상문양 등을 첨가하여 그려 넣거나 조립·상감·복합·합성하는 형식으로 그 상징성을 전달한다. 문자도는 그림글씨·꽃글씨·글씨그림[2]·서화도(書畵圖)·민간미술자(民間美術字)·문자병(文字屛) 등으로 칭해진다.

결국 문자도는 문자를 회화적인 이미지로 나타낸 것이며, 글자의 시각적 형상과 언어적 내용을 결합시킨 것으로, 특히 상형과 표의(表意)의 함축적인 뜻을 내포하는 한자의 특성과 잘 부합되는 요소가 있다. 한자문화권(漢字文化圈)에서는 한자가 갖는 상형문자의 문력(文力)에 기대어 재앙을 물리치고 행복을 기원하는 여러 습속이 발전해왔다. 그 예로 해마다 정월이 되면 액(厄)을 막고 행복을 기원하는 문배(門排)나 세화(歲畵)를 붙여 왔는데, 그중에는 복록수(福祿壽)·용(龍)·호(虎)·계(鷄) 등 길상(吉祥)의 의미가 있는 문자와 그림이 함께 그려진 문자도가 많다. 중국도 복록수(福祿壽)의 길상문자를 중심으로 대형의 걸개그림에서 창문에 붙이는 창화(窓畵)에 이르기까지 다양하게 제작되었다. 다만 우리의 효제문자도와 같은 종류는 찾아보기 어렵다.[3] 문자도는 중

---

1) 민중예술의 꽃·생활화·속화·겨레그림 등으로도 칭해지는 민화에 관한 연구는 명칭이나 개념에 있어서도 아직 논란의 여지가 많다. 민화연구의 동향은 민화제작과 사용범주, 예술적 가치관의 문제로 집약할 수 있다(윤열수, 『민화이야기』, 디자인하우스, 1995). 또 민화는 독창적이며, 뛰어난 재치와 넘치는 해학성을 표출해 낸 민중미술로 평가되고 있다. 본 논문에서는 민화라는 개념과 민화의 일반적인 분류법에 대해서는 論外로 한다.

2) 임두빈, 『한국의 민화』, 서문당, 1993.

국, 일본, 베트남 등 한자문화권에서 대단히 유행한 것이지만, 표현방식에서 다소 차이를 보이고 있다.

우리의 문자도는 매우 다양한 형태의 화려함과 친숙함, 절묘한 상징과 추상성을 띤 형태로 발전하였고, 일정지역의 특성을 드러내고 근래까지 전통적 명맥을 유지하면서 발달하고 있음을 알 수 있다. 다시 말해서, 문자도는 한자의 조형성을 바탕으로 하여, 시각적 형상과 언어적 내용을 결합시킨 문자예술의 한 분야라고 볼 수 있는데, 그림이라는 회화성이 가미되어 있어서 전통적인 서예(書藝)와도 구별된다. 그 사상적 배경을 보면, 비단 유교적인 윤리사상뿐만 아니라 도교·불교 등이 저변에 깔려 있고, 주로 서민들의 염원과 소망을 담고 있는 그림이라고 볼 수 있다.

문자도는 내용 면에서 크게 셋으로 구분된다. 첫째, 길상(吉祥)적 문자도(文字圖)이다. 여기에는 부귀(富貴)·수복(壽福)·강녕(康寧)·다남(多男) 등 부귀(富貴)와 길상을 뜻하는 문자와 이를 응용한 문자도가 해당된다. 둘째, 수호적 상징문자이다. 액(厄)을 막는다는 용(龍)·호(虎)·구(龜) 등이 속한다. 셋째, 효제문자도(孝悌文字圖)이다. 유학의 덕목을 여덟 글자로 담은 것으로 효제도(孝悌圖)[4]·윤리문자도(倫理文字圖)[5]·강륜문자도(綱倫文字圖)[6]·팔자도(八字圖), 효제병(孝悌屛)이라고도 한다. 조선에서는 문자도가 형성된 초기에는 수(壽)와

3) 이명구, 『東洋의 타이포그래피, 文字圖(*Typography of the East, Munjado*)』, 서울: Leedia, 2005.

4) 김호연, 「효제도」, 『공간』, 1972년 4월호.

5) 허균은 인간으로서 살아가는데 필요한 윤리덕목을 담고 있으므로 윤리문자도라고 구분 지어 불러야 한다고 주장한다. 그리고 문자도에 혁필문자도(革筆文字圖)·도석문자도(道釋文字圖)·백수백복도(白壽百福圖)·용호문자도(龍虎文字圖)를 포함하고 있다(허균, 『전통미술의 소재와 상징』, 교보문고, 1991/ 허균, 『허균의 우리민화읽기』, 대한교과서, 2006).

6) 김영재, 『민화와 우리신화』, 서울: 조선민화박물관 출판부, 2004.

복(福)과 같은 길상적(吉祥的)인 문자가 많았던 것으로 보이지만, 점차 유교의 덕목이 표현되는 효제문자도가 유행하게 되었다.

조선의 효제문자도는 유학의 실천적인 인륜(人倫)사상이 반영된 효(孝)·제(悌)·충(忠)·신(信)·예(禮)·의(義)·염(廉)·치(恥) 등의 윤리덕목을 희화(戱畵)하여 그린 그림이다. 일반적으로 각 폭에 한 글자씩을 그린 8폭 병풍으로 만들어졌는데, 집안을 장식하거나 그 덕목을 되새기는 용도로 사용하였다. 효제문자도의 소재는 각 글자의 의미와 관련된 일화(逸話)나 고사(故事), 혹은 일화와 관련된 상징물이 주종을 이루는데, 조선 초기에 발간된 『삼강행실도(三綱行實圖)』나 『오륜행실도(五倫行實圖)』에서 인용하거나, 조선 후기의 고전언해 사업의 영향으로 『시경(詩經)』의 내용을 그대로 인용하기도 하였다. 이러한 소재들은 글자 획(劃)의 일부를 구성하거나 여백에 곁들여 그려지기도 했다. 효제문자도는 18세기에 집안치레가 유행되면서 병풍으로 만들어졌고, 19세기 후반에는 글자의 의미보다 장식성을 중시하여, 문자의 형태가 아주 단순화되고 삽입되는 그림의 장식이 많아지는 등 회화성이 부각되었다.[7] 또 본(本)을 만들어서 반복적으로 복제해내거나, 판화기법으로 틀을 만드는 유형화 현상이 초래되면서 한국적인 양식으로 정형화되는 과정을 겪기도 하였다.

다시 말해서, 효제문자도는 교화적(教化的)·감계적(鑑戒的) 이데올로기의 산물로 유교이념의 강화라고 하는 정치적 교육적 필요성에 의해 등장하였으며, 장식화로써 뿐만 아니라 혼례나 제례 등의 의례용으로 널리 사용되었다. 그러므로 사회의 상층부로부터 기층민에 이르기까지 넓은 대중의 미적 공감대를 보편적으로 공유할 수 있었다. 이렇게 문자도는 교화적 의미에 중점을 두고 제작되었으므로 상징적 요소보다는 실용적인 요소를 먼저 생각한 그림이라고 볼 수 있다.[8] 또 여덟 글자는 유교의 윤리강령으로서 인(仁)의 근본인 동

---

7) 허균, 『허균의 우리민화읽기』, 대한교과서, 2006.

8) 이태호·유홍준, 『민화 문자도』, 동산방 화랑, 1988/ 유홍준·이태호, 『문자도』, 대원사,

시에 군자가 행해야 하는 도리를 뜻하며, 특히 유교를 정치이념으로 하는 조선에서는 엄격한 규율로 인식되고 강조되었음을 반영하고 있는 것이다. 결국 효제문자도는 삶의 염원과 유학적인 사회질서 유지를 표방하는 그림이며,[9] 유학의 이상적 가치와 실천윤리를 새로운 미의식으로 담아내고 있는 상징이라 할 수 있다.

2) 효제문자도의 유래

문자도의 유래에 대한 정확한 기록을 찾아내기는 어렵지만, 중국에서 우리나라로 유입되어 발전된 것으로 보인다. 중국의 경우, 문자도의 기원은 춘추 말기부터 시작되어 명말청초(明末清初)에 들어 장식화 양식으로 구축되었다는 것이 통설이다.[10] 문자도는 중국 춘추 말기 고동기(古銅器)나 깃발에 있는 새 모양에 착안하여 나온 조서(鳥書), 충서(蟲書) 등 문자를 장식하는 데서 출발하여, 비백(飛白)으로 동물의 형상을 더하여 장식하기에 이르렀는데, 이는 지금까지 그려지고 있는 혁필화(革筆畵)와도 연관이 있다. 이후 명대에 이르러 수(壽)·복(福) 문자를 중심으로 글자를 도안하고 회화화(繪畵化)하여 각종 공예품이나 복식 등의 장식문양으로 나타냈고, 청대가 되면 민간에까지 파급되어

1993.

9) 유학적인 사회질서 유지를 표방하는 민화로는 문자도(文字圖) 외에 책가도(册架圖, 책거리도, 册巨里, 文房圖)·감모여재도(感慕如在圖)·평생도·효자도 등을 들 수 있다. 특히 입신양명(立身揚名)의 염원과 학문을 중시하는 유학사상이 표출된 분야는 책가도로 알려져 있는데, 이는 책장 안에 서책을 비롯한 골동품과 문방구 등 여러 가지 물건을 입체감 있게 그린 그림이다. 또 감모여재도는 사모하는 마음이 지극하면 실제의 모습이 나타난 것과 같다는 의미이며, 모든 사람들이 사당을 세울 수가 없었기 때문에 사당을 그린 그림을 벽에 걸고 제사를 지내는 용도로 사용했다.

10) 이영주, 『朝鮮後期 文字圖 硏究』, 이화여자대학교 석사학위 청구논문, 2004, pp. 76~77.

각 지역을 중심으로 지역적 특징을 보이면서 다채롭게 전개되었다는 것이다.

문자를 그림으로 표현하는 형태 즉 문자도 양식이 중국으로부터 전파되었을 가능성을 보여주는 예를 보면, 조유한(趙維韓)이 1593년 명나라에 갔을 때 백수도(百壽圖) 한 폭을 들여와 광해군(光海君)에게 진상하였다는 기록이 있다.[11] 이 백수도는 큰 글자의 획 속에 작은 수백 개의 수(壽) 글자를 각각의 서체로 집자(集字)한 것이었다. 비록 이 백수도가 효제문자도는 아니지만, 이미 문자를 하나의 그림으로 표현한 것임이 틀림없고, 현존하는 문자도에서 많이 볼 수 있는 백수백복도와도 연결될 수 있다.[12] 이 기록을 통해서 길상문자도로 추측되는 문자도 양식이 17세기에 우리나라로 전래되고 있음을 알 수 있다.

서체(書體)와 관련시켜 문자도의 원형을 살필 수도 있다. 비록 서예의 다양한 서체는 중국을 통해 수용되었지만, 38체를 완전히 체득하여 자신의 필법으로 완성한 예는 허목(許穆, 1595～1682)과 김진흥(金振興, 1621～?)에서 볼 수 있다. 허목은 각종 서체의 유래를 풀어서 학도들에게 교육하였고, 스스로 전서체를 체득하였다. 또 김진흥은 각고의 노력 끝에 38체를 체득하여 『전문자(篆文字)』라는 서법책으로 조선적인 38체의 완성을 알렸다.[13]

특히 문자도의 원형의 대표적인 예는 허목의 독특한 고전체(古篆體)로 쓴 효(孝)·제(悌)·충(忠)·신(信)·예(禮)·의(義)·염(廉)·치(恥) 여덟 글자를 4곡(曲)

---

11) 『光海君日記』 28, 光海君2年(1610) 4月 16日條: 南平縣監 趙維韓 獻百壽圖... 其圖大書壽字 而陰入書 書壽百字於其中.

12) 중국에서는 이전부터 수복도를 비롯한 문자도가 유행했고, 한국에 전해지면서 발전해온 것으로 보인다(진준현, 「민화 효제문자도의 내용과 양식 변천-선문대학교 박물관 소장품을 중심으로」, 『선문대학교 박물관 명품도록』, Ⅳ-민화·문자도편, 2003, pp. 255～276 참조).

13) 許穆, 『국역 眉叟記言』 「古文」, 제6권 原集 상권, 민족문화추진회, 1976; 金振興, 『篆文字』, 한국학중앙연구원 소장(윤열수, 「문자도를 통해 본 민화의 지역적 특성과 작가 연구」, 동국대 박사학위논문, 2007, pp. 22～25 재인용).

병풍으로 구성한 것에서 찾을 수 있다.[14] 이는 서예작품으로 제작되었으나, 시간이 지나면서 문자도로 발전한 '문자도의 선행양식'으로 추정할 수 있다. 이러한 양식이 점차로 행서체(行書體)로 문자의 외형을 굵게 본떠 놓고 먹으로 칠한 자획의 내부에 글자의 의미에 맞는 고사(故事)의 상징물들을 그리고 장식으로 치장한 문자도로 발전되었을 것으로 추정된다.

한편 원교(圓嶠) 이광사(李匡師, 1705~1771)[15]의 『원교필법(圓嶠筆法)』「서결(書訣)」을 보면, 이광사 자신이 체득한 필법에 대해 언급을 하면서 비백서법(飛白書法)의 도를 다시 되살렸다고 자부하고 있음을 알 수 있다. 이로써 18세기가 되면 다양한 서체가 완전히 수용되어, 단순히 의사전달이라는 실용적인 관점보다는 글자체가 주는 도상(圖象)의 외형적인 미학의 관점으로 변화됨을 의미한다. 이러한 변화는 글씨 자체를 그림으로 이해하는 것이므로, 그다음 단계로 글씨와 그림이 결합하기 위한 기반이 성숙하였음을 의미한다.[16] 결국 서체를 완전히 수용하고 다양화되면서 문자도가 형성되는 토대가 마련된 것이다.

다음으로 한자가 보다 도상화되는 과정과 관련시켜 문자도의 연원을 고찰할 수 있다. 이는 18세기 조선시대 서울의 세시풍습을 기록한 유득공(柳得恭)의 『경도잡지(京都雜誌)』에서 당시에 유행하던 비백서(飛白書)에 대해 언급한 예에서 찾아볼 수 있다. "비백서가 있다. 버드나무 가지를 깎아 그 끝을 갈라지게 하고 먹을 찍어 효(孝)·제(悌)·충(忠)·신(信)·예(禮)·의(義)·염(廉)·치(恥) 등의 글자를 쓴다. 점찍고, 긋고, 파임하고 삐치는 것을 마음대로 하여 물고기

---

14) 유홍준·이태호, 『문자도』, 대원사, 1993, pp. 54~57 참조.

15) 이광사는 양명학적인 사고를 학문과 예술의 기반으로 하여, 과거에 중시된 溫柔敦厚의 미를 거부하고 眞, 新, 力의 미를 추구한 18세기 시대사조를 대표하는 인물로 평가된다(宋河璟, 「圓嶠의 書藝美學思想-書訣을 중심으로」, 『東洋哲學硏究』 34집, 동양철학연구회, 2003. 9).

16) 윤열수, 「문자도를 통해 본 민화의 지역적 특성과 작가 연구」, 동국대 박사학위논문, 2007, p. 27 참조.

·게·새우·제비 등의 모양으로 만든다. 벽에는 종규(鍾馗)가 귀신을 잡는 그림, 신선이 사슴을 탄 그림을 건다. 병풍에는 금강산 일만 이천 봉, 혹은 관동팔경을 그린다. 작은 병풍에는 꽃·새·나비 등을 그린다. 혼인에 쓰이는 백자도(百子圖)나 곽분양의 행락도(行樂圖)나 요지연도(瑤池宴圖)를 그린다. 그리고 공적인 잔치에는 제용감(濟用監)에서 모란을 그린 병풍을 이용한다. 또 사족(士族)의 혼례 때에도 이를 빌어다 쓴다."[17)]

이는 당시 상류사회에 유행했던 서풍과 장식, 실용화에 대한 내용이다. 실제 잘 쓰이던 서풍으로 촉체와 판액(板額)의 제목으로 쓰는 액체(額體) 그리고 비백서(飛白書)에 대한 설명이 나오는데, 그 비백서의 설명이 바로 형상화된 문자도의 연원을 밝혀준다고 본다. 이 기록에 따르면, 18세기 초에는 장식적인 서체인 비백서체로 효(孝)·제(悌)·충(忠)·신(信)·예(禮)·의(義)·염(廉)·치(恥)라는 여덟 글자가 고정되어 쓰이고, 물고기 등의 도상으로도 그려졌다는 점이 밝혀졌다. 이는 당시의 글자가 그림이나 도안화되는 경향을 암시한다고 볼 수 있다. 유득공은 당시에 비백서와 같이 그림처럼 표현한 서체를 민화와 관련이 깊은 것으로 이해하고 있었으므로, 비백서에 이어서 자연스럽게 다른 민화와 병풍에 대해 언급한 것으로 볼 수 있다.[18)] 이 비백서는 나뭇가지의 갈라진 틈 때문에 서체의 흰 부분이 거칠고 분방하게 드러나는 글씨풍으로 예서와 전서를 복합한 팔분체(八分體)와 흡사하다. 그래서 장식용 글씨로 당시에 즐겨 사용되었던 듯하다. 그 가운데에서도 유득공이 언급했던 것처럼 효제문자도에 가장 많이 쓰였다.

---

17) 柳得恭, 『京都雜誌』 卷1 風俗, pp. 198～200(李錫浩 譯, 『京都雜誌』 收錄, 東文選, 1991. 6): 飛白書 削柳枝 岐其端 抄墨寫孝悌忠信禮義廉恥等字 點畵波拂 隨意作魚蟹蝦燕狀 壁揭鍾馗捕鬼 仙人騎鹿圖 屛畵金剛一萬二千峰 或關東八景 小屛花鳥蛺蝶 婚屛百子圖 郭汾陽行樂圖 瑤池宴圖 公讌濟用監牧丹大屛 士族婚禮亦借用.

18) 윤열수, 「문자도를 통해 본 민화의 지역적 특성과 작가 연구」, 동국대 박사논문, 2007, p. 28.

그러나 이러한 문자도가 민화의 한 화제(畵題)가 되고, 더욱이 시대가 내려올수록 본래 문자의 의미보다는 보고 즐길 수 있도록 형상의 표현에 치중하면서 도안적인 장식성이 압도하게 되었다. 문자도의 정형이 변화되면서 문자의 형태가 거의 무시된 채로 그려지기도 하였고, 문자도의 회화성이 부각되고 다채로운 표현도 등장하였다.19) 이는 모두 기존의 의식에서 탈피하여 자유롭고 역동적으로 생명력을 불어넣었던 당시의 문화사조와 깊은 관련이 있다.

이상에서 살펴본 바와 같이, 먼저 중국으로부터 길상문자도가 전파되어 문자를 각각의 문자로 집자(集子)하는 양식이 유행하고, 한자의 다양한 서체를 우리 방식으로 체득하여 다시 발전시켜 나가는 과정에서 문자를 회화적 관점으로 보는 계기가 마련되었다. 이를 토대로 글자 안에 글자와 관련된 고사나 문양을 삽입하는 양식을 차용하여 우리 고유의 효제문자도가 다시 탄생하였다. 문자도의 연원은 양식적으로는 중국 수복문자도에 근원을 둔다고 보고 있지만, 소재나 형식면에서 보면 중국의 경우는 길상적인 성격의 수나 복 등에 한정되고 있는 데 반해 대다수의 우리 문자도는 효제충신예의염치 여덟 글자가 함께 정형화되어 전개되는 특성을 지닌다. 이는 문자를 숭상하고 유교적인 실천적 규범이 강조되었던 조선사회의 이념을 집약한 것이며, 조선의 정서(情緖)와 미감(美感)에 맞는 양식으로 발전한 것으로 이해할 수 있다.

'예술작품은 그 시대의 거울'이라는 말이 있다. 이는 예술작품은 그 시대의 사상과 가치가 표출되고 있다는 의미일 것이다. 민화 가운데 특히 효제문자도는 그 사회의 변동추이와 사상체계의 변화를 시각적으로 분명하게 반영하는 예가 된다. 식자(識者)들만이 알고 있던 국가통치의 기본적인 가치를 대중에게 널리 유포하기 위한 사회적 역할과 효용의 필요성에서 문자도가 성행했을 것이다. 어려운 경서나 고전에서나 등장했던 고사(故事)들은 이제 유교이념의 적극적인 보급을 통해 일반 백성들에게까지 알려져 조선사회 전체가 보편적으

---

19) 유홍준·이태호, 『문자도』, 대원사, 1993, p. 27.

로 공감하고 이해하는 이야기가 된 것이다. 모두가 이해하기 쉬운 그림이라는 매개체를 통해 사회적인 규범을 널리 알려 실천적인 규범으로 확충하는 역할을 한 것이 바로 효제문자도인 셈이다.

3) 효제문자도의 정형

효제문자도의 의의를 한마디로 말한다면, 그림이라는 소재를 통해 인간으로서 갖추어야 할 윤리덕목을 여덟 글자로 축약하여 교화의 기능을 강화한 것이라 할 수 있다. 『논어(論語)』에서 효제충신과 예의를 강조한 것을 따오고,[20] 『관자(管子)』에서는 예의염치의 사유(四維)를 국지사유(國之四維)라 하여 나라를 바치는 네 기둥이라고 강조한 것이 그 유래라고 알려져 있다. 또 글자와 관련된 일화나 고사내용은 『삼강행실도』에도 보인다고 밝히고 있는 것이 일반적인 학설이다.[21]

관자는 예의염치 등 네 가지가 나라를 다스리고 인재를 등용하는 대강(大綱), 즉 큰 벼리가 된다고 하여 사유설(四維說)을 주장하였다. 『관자』의 목민(牧民) 편을 보면, 나라에는 사유(四維)가 있는데, 일유가 끊어지면 나라가 기울고, 이유가 끊어지면 나라가 위태로우며, 삼유가 끊어지면 나라가 뒤집히고, 사유가 끊어지면 나라가 멸망한다. 절도(節度)를 넘지 않는 것이 예(禮)이며, 스스로 나아가지 않는 것이 의(義)이며, 악을 덮어두지 않는 것이 염(廉)이며, 그릇된 것을 따르지 않는 것이 치(恥)[22]라고 하고 있다. 고염무는 『일지록』에

---

20) 『論語』 學而: 子曰弟子入則孝 出則弟 謹而信 汎愛衆而親仁 行有餘力 則以學文/ 衛靈公: 子主忠信/ 爲政: 道之以德 齊之以禮 有恥且格/ 里仁: 君子喩於義 등이 예가 된다.

21) 유홍준·이태호, 『문자도』, 대원사, 1993.

22) 『管子』 牧民: 國有四維 一有絶則傾 二有絶則危 三有絶則覆 四有絶則滅 傾可正也 危可安也 覆可起也 滅不可覆錯也 何謂四維 一曰禮 二曰義 三曰廉 四曰恥 禮不踰節 義不自進 廉不蔽惡 恥不從枉 故不踰節 則上位安 不自進 則民無巧詐 不蔽惡 則行自全 不從枉

서 관자의 사유설에 대해 "예와 의는 사람을 다스리는 대법이며, 염과 치는 사람을 등용하는 대절(大節)이다. 무릇 청렴하지 않으면 남에게서 빼앗지 않는 것이 없고, 부끄러워하지(恥) 않으면 못할 것이 없으니 사람이 이 지경에 이르면 화패난망(禍敗亂亡) 또한 이르지 않는 것이 없다"라고 하였다. 그리고 고위관리이면서 사유가 없으면 천하의 기강이 문란해지고 국가는 망할 것이라고 하였다.

예로부터 남을 욕하는 말 가운데 왕빠[忘八]라고 하면 효(孝)·제(悌)·충(忠)·신(信)·예(禮)·의(義)·염(廉)·치(恥) 여덟 가지를 잊은 사람이라는 뜻으로 왕빠(王八)라고도 하였다[23]고 하며, 홍대용도 왕빠(王八)를 언급하고 있다.[24] 그러므로 예의염치가 유교질서에서 무엇보다도 강조되어야 할 실천적인 덕목으로 자리하게 된 것이다.

그렇다면 조선의 효제문자도는 어떻게 효제충신예의염치 팔자(八字)로 고정화되었을까? 그림은 아니지만 문자 여덟 자를 병풍으로 제작한 팔자병(八字屛)의 예와 팔자(八字)가 함께 쓰이고 있는 예[25]와도 관련이 있을 것이다.

효제문자도의 윤리적 내용은 예부터 우리 민족의 삶 속에 녹아 있는 것으로 조선 사회의 구성원들이 공유하는 의식 속에 이미 존재한다. 신라시대 설총이 지었다고 전해지는 "인심은 터가 되고 효제충신은 기둥 되야 예의염치로 가즉이 에웠으니 천 년만 풍우를 만난들 기울 줄이 있으리"라는 시를 보면, 문자도의 전통은 고대까지 맥이 이어져 있다.[26] 이를 보면 이미 신라 때부터 우리 전통사회의 토대는 효(孝)·제(悌)·충(忠)·신(信)·예(禮)·의(義)·염(廉)·치

則邪事不生.

23) 李圭景, 『五洲衍文長箋散稿』 人事篇 人事類 性行 [0252]寄猳烏龜辨證說: 又謂之忘八以孝弟忠信禮義廉恥八者俱忘也.

24) 洪大容, 『湛軒書』 外集 卷八, 燕記 周學究: 王八.

25) 李泳周, 『조선후기 문자도 연구』, 이화여자대학교 대학원 석사논문, 2003 참조.

26) 김호연, 『한국의 민화』, 열화당, 1978.

(恥) 여덟 글자와 인(仁)으로 요약할 수 있고, 이를 통해서 효제문자도에 나타난 윤리는 조선시대로 한정된 윤리가 아니라 고대부터 내려온 한민족의 전통규범이라고 이해할 수도 있다.[27] 이러한 관점에서 살펴보면 조선시대 문자도를 제작하고 사용하면서 자연스레 전통적인 윤리의 강령을 되새겼다고 볼 수 있다.

『조선왕조실록』에서 '효제충신예의염치'라는 용어를 찾기는 어렵다. '효제충신'이라는 말이 함께 등장하는 최초의 기록은 태종 2년(1402) 6월 18일의 첫 번째 기사인 '정사·경연·원자의 입학 등에 관한 사간원 시무 조목이 채택되다'[28]는 기사이다. 원자에게 항상 효제충신의 도(道)를 날마다 앞에서 강의하면, 자연히 훈도(薰陶)되고 점점 감화(感化)되어 덕기(德器)가 성취되고 국본이 견고하여질 것이라는 내용이다. '예의염치'에 대해 언급하고 있는 최초의 기록은 태종 7年(1407) 11月 25日의 2번째 기사 '예의염치를 사유(四維)라고 한다'[29]하여 국가의 중요한 기틀로 여기고 있음을 알 수 있다.

한편, 송재(松齋) 한충(韓忠, 1486～1521)의 문집을 보면 그림형태는 아니지만 여덟 글자를 이어서 쓰고 있음을 알 수 있다. 한충은 중종 13년(1518) 명나라에 서장관(書狀官)으로 다녀온 적이 있었는데, 이때 "효제충신예의염치 여덟 자를 써주면서 '군자가 종신토록 써야 하는 일용지물(日用之物)이니 하루라도 없으면 안 된다'고 하니 그 사람이 사례로 말하기를 '이는 진실로 군자의 학(學)'이라 하였다. 중국인들은 이를 팔자병(八字屛)이라 한다"[30]고 하였다.

---

27) 하수경, 「한국민화의 윤리문자도의 상징과 표현읽기」, 민속학술자료총서 400, 민화6, 서울: 우리마당터, 2004, pp. 139～140.

28) 『太宗實錄』 3卷, 2年(1402) 壬午, 6月 庚午: 司諫院上時務數條 ... 講習『孝經』 爰命有司 建元子入學之宮 今已告成 願卜吉辰 特遣元子入學 使其賓師及諭善侍學 朝夕不離左右 常以孝悌忠信之道 日講於前 自然薰陶漸染 德器成就 國本永固.

29) 『太宗實錄』 14卷, 7年(1407) 丁亥, 11月 乙亥: 三館獻書于議政府 ...『傳』曰 "禮義廉恥是謂四維" 四維振廢 實關於風化.

따라서 그림의 형태는 아니었지만 팔자(八字)를 늘 옆에 두고 그 뜻을 새기고 실천하고자 하는 감계용으로 사용하고 있고, 중국에서는 팔자병으로 불리며 귀하게 인식되고 있었음을 알 수 있다. 이후에 중국에 사신으로 간 신식(申湜, 1551~1623)이 한충이 쓴 글씨를 보고 감탄하여 발문을 지었다[31]는 기록이 남아 있어서, 이 사실을 뒷받침하고 있다.

그리고 유성룡(柳成龍, 1542~1604)은 이시발(李時發, 1569~1626)[32]이 주자(朱子)의 팔자(八字)를 새긴 도장을 새로이 찍고서 노래했다[33]고 기록하기

---

30) 韓忠, 『松齋先生文集』 卷之三, [拾遺], 語類拾遣 023_544a: 華人以爲公之文章 原於性理 高出唐宋 其筆翰之往往落於中朝者 爭以縑素模之 遺以爲寶 一日 華人持縑帛來請詩文 公辭曰 詩章 人之餘事 反不如此等文字 遂援筆大書孝悌忠信禮義廉恥八字與之曰 此是士君子終身日用之物 不可一日無之者也 其人謝去曰 此眞君子之學也 華人至今稱之曰八字屛.

31) 韓忠, 『松齋先生文集』 卷之五, 附錄, 八字屛跋[申湜] 023_566a: 余之使燕 入皇京十餘日 有蕭君友相者從余遊 一日 示余一墨派舊本 其雲章虹角 動人耳目 墨沫淋漓 煙嵐滿地 銀鉤鐵索 玉筋氷條 隱映發輝於蠹箱亂墨之間 再三披閱 字字考覈 乃孝悌忠信禮義廉恥八字也 余再拜而起 問曰 世之工於畫者 常失於藻飾 工於書者 常失於浮靡 而今此墨本 其畫淸雅典則 其意騖高踏實 雖石田墨妙 無以過此也 願聞其人 蕭君揖余而言曰 此是貴國韓書狀忠之所寫者 華人迄今遺以爲寶 而今君亦左海人 故敢此呈現 余噫戲歎曰 此非直以筆畫書法較其脩短也 見其書而想象乎當時規模氣象 則令人尙爗爗有光也 苟非才德之俱著者 其何能致遠人傾慕之若是哉 公忠誠軒天地 正氣貫日月 得其隻字片墨 而興起感歎固如是 況親覩雅表 得承謦咳者歟 於是 有感而書 申湜跋.

32) 李時發(1569~1626): 본관은 慶州이고 자는 養久이며 호는 碧梧, 後穎漁隱이다. 임진왜란 때 많은 공을 세웠고, 선조 32년 1599년 봄, 慶尙 監司가 되어 4년간 선정을 베풀었으나 朴承業의 탄핵을 받아 체직되었다. 星州 牧使에 제수되었다가 곧 慶州 府尹이 되었다. 1605년(선조 38)에 함경도 관찰사가 되어 砲樓와 성곽을 수축하였다. 광해군 때에는 五道贊劃使에 임명되어 평안도 지방에 屯田을 설치하여 군량을 충족하게 하였으나, 친척의 일로 인해 광해군이 노하여 책임을 묻자 신병을 칭탁하고 사직하였다. 인조반정 이후에 한성부 판윤에 등용되었고, 이어 형조 판서에 올랐으며, 이후 三南道檢察使가 되어 남한산성의 役事를 감독하였다. 저서로는 『籌邊錄』, 『碧梧遺稿』가 있다(한국고전번역원, 『碧梧遺稿』 解題 참조, http://www.minchu.or.kr).

도 하였다. 이는 이시발의 『벽오유고(碧梧遺稿)』에서 확인된다. 기록에 따르면, 팔자(八字) 안에는 오묘한 의미가 있으니 효제(孝悌)는 원래 백 가지 행동의 근원이다. 충신(忠信)은 오로지 일심으로 하면 덕이 된다. 예의염치(禮義廉恥)는 사유(四維)라 하는데 모두 수신(修身)하는데 근본이 되는 대법(大法)이다. 한 글자의 뜻도 다 하지 못하고서 간절하게 시를 지어 아이들에게 경계하도록 하니 나의 말을 망령되게 여기지 말고 노력하라[34]고 하고 있다. 또 이시발은 항상 가까이에 두고 보기 위해 그 의미를 명(銘)[35]으로 새겨두기도 했

---

33) 柳成龍, 『西厓先生文集』 卷之二, 詩, 晦庵八大字歌 052_039d: 慶州府尹李君時發 新刻朱子孝悌忠信禮義廉恥八大字印寄 作歌以記之.

34) 李時發, 『碧梧先生遺稿』 卷之一, 詩, 次柳西厓 相公成龍晦菴八大字歌 074_389d: 原韻 慶州府尹李君某 新刻朱子孝悌忠信禮義廉恥八大字印寄 歌以記之 東都大尹眞好古 購刻考亭鸞鳳字 一紙一字大如斗 題封遠寄西厓子 西厓老人驚且喜 白日空齋玩心晝 顏筋柳骨不足珍 字字龍跳又虎躍 楣間高挂跪讀之 墨花煌煌光滿壁 當年神禹鑄鼎成 鐵索金縢重千石 又如秦庭見鍾簴 列峙爭雄不相屬 壯哉開來繼往業 餘事多能乃如此 細觀不獨字畫妙 八字之中有精義 孝悌元是百行源 忠信亶爲一心德 禮義廉恥是四維 摠爲修身存大法 聖賢之學貴知要 五車漫書何用讀 環顧吾身汗出背 一字無成今白髮 殷勤作詩戒兒曹 我言非妄宜努力.

35) 李時發, 『碧梧先生遺稿』 卷之六, 雜著, 孝悌忠信禮義廉恥銘 074_484c: 孝 孝之爲德 百行之源 堯舜之道 於此乎存 我願吾民 各盡子職 敬事父母 孝養須極 人倫日明 風俗日遷 若其不率 罪三千 悌 惟悌之實 從兄是已 善事長上 亦其一義 爲人子弟 率是爲貴 毋或淩侮 盡其禮敬 鄕黨州里 無不稱行 不悌有刑 罔干吾政 忠 盡己之心 斯謂之忠 仁賢舊邦 豈無遺風 單薄從厚 舍僞歸眞 毋得自欺 毋得欺人 忠厚一脈 流行上下 果若斯言 方爲善化 信 先聖有訓 無信不立 凡在鄕閭 朋友交接 言行之間 務從信實 末路詐僞 對面欺欺 我願吾民 勉勉相規 上下相信 彼此何疑 禮 禮之於人 重於食色 天理節文 人事儀則 內而一身 言行必飭 外而一鄕 交際必敬 讓畔讓路 化行一境 禮俗旣成 錐力何競 義 義者人路 孟有明訓 凡我民斯 胡不自奮 造次顚沛 惟義之比 不謀其利 但正其誼 生死熊魚 取舍可辨 人皆勉行 薄俗於變. 廉 砥礪廉隅 古人所美 如何末路 只尙貪鄙 兼竝武斷 從此而起 我願吾民 淸介自守 一簞萬鍾 辨其授受 爭訟自息 化俗何有 恥 羞惡之心 人皆有之 行有不善 猶恐人知 如其知恥 曷若不爲 我願吾民 擴充此端 恥不若人 思與一般 有恥且格 聖訓不刊.

다. 이러한 기록들은 효제문자도의 내용이 되는 효제충신예의염치 여덟 글자가 수신과 교화의 목적으로 조선 중기사회에서 성행하고 있음을 보여준다.

효제문자가 효제문자도의 도상으로 전환 되는 시점이나 계기를 구체적으로 설명하기도 어렵다.[36] 한편, 효자도와 행실도 등을 통해 이야기들이 회화 형태로 제작되다가 교화용으로 효제문자도로 정착되는 계기는 『소학(小學)』의 기록에서 찾아볼 수 있다. 1518년(중종 13) 통문관에서 목판본으로 발간한 『소학』에 따르면, 아이들을 가르치는 데는 암송하고 기록하는 것에서 그치지 말고, 양지양능을 길러야 하며, 날마다 고사를 기억하게 하고 고금에 구애받지 말고 먼저 효제충신예의염치 등의 일을 들려주고, 황향이 침석에서 부채질을 한 일, 육적이 귤을 품은 일, 손숙오의 음덕, 자로가 쌀을 등에 지고 나른 일 등을 세속의 이야기처럼 들려준다면 곧 그 도리를 깨닫게 되고, 이것이 오래되어 마음에 젖으면 덕성이 저절로 우러나오게 될 것이라고 하였다.[37] 한편, 『명심보감(明心寶鑑)』[38] 가운데에서도 효행편(孝行篇)·치정편(治政篇)·안의편(安義篇)·존예편(尊禮篇)·교우편(交友篇)·염의편(廉義篇)·존심편(存心篇) 등에서 그 예를 찾아볼 수 있다. 이러한 그 교화정책은 곧 이데올로기의 강화

---

36) 효의 경우 無綵·早闕·扇枕·溫被·乳姑·懷橘·叩氷·泣竹 등에 관한 시가 8폭 병풍으로 그려진 예를 18세기 중반의 문인인 梁周翊(1722~1802)의 『无極集』 八孝圖屛絶句에서 찾을 수 있다고 한다(윤열수, 「문자도를 통해 본 민화의 지역적 특성과 작가 연구」, 동국대 박사논문, 2007, p. 28).

37) 洪淳泌 編, 『原本小學集註』 卷5 嘉言: 楊文公家訓曰 童穉之學 不止記誦 養其良知良能 當以先入之言爲主 不拘今古 必先以孝悌忠信禮義廉恥等事 如黃香扇枕 陸績懷橘 叔敖陰德 子路負米之類 只如俗說 便曉此道理 久久成熟 德性若自然矣(윤열수, 「문자도를 통해 본 민화의 지역적 특성과 작가 연구」, 동국대 박사논문, 2007, p. 30에서 재인용). 孫叔敖는 楚나라 處士로 『史記』에 등장하는 淸白吏의 대표인물이다.

38) 『明心寶鑑』 孝行篇: 子曰 孝子之事親也 居則致其敬 養則致其樂 病則致其憂 喪則致其哀 祭則致其嚴/ 孝行篇: 太公曰 孝於親이면 子亦孝之 身旣不孝 子何孝焉/ 存心篇: 夙興夜寐 所思忠孝者 人不知 天必知之 飽食煖衣 怡然自衛者 身雖安 其如子孫 何.

로 이해되며, 문자도의 발생 근거도 역시 그러한 사회적 배경과 연관 있을 것이다.[39]

효제문자도의 성립시기에 대해서는 관련된 문헌자료가 부족하기 때문에 그 발생시기를 정확히 상정하기는 어렵다.[40] 그러나 조선 초기 국가이념의 강화를 유학으로 확립하고자 한 노력의 하나로 행실도가 확산된 것을 고려한다면, 세종조의 효행록, 삼강행실도의 내용과 삽화의 유사성을 근거로 하여 이 책의 간행과 전국적인 유포시점으로 연관지어 추측할 수도 있다.[41] 다만, 유교적 가치관이 농촌에까지 파급되는 조선시대 중기 이후에 전국적으로 성행된 것은 확실하다.[42] 다시 말해서 효제문자도의 성행시기에 대해서는 18세기

---

39) 유홍준·이태호, 『문자도』, 대원사, 1993, p. 25.

40) 한국문집총간에서 효제충신예의염치 八字를 검색한 결과는 다음과 같다. ①韓忠, 『松齋先生文集』 卷之三, [拾遺], 語類拾遺 023_544a ②韓忠, 『松齋先生文集』 卷之五, 附錄, 八字屛跋[申湜] 023_566a ③柳成龍, 『西厓先生文集』 卷之二, 詩, 晦庵八大字歌 052_039d ④張顯光, 『旅軒先生續集』 卷之四, 雜著, 坊名說 060_334c ⑤盧景任, 『敬菴先生文集』 卷之二, 雜著, 鄕中完議 丙午 074_030a ⑥李時發, 『碧梧先生遺稿』 卷之一, 詩, 次柳西厓 相公成龍晦菴八大字歌 074_389d ⑦李時發, 『碧梧先生遺稿』 卷之六, 雜著, 孝悌忠信禮義廉恥銘 ⑧丁時翰, 『愚潭先生文集』 卷之二, 疏, ⑨金聖鐸, 『霽山先生文集』 卷之三, 疏, 擬應旨疏 丁巳 206_262b ⑩尹衡老, 『戒懼菴集』 卷之十四, 家訓, 敎子章 219_342c ⑪李象靖, 『大山先生文集』 卷之四十五, 跋, 書外兄篆屛後 丁丑 227_364b ⑫李光靖, 『小山先生文集』 卷之八 序, 縣令崔公遺事序 232_163b ⑬朴趾源, 『燕巖集』 卷之三 潘南朴趾源美齋著, 孔雀舘文稿○記 酬素玩亭夏夜訪友記 252_064a ⑭朴趾源, 『燕巖集』 卷之三 潘南朴趾源美齋著, 孔雀舘文稿○記 答族孫 弘壽 書 252_ 078a ⑮朴趾源, 『燕巖集』 卷之十三○別集 潘南朴趾源美齋著, 熱河日記, 忘羊錄 252_ 245c ⑯李德懋, 『靑莊館全書』 卷之三十一 士小節[下], 童規[一] 257_533a ⑰尹行恁, 『碩齋別稿』 卷之十四, 薪湖隨筆, 小學[下] 288_085a(한국고전번역원, http://www.minchu.or.kr)

41) 조숙현, 「조선조 민화에 나타난 효제도에 관한 고찰」, 홍익대학교 대학원 석사학위논문, 1978.

42) 이수경, 『朝鮮時代 孝子圖 硏究』, 서울대학교 대학원 석사학위 청구논문, 2001, p. 71.

말에 이르면 민간에까지 보급되었고, 점차 민간에 보편적으로 파급된 것으로 추정된다.[43] 그런데 이 시기는 주지하다시피 성리학적인 이데올로기가 퇴색하고 유학을 기반으로 하는 지배계층의 분화가 심화되는 때이므로, 유학의 실천적인 덕목이 교화의 도구로 더욱더 강조되었으며, 아울러서 장식성도 가미되어 발전된 것으로 이해된다.

효제문자도를 통해 올바른 인격을 도야하고, 실천적인 덕목을 계속적으로 강조하려면 일상적인 생활공간에 병풍그림을 펼쳐 세워두어야 효과가 컸을 것이다. 가족이 생활하는 공간에 배치된 문자도병풍은 시각적으로 계속 집중하게 되고, 이러한 과정을 통해 점차적으로 문자를 깨우쳐주고, 고사(故事)의 내용이나 상징물에 대한 정보를 알려주고, 반복적이고 연속적으로 보게 함으로써 자연스럽게 유학의 실천적인 덕목에 대해 깊이 있게 이해하게 될 것이다. 그러면 유교적 가치관에 점차 동화되어 인간으로서 지녀야 할 도덕적인 품성을 함양하는 교육이 절로 이루어지는 것이다. 실제로 효제문자도는 아이들의 방이나 서재·사랑방 등에서 많이 쓰이고 있음을 알 수 있다.[44] 문자도가 집안이라는 일상적인 공간에 배치된 것은 유교적 가르침으로 교화하려는 목적과 잘 부합되었으므로, 효제문자도의 각 뜻에 해당되는 고사가 친근하게 다가오는 행실도 등에서 발췌되어 그려졌고, 새로운 미의식으로 유교윤리가 은근하게 강조되어 자연스럽게 실천되도록 한 것으로 이해된다.

---

43) 이태호·유홍준, 『민화 문자도』, 동산방 화랑, 1988/ 유홍준·이태호, 『문자도』, 대원사, 1993.

44) 국립민속박물관, 『민속유물이해2-민화와 장식병풍』, 디자인사이. 2005 참조.

3. 효제문자도의 실천적 덕목

효(孝)·제(悌)·충(忠)·신(信)·예(禮)·의(義)·염(廉)·치(恥)라는 효제문자도의 도상은 글자의 뜻에 맞는 상징적 의미를 나타내는 형상물로 이루어져 있으며 일정한 기본 틀이 있다. 문자의 덕목에 관련된 일화(逸話)나 고사(故事)·인물(人物) 혹은 이와 관련되어 상징성이 부여된 기물(器物)이나 동식물(動植物)이 글자 획 일부를 구성하거나 여백에 곁들여 그려진다. 이는 유학의 이상적 가치를 실천할 덕목들을 도해(圖解)의 형식을 빌어 실천하기 쉽도록 제시하고 있는 것으로 보이며, 도해라고 하는 새로운 시도와 미의식의 변화는 당대의 풍조를 반영하고 있는 것이다.

1) 부모에 대한 공경-효(孝)

효는 유학의 핵심적인 도덕규범으로 전통사회에서 문화적·사회적 일체감을 형성하는 중요한 가치덕목이다. 『효경(孝經)』을 보면, "신체발부(身體髮膚)는 부모에게서 받은 것이므로 이를 감히 손상시키지 않는 것이 효도의 시작이다. 입신행도(立身行道)하여 이름을 후세에 떨치는 것이 효도의 끝이다. 효란 사친(事親)에서 비롯하여 사군(事君)에까지 미치고 입신(立身)에서 그친다"[45]고 하였다. 곧 효는 인륜의 출발이며, 인(仁)을 실천하는 근본이다.

'효(孝)' 그림에는 효에 관한 대표적인 사례로 고사(故事)에 나오는 잉어·죽순·부채·귤·거문고 등이 상징물로 등장한다.

잉어는 진(晉)나라 임기인(臨沂人) 왕상(王祥)의 효행사례와 관련된 소재이다. 효성이 지극하여 계모가 엄동설한에 일부러 살아있는 물고기를 원할 때

45) 『孝經』 開宗明義章: 身體髮膚受之父母不敢毁傷孝之始也 立身行道揚名於後世以顯父母孝之終也 夫孝始於事親中於事君終於立身.

왕상이 강에 가서 얼음을 깨니 쌍 잉어가 뛰어나왔다고 한다. 그래서 그 잉어를 잡아다가 계모에게 드려 정성껏 공양했다는 이야기와 연관된다. 그래서 잉어는 효행의 상징물이 되었다.[46)]

죽순은 삼국(三國)시대 오(吳)나라 강하인(江夏人) 맹종(孟宗)의 효행을 상징하는 소재이다. 한겨울에 맹종의 늙은 어머니가 죽순을 먹고 싶다고 하자, 그는 대나무 밭으로 달려갔다. 그러나 겨울인지라 죽순이 보이지 않자, 속상한 맹종은 죽순을 구하게 해달라고 소원을 빌면서 눈물을 흘렸다. 그러자 맹종의 눈물이 떨어진 자리에서 별안간 죽순이 솟아나서 달려가 어머니께 드렸다는 고사와 연관이 있다.[47)]

부채는 한(漢)나라 장제(章帝) 때의 황향(黃香)의 효행과 관련된 소재이다. 효성이 지극하여 부모가 누워 계실 때 여름에는 부채질하고 겨울에는 자신이 체온으로 부모를 따뜻하게 하여 정성껏 부모를 봉양하였다는 이야기의 효행을 상징한다.[48)]

귤은 한나라 헌제(獻帝) 때의 육적(陸積)의 효행과 관련된 소재이다. 육적이 여섯 살이 되었을 때 원술(袁術)이라는 사람에게서 후한 대접을 받은 일이 있었다. 그때 당시로써는 아주 귀했던 귤을 원술이 주었는데, 육적은 그 자리에서 먹지 않고 어머니께 갖다 드리려고 가슴에 품었다는 이야기에서 귤은 효행을 상징하게 되었다.[49)]

또 공자의 제자 자로(子路)는 집이 가난하여 쌀 대신 신명아주와 콩잎 같은 나물 음식을 먹으며, 늙은 어머니를 위해 백 리나 되는 먼 길에서 쌀을

46) 王祥叩氷 王祥鯉魚 王祥部氷 雙鯉躍出 開氷躍鯉 剖氷得鯉 扣氷魚躍 王祥扣氷出魚 王祥氷鯉(『晉書』 王祥傳에 보인다).

47) 孟宗泣竹 孟宗竹筍 孟宗雪筍 踏雪生筍 雪裏求筍 泣竹筍生 孟宗之孝(『三國志』 吳志 孫皓傳).

48) 黃香扇枕 黃香枕扇(『後漢書』 文苑傳 上).

49) 陸積懷橘, 陸氏橘(『三國志』 吳志 陸積傳).

지고 왔다는 이야기[50]에서 효행을 상징하게 되었다. 또 곽거(郭巨)는 부모께 효도하여 찬수공양(饌羞供養)이 극진하였으나, 철모르는 어린 자식이 맛난 음식을 모두 먹어, 부모 반찬이 부족하였다. 그러자 그 부부는 부모에게 공양이 부족한 것을 걱정하고, 서로 의논하여 결국 산 자식을 땅에 묻었다.[51]

한편 거문고는 순(舜)임금이 어릴 때 눈먼 아버지와 계모, 이복동생의 핍박을 받으면서도 효심을 지키고 어버이를 위해 거문고를 연주했으며, 후에 요임금으로부터 천하를 양위 받아 오제(五帝)가 되었다는 고사[52]와 관련이 있는 상징물이다.

또한 어버이를 지극한 효성으로 봉양한 노래자(老萊子)라는 춘추시대의 인물이 등장하기도 한다. 노래자가 나이 70에 몸에 오색이 알록달록한 옷을 입고 어린 아이의 재롱을 부리면서, 물을 가지고 마루에 오를 때는 일부러 미끄러져서 땅에 누워 어린아이처럼 울음을 울고, 밥상을 나르다 일부러 문지방에 걸려서 엎어지곤 어린아이처럼 엉엉 울면서 어리광을 부려 부모를 즐겁게 했다고 한다. 또 새끼 새를 가지고 어버이 곁에서 희롱을 하여 어버이를 즐겁게 해드리고자 하였다[53]는 고사에서 효에 등장하게 되었다.

2) 형제와 이웃에 대한 사랑-제(悌)

제(悌)는 형제간의 도리, 즉 서로 도우며 우애롭게 살아야 한다는 실천적인 덕목이다. 제에는 산앵두나무, 할미새가 상징으로 등장하는데, 이는 『시경

---

50) 百里負米(『孔子家語』).

51) 孝子郭巨 黃金一釜(劉向, 『孝子傳』).

52) 大舜彈琴 大舜耕于歷山(『史記』 五帝本紀). 大舜彈琴 薰琴喃鳥 大舜床琴 등의 畵題로 표현된다.

53) 萊子弄雛親側.

(詩經)』 소아편(小雅編)의 상체(常棣)의 내용에서 비롯된 것이다. 실로 "환하게 빛 넘치는 산앵두꽃 피었네. 세상사람 중에서 형제 같음이 또 없네. 들의 할미새 호들갑 떨듯 형제면 어려움 급히 구하네. 아무리 좋은 벗 있어도 그럴 땐 탄식만 하리. 집마다 화목하여서 처자들 즐거우려면, 형제의 도리 생각해 보게 그게 앞섬을 알게 되리"[54]라는 글이 보인다.

산앵두나무과에 속하는 상체(常棣)[55]의 꽃과 꽃받침·꽃과 잎[56]은 서로에게 돕고 의지하는 형제애를 연상시켜 형제애[57]를 상징한다. 또한 척령(鶺鴒)이라고 하는 할미새 두 마리가 정답게 벌레나 꽃잎을 나누어 먹는 모습[58]은 형제애를, 날면서도 시끄럽게 우는 모습은 형제간에 다급할 때 서로에서 알려주는 형상으로 여겨졌다. 할미새는 제비의 일종으로, 꼬리는 길고 부리는 뾰족하며 등은 청회색이고 목 밑은 검다고 한다. 현존하는 제(悌)자 그림에 그려진 새를 보면 이와 같은 할미새의 외형을 비교적 충실히 따른 것도 있으나, 대부분은 새의 모습을 관념적으로만 표현한 것이 많다. 할미새가 갈 때는 꼬리를 흔들고 날 때는 울기를 끊이지 않는데, 이 모양이 매우 급한 일에 서로 도우는 듯하다고 하여 형제간의 급난(急難)에 비유한 것이다. 한편, 상체는 줄기가 길어 꽃이 아래로 늘어지면서 꽃받침이 서로 함께 모이면서 환하고 밝게 피기 때문에 형제간에 우애 있는 것에 비유된다.[59]

그 외에도 새 중에 가장 정답다는 접동새와 집비둘기도 그려진다. 도원에서 의형제를 맺기로 결의한 도원결의(桃園結義)[60]가 담기기도 하며, 우애와 같

---

54) 『詩經』 小雅 常棣: 常棣之華 鄂不韡韡 凡今之人 莫如兄弟 脊令在原 兄弟急難 每有良朋 況也永歎 宜爾家室 樂爾妻帑 是究是圖 亶其然乎.

55) 並棣花哺 常逮之華 常棣花幷.

56) 並葉藹紅 並葉花紅 並葉花明 花葉幷帶 鄂不韡韡.

57) 兄弟急難 莫如兄弟 兄弟鬩于牆 上下和音.

58) 鶺領和哺 鶺領相應 鶺鴒和應 鶺領和鳴 鶺鴒和咆 鶺鴒花鳴 鶺鴒在原 鶺領雙和 脊令在原.

59) 허균, 『허균의 우리민화읽기』, 대한교과서, 2006, p. 143.

이 따뜻한 봄날[61]이 표현되기도 한다. 주로 '제(悌)'자 심방변의 두 점을 대신하여 두 마리의 할미새가 입을 서로 마주하는 모습으로 그려지며, 산앵두나무는 제(第)의 윗부분에 있거나 글자 획 속에 들어가기도 한다.

3) 겨레와 국가에 대한 사랑-충(忠)

충(忠)은 유학의 중요한 도덕규범으로서 자기 자신과 다른 사람에게 정성(精誠)을 다한다는 뜻으로 온 정성을 기울여 각자의 위치에서 직분을 다하는 도리를 말한다. '충(忠)' 그림에는 용과 잉어·새우·대합·거북·쏘가리·대나무·연꽃 등이 상징물로 등장한다. 어떤 경우에는 거북이가 등장하는 경우도 있다.

용과 잉어는 용문(龍門)을 넘어 용(龍)이 된다는 어변성룡(魚變成龍)의 설화[62]와 관련이 있다. 마치 잉어가 등용문을 통과하듯이 과거에 급제하고, 하늘을 나는 용처럼 벼슬에 올라 나라에 충성하는 것을 상징한다. 주로 가운데 '口'부분을 용으로 그리고, 잉어는 용의 꼬리 끝에 그려져 용으로 변하는 상황을 묘사하거나 용의 꼬리를 물고 있는 모습으로 그려지며 혹은 '口'의 아랫부분에 배치되기도 한다.

대합과 새우는 화제(畫題)에서 보이는 하합상하(蝦蛤相賀)의 내용과 같이 군신 간의 화합을 이루어 충성하는 것[63]을 의미한다. 대합과 새우는 충절과 관련된 굳은 지조와 최상(最上)의 지위를 상징하고 있다. 지조는 대합과 새우가 단단한 껍질을 갖고 있기 때문이며, 최상의 의미는 이들이 가진 껍데기 '갑(甲)'을 첫째라는 의미의 '갑'과 동일 음이라는 것에서 그 의미가 전환된 것이

60) 桃園結義 三人結義 釀酒桃園(『三國志演義』).

61) 春深喬木 春回載盆 日暖風和 日暖喬木 日暖鶺鴒 日暖鳴園 日暖桃園.

62) 魚變成龍(『後漢書』 李膺傳).

63) 蝦蛤相賀 蝦蛤化賀.

다. 어떤 경우에는 '중(中)'자의 한가운데 획을 대나무로 대신하고 새우를 구부려 '口'부분으로 그리기도 한다.

특히 구부러진 새우는 나이 든 신하를 상징[64]하기도 하며, 백이숙제의 고사(故事)가 부러진 대나무로 표현되어 충절을 의미[65]하기도 한다. 때로는 거북이가 등장하기도 하는데, 이런 경우는 하나라 걸왕이 주색에 빠져있을 때 관용봉이 걸왕에게 간언하다가 죽자 뜰에서 서책을 등에 진 거북이가 나왔다는 설화[66]와 관련이 있다. 또 상(商)나라의 충신 비간(比干)이 왕의 음란함을 보고 다투어 간(諫)하였다가 죽임을 당한 일[67]을 담고 있다.

또한, 쏘가리는 한자로 궐어(鱖魚)라고 하는데, 궐(鱖)이 대궐(大闕)의 궐(闕)과 발음이 같아서 대궐에 입궐(入闕)하는 것으로 여겨지면서 군신(君臣) 간의 믿음과 충성을 상징하게 되었다.

대나무는 대쪽 같은 삼려대부(三閭大夫)의 곧은 충절(忠節)을 상징[68]한다. 삼려대부는 초(楚)의 충신으로 회왕(懷王), 경양왕(頃襄王) 등에게 충성으로 간언(諫言)하다 쫓겨났으나, 진(秦)나라에 의해 조국이 망하자 한탄하며 골라수(汨羅水)에 빠져 죽었다는 인물이다.

또 연화(蓮花)는 화중군자(花中君子)로, 군자(君子)로 연이어 나라에 충성하고 화합한다는 뜻을 담고 있다. 연(蓮)을 연이어 있다는 연(連)으로 해석하여 동음이어(同音異語)를 취하고 있는 것이다. 한편, 한(漢) 유방이 초(楚)의 항우(項羽)에게 포위되었을 때 충신 기신이 거짓으로 항복하는 척하면서 초군을 속여 왕을 구해냈다는 이야기[69]가 담겨있기도 하다.

---

64) 曲背丹心 魚腹丹心 哭拜丹心(『史記』 屈原傳).

65) 孤竹二枝 孤竹淸節(『史記』 伯夷列傳).

66) 龍逢直節 鰲龍直節 龍鳳直節 一芋貞節 龍方比干(『五倫行實圖』).

67) 比干諫爭 比干爭諫 龍方比干 比干赤心(『史記』 殷本紀).

68) 三閭大夫 三閭忠魂 三閭丹忠 三閭丹心 三閭餘魂(『史記』 屈原傳).

69) 紀信誑楚 維忠紀信.

4) 믿음과 신뢰의 교신(交信)-신(信)

‘신(信)’은 사람으로서 마땅히 지켜야 할 사람의 도리로서 유교의 중요한 덕목으로, 올바른 말·규칙·언약 등을 뜻한다. ‘신’은 『설문해자(說文解字)』에서 ‘신의는 성실인데 사람과 말의 회의자(會意字)이다’라고 하여, 주로 인간의 언약이 거짓 없이 실현되는 것을 지칭하는 덕목이다. 신의가 있어야 인간의 모든 사회적 관계와 삶이 가능하다고 할 수 있다. 공자도 의리에 맞는 신의라야 그 말을 실천할 수 있다고 하였듯이, 신의는 도덕적 정당성을 전제로 한 사회 실천적 덕목이다.

신(信) 그림에서는 흔히 새가 편지를 물고 등장하는데, 이 새는 요지춘궁(瑤池春宮)으로부터 서왕모(西王母)가 온다[70]는 소식을 전하는 청조(靑鳥)와 상림에서 편지를 물고 온 흰 기러기를 의미[71]한다. 서왕모 설화에서 얼굴은 사람이고 몸은 새의 모습을 하고 있는 상상의 새인 청조가 궁전에 날아와 서왕모가 온다는 소식을 전했다고 하는데 ‘신’그림의 청조가 물고 있는 편지는 서왕모가 온다는 언약과 믿음을 상징한다. 믿음은 서로 약속하고 의사를 전하는 것에서부터 시작된다는 뜻이다. 한무고사(漢武故事)에 의하면 7월 7일 홀연히 파랑새(靑鳥)가 한무제의 궁전에 날아들자, 동방삭이 말하기를 “이것은 요지(瑤池)의 서왕모(西王母)가 온다는 소식이고 곧 청조(靑鳥)가 물고 온 편지는 서왕모의 언약이요, 그것이 곧 믿음을 의미한다”라고 했다고 한다.

또한 기러기그림은 한(漢)의 사신 소무가 흉노에 억류되었을 때, 기러기가 날아들어 잡아보니 소무가 보낸 편지가 있어 이를 믿고 흉노에게 항복하지 않았다는 안서(雁書)의 고사를 담고 있다. 충(忠)에서와 마찬가지로 쏘가리를 그려 군신 간의 충성과 믿음을 의미하기도 하는데, 쏘가리의 궐(鱖)을 대궐의 궐

---

70) 西王母往臨 瑤池碧桃 瑤池春宮 靑鳥哀喃 靑鳥哀鳴 靑鳥傳瑤臺 靑鳥傳語.

71) 上林秋風 上林春風 上林白雁 白雁傳信 白昬傳神 寒雁傳信.

(鬭)로 이해하여 동음이어(同音異語)를 취한 것이다. 또한 한나라 때 상산(商山)에 은거하여 바둑을 두었다는 백발의 네 노인[72]이 그려지기도 한다.

5) 질서를 위한 규범-예(禮)

예(禮)는 유교문화의 전통에서 인간의 도덕성에 근거하는 사회적 질서의 규범·행동양식의 절차·유교적 제사의례의 구성과 절차를 의미한다. 공자는 '인(仁)'의 실천방법으로서 예(禮)를 말하고 있는데, 여기에서 예는 인간의 도덕성을 실현하기 위한 과제이며 목표로 제시되고 있다.

'예(禮)'그림에는 공자의 모습이나 '예'자의 시(示)변의 첫 번째 획에 책을 등에 진 거북이가 등장한다. 흔히 공자는 큰 나무 아래에서 위연(魏筵)에게 예도를 강론하는 장면으로 묘사[73]된다.

책을 등에 진 거북이는 하도낙서(河圖洛書) 고사(故事)와 관련이 있다.[74] 복희(伏羲)가 천하를 다스릴 때 용마가 물가에서 나와 천하의 이치인 역(易)의 팔괘(八卦)를 만들 때 기초가 된 그림인 하도(河圖)를 그렸다는 하출도(河出圖)가 그려진다. 또한 하우(夏禹)가 낙수(洛水)에서 책을 짊어진 거북이에게서 얻은 글을 바탕으로 천하를 다스리는 대법(大法)인 홍범구주(洪範九疇)를 만들었다는 낙서(洛書)가 결합되어 나타난다.

홍범(洪範)은 주서(周書)의 편명(篇名)이며, 구주(九疇)는 기자(箕子)가 무왕(武王)의 물음에 대답한 천하를 다스리는 아홉 가지의 대법(大法)을 말한다. 구주의 여섯 번째에 예용삼덕(乂用三德)이라는 것이 있는데, 삼덕(三德)은 정직(正直)·강극(剛克)·유극(柔克)을 말한다. 이 삼덕이 예의 기본이 되는 것이므

72) 四皓商碁 商山四皓(『漢書』 王貢兩鮑傳).

73) 杏壇春風 杏壇秋風 大樹春風 講論詩書 絃歌習禮 柤豆習禮 俎豆習禮 孔夫子禮大樹之下.

74) 洛龜負圖 神龜負圖 河龜負圖 洛龜呈瑞 河圖洛書 洛出神龜 天地節文 伏羲始制(『尙書』).

로, 이와 관련하여 거북이가 서책을 등에 지고 있는 모습이 예를 상징하는 소재로 선택된 것이다. '낙구부도 천리절문(洛龜負圖 天理節文)'이라는 화제(畵題)를 보면, 이 서책을 하늘의 이치와 부모 자식 간 혹은 부부간에 지켜야 하는 예를 써서 문서화 한 절문(節文)으로 해석하는 것도 가능하다.[75)]

6) 의로운 도리-의(義)

의(義)는 특히 맹자에 의해 부각된 사상으로 인간의 본래 모습인 인의 실천방안이었다. 맹자는 인간의 상하관계에서 나타나는 윤리가 모두 의이며 대표적인 것으로 군신관계에서 지켜야 할 도리를 군신유의(君臣有義)라 하여 의로 설명하였다.

'의(義)'그림은 삼국지에 등장하는 유비(劉備)·관우(關羽)·장비(張飛)가 도원(桃園)에서 의형제를 맺을 것을 결의하는 장면[76)]이나 복숭아꽃으로 도원의 결의를 상징적으로 나타내기도 한다.

『사기(史記)』에 의하면, 세 사람이 서로 재배하고 맹서하며 말하기를 비록 성(姓)은 다르지만 의형제(義兄弟)를 맺었으니 동심(同心)으로 협력하여 어려움과 위험을 구하고, 위로는 나라에 보국하며, 아래로는 백성을 편하게 하리라고 하였다고 한다.

또 백이와 숙제의 생활이 그려지기도 한다. 주(周)나라 무왕(武王)이 은(殷)의 규왕(糾王)을 토벌하자 백이(伯夷)와 숙제(叔齊)는 이를 부끄러이 여기고 수양산(首陽山)에 숨어 고사리와 나물로 연명했다는 이야기[77)]가 등장하고 있는 것이다. 그리고 소나무와 대나무를 배치하여 이와 같은 선비의 굳고 푸

---

75) 허균, 『허균의 우리민화읽기』, 대한교과서, 2006, pp. 149~150.

76) 桃園結義 桃園絃義 桃苑春日 日暖桃園 釀酒桃園 春日棲桃園 春日桃園(『三國志演義』).

77) 採首陽山夷齊之義 伯夷叔齊隱於首陽山死(『史記』 伯夷列傳).

른 절개를 상징하기도 한다.

의(義) 그림의 첫째 둘째 획에는 마주 보는 두 마리의 새가 등장하기도 한다. 이는 고사(故事)와의 관계가 멀더라도 의로움은 상호 화합이 이루어질 때 더 큰 힘을 발휘한다는 의미로 해석할 수 있다. '의(義)' 자(字)의 넓은 획 속에 도원(桃園)의 장면이 그려진 예도 있다.

또 서로 의지하고 사는 모습이 아름답다는 물수리새[78]가 그려지기도 하는데, 이는 "운다 운다 물수리 섬 가에 물수리. 아리따운 아가씨 사나이의 좋은 짝"[79]이라는 『시경(詩經)』의 경구에서 연유한 것이다. 이 외에도 원앙[80]이 그려지기도 하며, 나비[81]가 의(義)의 상징으로 등장하여 여러 화제[82]와 곁들여지기도 한다. 의가 상호 화합이 이루어졌을 때 더 큰 힘을 발휘하는 것이라고 본다면, 서로 어우러져 지저귀는 새나 짝을 이루어 날고 있는 나비도 의와 관련이 있을 것이다.

7) 청렴하고 검약한 생활태도-염(廉)

'염(廉)'은 청렴하고 검소하며 곧고 바른 인간의 실천규범을 의미한다. 또한 받을 때와 받지 않아야 할 때를 가려서 처신(處身)하는 것을 말한다. '염' 그림에는 봉황새나 게가 자주 나오는데, 사슴이 같이 등장하기도 한다.

봉황(鳳凰)은 오색 빛에 오음을 낸다는 상상의 새이다. 이 새는 닭의 머리 모습에 뱀의 목·제비의 턱에 거북이·물고기 꼬리 모양을 하고 있다. 수 천만

---

78) 關雎和鳥 關雎花 關關雎鳩 關雎和鳴(『詩經』 周南 關雎).

79) 『詩經』 周南 關雎: 關關雎鳩 在河之州 窈窕淑女 君子好逑.

80) 元央並堂 愛被鴛鴦.

81) 雙蝶和飛 雙蝶紛飛.

82) 綠荷池塘 綠波池塘 君臣相誓 君臣合會 君臣共誓 花葉灼灼 香烟靄靄 其花灼灼.

리를 날고 배가 고파도 조를 쪼아 먹지 않고, 그 성품이 살아있는 벌레나 풀을 먹지 않으며, 오동나무가 아니면 앉지 않고, 오동나무 그늘에서만 잠자고, 대나무 열매가 아니면 먹지 않는다[83]고 하여 대쪽 같은 청렴(淸廉)과 절제(節制)를 상징한다.

게가 등장하고 있는 이유는 게는 앞으로 갔다가 뒤로 물러서며 앞으로 나아가는 행동습성을 갖고 있기 때문에, 염을 상징한다. 게가 전진후퇴를 반복하면서 먹이를 찾는 습성을 출처지리(出處之理)의 도리[84]에 대응시킨 것으로 볼 수 있다.

또한 염(廉) 그림에는 요(堯)임금 때 속세를 떠나 산 속에 은거한 소부(巢父)와 허유(許由)의 모습이 표현[85]되기도 한다. 허유(許由)는 문왕(文王)이 제상의 자리를 맡아 달라고 요청을 하자 당장 냇물에 귀를 씻었고, 이 소리를 전해들은 소부(巢父)는 자기 소가 그 물을 마실까 두려워 냇물을 거슬러 올라가 소에게 물을 먹었다는 고사가 전한다. 물론 세속명리에 물들지 않는 청렴함을 담고 있다.

이외에도 염에는 엄광과 장한이 그려지기도 하고,[86] 소나무와 매화로 장식을 하기도 한다.[87] 염은 군자에게 있어서 물러날 때를 알아 물러날 줄 아는 처세의 도리가 중요함을 다시 한 번 일깨워주는 덕목인 것이다.

---

83) 鳳飛千仞 鳳翔千仞 飢不啄粟.

84) 廉寒寒泉 廉溪寒川 廉溪寒波 廉溪寒川 前進後退.

85) 巢父許由入箕山 巢父洗耳 許由引犢(『漢書』 古今人表).

86) 嚴子陵 釣魚東江 張翰江東 去正値秋 萬世遺跡 碭石尙存(『晉書』 張翰傳).

87) 三徑就荒 三逕就荒 栗里松菊 松菊猶存 栗里栽菊 鬱林栽石(陶淵明, 「歸去來辭」).

8) 부끄러움을 알고 바로잡는 치격(恥格)-치(恥)

'치(恥)'는 자신의 행동에 대해 부끄러움을 알고 그것을 바로 잡아야 한다는 치격(恥格)의 실천윤리를 말한다. 나라가 망한 것을 부끄럽게 여기고 은둔생활로 여생을 보낸 백이(伯夷)와 숙제(叔齊)의 산중생활을 중심으로 한 소재들이 그림으로 그려진다.

주(周) 무공(武王)이 은(殷)나라를 토벌하자 은(殷)나라 고죽군(孤竹君)의 아들인 백이와 숙제가 주나라의 녹을 먹기를 부끄러이 여겼고, 결국 그들은 수양산(首陽山)에 숨어 고사리를 먹고 살았는데, 그들을 돌아오게 하려고 산에 불을 지르니 그냥 산 속에서 타 죽었다는 일화와 관련이 있다.

그래서 백이와 숙제를 형상화한 매화와 달,[88] 그들의 무덤, 위패(位牌) 등이 표현되기도 한다. 여기서 달은 자연을 벗 삼아 생활하는 은일처사(隱逸處士)에게 있어서 빼놓을 수 없는 벗이며, 매화는 은일처사 도연명을 비롯하여 맹호연, 임포 등 수많은 처사들이 애호했던 정절의 화신이요, 고고(孤高)함의 상징인 것이다.[89] 두 사람을 기리는 제사를 지내는 전각이나 위패에는 '백세(百世)토록 청풍(淸風)을 드날리는 백이와 숙제의 비(碑)'[90]라는 명문이 위패 안에 넣어져 있기도 한다. 어떤 경우는 달 속에서 방아를 찧는 토끼도 나타나며, 이외에도 치(恥)에는 여러 화제[91]가 등장하기도 한다.

이와 같이 효제문자도는 실천해야 할 유학의 윤리덕목을 효·제·충·신·예·의·염·치로 나누어 그와 관련된 상징물로 도해한 그림이다. 효제문자도의

---

88) 首陽梅月 首陽寒花 首陽每月 首陽之菜 梅月分明 日月光輝(『史記』 伯夷列傳).

89) 허균, 『허균의 우리민화읽기』, 대한교과서, 2006, pp. 154～155.

90) 夷齊淸節 千秋淸節 百世淸風夷齊之碑 萬世淸風夷齊之碑.

91) 萬世踪迹 登彼西山 貴場深處 尺碣尙存 薇巖尙存 仲連 悠悠唯唯途中 悠悠月中 唯唯中道 錫金不受 辭金不受(윤열수, 「문자도를 통해 본 민화의 지역적 특성과 작가 연구」, 동국대 박사논문, 2007, pp. 45～46).

내용을 정리하면, 부모 형제와 이웃과 국가를 사랑하며, 서로 믿고 의지하는 마음을 주고받고, 사랑의 질서와 의리를 지키며, 검약한 생활태도와 부끄러움을 알라는 실천적 규범임을 알 수 있다. 이 효제문자도는 결국 전통 사회에 있어서 인간관계와 사회윤리를 실천하기 위해 그 기본 덕목을 알리는 교화용 치레그림이었다.

4. 효제문자도의 효용

조선사회는 유학의 실천윤리를 사회질서의 근간으로 삼고, 이를 보급하기 위해 행실도류를 간행하는데 힘썼다. 행실도는 세종대의 『삼강행실도(三綱行實圖)』(1434), 중종대의 『속삼강행실도(續三綱行實圖)』(1514)와 『이륜행실도(二倫行實圖)』(1518), 광해군대의 『동국신속삼강행실도(東國新續三綱行實圖)』(1617), 정조대의 『五倫行實圖』(1797) 등이 편찬되고 있어, 지속적으로 백성들의 교화에 중점을 두고 있음을 알 수 있다.[92] 행실도의 구성은 사회질서를 위해 실천해야할 윤리덕목에 관한 내용을 기술하고, 그에 맞는 사례를 그림으로 그리고 언해를 하고 시찬을 붙이는 형식이 일반적이다. 행실도의 내용은 효제문자도에도 자주 보이는데, 효제문자도는 표의적인 문자를 점차로 장식적인 이미지로 회화화(繪畵化)하고 있는 점에서 행실도 보다 한층 발전된 형태라고 할 수 있다.

주로 여덟 문자를 연속적으로 배치하여 파노라마로 꾸민 효제문자도는 동양의 전통적인 개념으로는 서화일치(書畵一致)나 서화동근(書畵同根)으로 설명되며, 서양의 기준으로는 문자를 삽화나 일러스트레이션(illustration, 삽화, 도해)화(化) 또는 타이포그래피(typography, 활자의 글씨체나 글자 배치를 구성하

92) 유홍준·이태호, 『문자도』, 대원사, 1993, p. 53.

고 표현하는 일)화(化)한 디자인의 또 다른 세계를 의미한다. 조선의 효제문자도는 중국양식에서 발전된 것으로 추측되기는 하지만 중국의 연속화형식의 연화(年畵)나 실용성에 목적을 두었던 민간화(民間畵)와도 구분되는 조선만의 독특한 도상(圖像)과 양식이라 할 수 있다.[93] 조선의 독창적인 조형관으로 재구성된 효제문자도는 다양한 계층의 화공들에 의해서 경기도, 강원도 관동과 관서 지역, 제주도, 남도 지역 등에서 그 지역의 고유한 지방색을 지니고 특색 있는 양식으로 발전한다.[94]

효제문자도는 '효(孝)·제(悌)·충(忠)·신(信)·예(禮)·의(義)·염(廉)·치(恥)'를 한 글자씩 나누어 각 폭에 그리고 이것을 병풍으로 꾸민 것이 주종을 이루고 있다. 각각의 문자 그림에는 이들 덕목이 지니고 있는 의미와 관련된 일화(逸話)나 고사(故事), 혹은 일화와 관련하여 상징성에 관련된 기물이나 동식물이 글자 획(劃)의 일부를 구성하거나 여백에 곁들여 그려진다. 이들 소재 중에는 행실도 등에 등장하고 있는 소재들을 비롯하여 고사와 관련되는 인물 혹은 기물 등과 유학자들의 전유물처럼 되어 있었던 유교경전이나 고전 속에 나오는 소재들도 포함되어 있다.

효제문자도에 등장하는 상징물은 각기 유교윤리의 실천적 덕목을 알려주는 수단으로 활용된다. 그러나 각기 상징하는 의미가 다르며, 같은 문자의 뜻을 화제의 중심으로 삼더라도 화면에 등장하는 상징물이 언제나 동일한 것은 아니므로, 제작의도에 따라 상징물의 변화하는 것을 알 수 있다. 예를 들어 백이와 숙제의 고사는 충(忠)·의(義)·치(恥) 등의 글자에서 보이고, 도원결의는 신(信)과 의(義)에서도 보이는데, 이는 복합적인 의미 가운데 어떤 점에 치

---

93) 이명구, 「조선후기 효제문자도와 지방적 조형특성 연구 — 효제문자도의 그래픽 콘텐츠를 중심으로」, 한국디자인학회, 『디자인학연구』 58호, 2004년, pp. 15~26 참조.

94) 문자도를 통해 민화의 지역적 특성을 밝히고, 황승규 등의 문자도 작가를 발굴하는 성과도 있다(윤열수, 「關東 地域을 中心으로 본 孝悌文字圖 作家硏究」, 『東岳美術史學』 제7호, 東岳美術史學會, 2006).

중하느냐에 따라 변화하고 있다. 이러한 사례들을 그림으로 표현하는데 있어서는 인물 자체보다 그의 실천사례와 관련된 동식물이나 기물들을 그리는 것이 보통이지만, 상황을 그대로 묘사하고 있는 그림도 있다.

화제에 나타나거나 상징물로 표현되는 덕목과 관계된 사례들은 당시 일반 대중들에게 보편적으로 알려져 있었던 것들이다. 같은 주제로 다루고 있는 판소리나 민요, 시조 등에서도 위와 같은 종류의 소재들이 나열되고 있음을 볼 수 있는데, 우리는 이를 통해서 당시의 서민들이 보편적으로 떠올릴 수 있었던 윤리덕목을 실천한 대표적인 사례들이 어떤 것이었는지 짐작할 수 있다.

따라서 효제문자도는 실천윤리를 교화하는 교육과 치레를 하는 장식의 기능을 아울러 가지고 있었다고 할 수 있다. 효제문자도를 주로 병풍으로 제작함으로써 보다 용이하게 접근하고, 도해라는 형식을 통해서 사물의 인지도를 높임으로써 교육내용을 보다 쉽게 전달할 수 있었던 것이다. 특히 효제문자도는 유교적인 윤리덕목을 실천하도록 감계(鑑戒)하는 기능을 함으로써, 지위 고하를 막론하고 바른 행실과 도덕적인 풍모를 잊지 않고 마음속에 새기는 역할을 할 수 있었다. 이러한 바른 마음을 그대로 행동으로 옮겨 실천하도록 하여, 결국은 이상적인 가치를 구현하고, 참다운 삶을 영위하도록 촉진하는 상징이었던 것이다.

그림은 이해하기 어려운 추상적인 윤리개념들을 알기 쉽도록 설명하는데 최적의 수단으로 활용되었을 것이다. 유학사상의 토대에서 대중들은 점차로 자연히 유교의 윤리와 정신을 담은 그림을 찾게 되었을 것이며, 점차로 집안에 붙이거나 걸어두고 사람의 도리가 무엇이며 어떻게 살아야 하는지에 대한 훈령으로 삼았을 것이다. 그러므로 특히 효·제·충·신·예·의·염·치의 뜻에 관련된 유교의 핵심사상과 윤리관을 나타내는 그림을 그려 넣어 병풍을 꾸미고 실생활에 애용했던 것은 병풍의 실용성과 함께 도덕윤리를 교육하는데 있어서 시각적 효용성을 높이고 동기부여를 높이려는 장치였다고 하겠다.[95] 이는 대국민용 홍보포스터로 표현될 수도 있다.[96] 윤리란 생활 속에서 끊임없이 꾸

준히 실천해야 할 덕목이므로 그 중요성을 반복하여 환기시키는 것이 중요하다. 우리가 위인들의 격언이나 동서고금의 명언들을 명문처럼 새겨서 머리말에 써 놓고 즐겨 읊으며 닮고자 노력하는 것과도 상통한다.

어느 사회에서나 모든 구성원들이 사회의 일원으로서 당연히 지켜야 할 도덕규범이 요구되기 마련이다. 인간이면 누구나 지켜야 할 실천윤리가 있다. 물론 효제문자도가 표방하는 도덕윤리는 어떠한 구성원도 각기 나름의 제구실을 다하며 상호유기적 관계를 통하여 사회체제를 유지하려는 이념체계이다. 아울러 이러한 체계는 구성원들에게는 자연의 법칙과 삶의 원리에 보편적으로 합당한 이론적 근거를 제공할 수 있었다.

효제문자도가 널리 성행하게 된 것은 사회변동과 문예부흥사조와도 관계가 깊다. 우선 문화를 향유할 만큼 민중의 의식과 경제적 여건이 높아진 것이다. 다음은 조선의 지배원리였던 유학의 이념들이 민중에게까지 파급된 것을 의미한다. 또 반면에 사회의 기강이 문란해진 것을 다시금 바로 확립해보려는 의지도 작용했을 것이다.

효제문자도가 성행한 시기를 대부분 18세기 말에서 19세기 초로 상정하고 있는데, 공교롭게도 이 시기는 주자학 일변도의 학풍에서 벗어나고자 하는 학문적인 반성이 풍미했던 때이다. 유학에 대한 반성과 비판이 거세게 일어나던 시기임에도 불구하고 효제문자도가 유행한 원인을 유학덕목이 담긴 민화를 감상할 계층의 증가로만 설명이 가능할 것인가? 이는 교화용으로 보급되었다기보다는 오히려 유학에 대한 풍자와 비판이 아닐까 하는 추론도 가능하다. 이러한 점은 효제문자도의 변천양식과도 관련이 있을 것이다.

효제문자도의 변천과정은 처음에는 글자 안에 그와 관련된 인물화를 취했

---

95) 하수경, 「한국민화의 윤리문자도의 상징과 표현읽기」, 민속학술자료총서 400, 민화 6, 서울: 우리마당터, 2004, pp. 133~136 참조.

96) 이명구, 『東洋의 타이포그래피, 文字圖』, 서울: Leedia, 2005, p. 50.

다가 점차 글자 안의 그림이 그와 관련된 상징물로 단순화되고, 이후에는 그 상징이 글자의 획을 대신하는 변화를 겪게 되며, 그다음에는 일정한 양식이나 규칙이 깨어져 희화(戲畵)된다는 점과 깊은 관련이 있을 것으로 생각된다. 효제문자도가 최초로 발생된 시기는 유교적 질서체계가 수립되는 시기, 효제문자도의 정형화는 유교이념이 확립되는 시기, 효제문자도의 파행화는 유교이념이 탈색되는 시기와 연관이 있을 것으로 추측된다. 그 내용에 있어서도 사회의 변화와 밀접한 관련이 있을 것으로 본다. 즉 일반 민중에게 보편화되고 성행된 배후에는 대중의 경제적 사회적 신분상승과 상승요구와 함께 지배계층에 대한 불만과 풍자와 비판이 자리하고 있을 것으로 추론된다. 그래서 그림 같은 문자이면서 문자 같은 그림이 되지 않았을까? 따라서 효제문자도에 대해 양식의 변화와 내용의 변천과정을 고찰하는 다각적이고 입체적인 연구가 절실하다고 본다. 단순하게 민화의 예술적 가치를 논하여 효제문자도의 입지를 부각시키는 데서 더 나아가 예술작품이 담지하고 있는 사상적 배경을 심도있게 논할 필요성이 제기된다.

5. 결론

본 논문을 통하여 문자도의 연원과 효제문자도에 나타난 실천적 윤리와 사상체계가 조명되었다. 조선시대의 유학에 대한 연구는 여러 측면에서 많은 성과가 있었다. 그러나 탈주자학이냐 반주자학이냐의 논란과 함께 몇몇 유학자들만이 주로 연구되어왔고, 대부분의 연구가 인물중심이나 문제중심으로 치중되는 풍토가 주류였으며, 특히 연구자료는 문헌이 대부분이었다. 따라서 여덟 글자로 구성된 독창적인 양식의 효제문자도라고 하는 예술작품을 통해 유학사상을 다루었다는 점에서 이 글은 의미가 있다고 본다. 아울러 일반 대중에게까지 보급된 효제문자도의 장식적이고 교육적인 기능을 함께 밝힘으로써 국시로서 유학이 가지는 실천적 역할과 기여도 일부나마 함께 밝혀졌다고 본다. 또 효제문자도의 유행은 규범적 윤리의식을 강화하여 사회적 결속력을 유지하고자 했던 조선유학의 실천성과도 연계된다고 할 수 있다. 이와 같이 이 연구는 효제문자도를 통해 한국유학의 역동성과 실천성을 규명하고자 한 새로운 시도라고 할 수 있지만, 효제문자도의 분석을 대상으로 하고 있으면서도 기존의 연구성과를 정리하고 재해석하는 데 그친 한계도 가지고 있어서 몇 가지 보완해야 할 필요성이 있다고 본다.

첫째, 사회적인 변화와 관련된 효제문자도 도상의 변화와 양식의 변천에 대한 체계적인 연구가 시급하다. 예를 들면, 처음에는 효제문자도에 등장하는 사례들이 중국의 고사에서 비롯된 것이 많아, 복식형태나 누각 등 건축양식이 중국적인 형태로 나타난다. 그러나 점차 그 중심에 조선의 인물들이 등장하기도 하고, 비록 고사가 중국에서 비롯된 것이라 하더라도 의복이나 인물의 생김새가 조선의 것으로 대치되는 현상이 보인다. 이는 당시의 시대적 반영 즉 자기주도적이고 역동적으로 변화되는 의식과 정감의 새로운 발견이라는 사고의 전환과 맥을 같이한다고 생각되지만, 이를 뒷받침할 수 있는 검증과 체계적 분석이 필요한 것이다.

둘째, 기존 질서의 와해와 양식 변천의 상관관계에 대한 심도있는 고찰이 필요하다. 효제문자도는 인격수양의 지침, 세상 사람들에게 귀감이 될 만한 사례, 참다운 군자의 도리를 담고 있는 실천적 윤리로 기능했다. 효제문자도를 비롯한 민화에는 민중의 생활상이 반영되어 있으며, 미적 감성과 세계관이 담지되어 있다. 그러므로 효제문자도가 일반 대중에게 성행했다는 것은 무엇보다도 유교문화의 생활화를 의미한다고 하겠다. 물론 효제문자도의 유행은 조선시대에 오면서 유학이 국시로 자리를 잡고 유교문화가 생활화되는 과정 속에서 이해해야 할 것이다. 그러나 효제문자도가 일반화된 시기의 유교질서의 와해와는 어떻게 설명될 수 있을지를 보다 연구할 필요성이 있다. 유교질서의 와해는 곧 효제문자도의 양식변천과 밀접한 관련을 맺음으로써 정형화된 형식이 무시되었고, 사회를 비판하는 민중의식은 엄격한 지배질서체제의 윤리덕목을 해학(諧謔)과 풍자(諷刺)로 희화(戲畵)하는 방향으로 발전되는 것과 밀접한 관계가 있다고 본다. 이를 체계화할 이론이 필요하다.

셋째, 효제문자도가 조선에서 성행하게 된 이유에 대한 구체적인 설명이 필요하다는 점이다. 여덟 개의 문자로 구성된 팔자병(八字屛)이 중국이나 조선에서 모두 귀하게 여겨지기는 했으나, 효제문자도로 다시 재구성되어 주로 병풍으로 고정되고 발전된 예는 우리 조선에서만 찾을 수 있는 특이한 현상이다. 본 논문은 주로 여덟 폭의 그림으로 새롭게 고안된 효제문자도가 조선에서 특히 강조되고 다채롭게 성행한 이유가 명확하게 밝혀지지는 못했다. 이러한 문제들은 효제문자도의 전반적인 변천과정과 양식의 변화와 더불어 재검토되어야 할 과제라고 본다.

넷째, 효제문자도의 현대적 의미와 효용에 관한 문제이다. 대다수의 현대인들은 의식적으로나 무의식적으로 나 혹은 집단의 이익을 위해서 생존경쟁과 용감한 투쟁을 사양하지 않는다. 이러한 사유의 기본적 요인은 나와 남을 대립시켜 남을 무시하고 나를 우위에 놓으려는 주객의 구별에 있다. 즉 나의 입장에서 모든 대상을 평가하고 이를 고집하는데 그 문제점이 있다. 인간으로서 지켜야 할 도덕성과 윤리규범은 무시되고, 감성 그리고 본능이 강조되는 풍조가 현대사회에 팽배한 현상이다. 이외에도 경제지상의 가치관, 물질주의의 팽배, 사회윤리의 위기, 원칙과 규범의 상실, 인간소외, 인간성 부재, 비인간화 등 우리 시대를 대변하는 사회현상을 표현한 말들이 넘쳐난다. 따라서 우리는 이러한 현대문명에 대해서 근본적인 반성을 하여야 하며, 더 나아가 현대의 복잡한 조직 속에 휘말려 돌아가는 자기 자신을 잠시나마 멈추고, 그 근원으로 돌아가 문명의 주체로서 반성해 볼 필요가 있다. 유학에서는 인간에 대한 신뢰를 바탕으로 모든 문제를 타자에 의존하지 않고 인간 스스로의 힘만으로 충분히 해결할 수 있다고 본다. 결국 이상적 가치의 실현의 관건은 바로 인간 자신에게 있는 것이므로, 이러한 인간의 존엄성을 인정하고 있다는 데서 유학의 진가는 발휘된다. 그렇다면 어떠한 인간이 존엄한 존재인가? 유학의 바탕인 수기치인(修己治人)을 달성하고자 노력하는 사람이 곧 이상적이고 존엄한 인간이 될 것이다. 유학에서 제시하는 이상적인 인간상이란 인간으로서 지켜야 할 도리와 규범을 준수하는 데서 출발한다. 우리는 인간이 인간답게 사는 길, 마땅히 지켜야할 질서나 덕목에 대한 근거와 기록들을 많은 문헌을 통해 발견할 수 있다. 그 가운데 효제문자도는 그 올바른 지침이 될 수 있다.

그러므로 효제문자도에 나타난 이상적인 가치는 단순히 조선사회 유학의 실천적 지향에서 그칠 것이 아니라, 오늘날에도 인간으로서 도리를 다하고 인간답게 살기 위해서 절실하게 요구되는 덕성(德性)으로 거듭 태어나야 할 것이다. 따라서 실천적이고 교육적인 내용을 담고 있는 효제문자도가 현대사회에서 활용될 수 있는 방안이 모색될 필요성이 있다. 문자를 틀로 하면서 문자의 교육적 내용을 연상시키는 상징물에 대해 이야기하듯이 쉽게 풀어서 그린 글씨그림은 도덕윤리를 함양하는 효과적인 매체가 될 것으로 기대한다.

참고문헌

『五倫行實圖』.

『朝鮮王朝實錄』.

『韓國文集總刊』.

『반갑다! 우리민화 うれしい! 朝鮮民畵展』, 서울역사박물관, 2005.

『鮮文大學校博物館 名品圖錄Ⅳ』 民畵- 文字圖篇, 선문대박물관, 2003.

국립민속박물관, 『민속유물이해 2-민화와 장식병풍』, 디자인사이, 2005.

김영재, 『민화와 우리신화』, 서울: 조선민화박물관 출판부, 2004.

이명구, 『東洋의 타이포그래피, 文字圖』, 서울: Leedia, 2005.

유홍준·이태호, 『문자도』, 대원사, 1993.

임두빈, 『한국의 민화』, 서문당, 1993.

허 균, 『허균의 우리민화읽기』, 대한교과서, 2006.
송하경, 「圓嶠의 書藝美學思想-書訣을 중심으로」, 『東洋哲學研究』 34집, 동양철학연구회, 2003.9.
윤열수, 「關東 地域을 中心으로 본 孝悌文字圖 作家研究」, 『東岳美術史學』 제7호, 東岳美術史學會, 2006.
윤열수, 「문자도를 통해 본 민화의 지역적 특성과 작가 연구」, 동국대 박사논문, 2007.
이명구, 「조선후기 효제 문자도와 지방적 조형특성 연구」, 『디자인학연구』 17, 2004.
이영주, 「조선후기 문자도 연구』, 이화여자대학교 석사논문, 2003.
정병모, 「제주도 민화 연구-문자도 병풍을 중심으로-」, 『강좌 미술사』 24, 한국미술사연구소, 2005.6.
진준현, 「민화 문자도의 의미와 사회적 역할」, 『미술사와 시각문화』 3, 2004.10.
하수경, 「한국민화의 윤리문자도의 상징과 표현읽기」, 민속학술자료총서 400, 민화 6, 서울: 우리마당터, 2004.

8장

역(域)과 아이콘의 패러다임 전환*

— 김홍도 회화세계의 미학적 의의

임 태 승

(중국·上海 華東師範大學 哲學科 교수)

1. 기인기화(其人其畵)

김홍도(金弘道, 1745~1806?)는 조선후기 회화계를 대표하는 가장 탁월한 화가이다. 7세 무렵에 당대 최고의 문인화가였던 강세황(姜世晃, 1712~1791)의 집에 출입하면서 조기 교육을 받았고, 20세에 이미 도화서(圖畵署)의 화원(畵員)으로 발탁되었다. 화원으로서 어용화사(御用畵師)가 된다는 것은 더할 수 없이 큰 영광인데, 김홍도는 29세(1773, 영조 49년)에 벌써 영조(英祖)의 어진(御眞) 제작에 참여하였고, 다시 37세(1781, 정조 5년)와 47세(1791, 정조 15년)의 두 차례에 걸쳐서는 일찍부터 김홍도의 천재를 알아보고 후원하였던 정조(正祖)의 어진 제작에 참여하게 되었다.[1)] 이로써 그의 회화적 재능이 얼마

* 이 글은 "Paradigm Shifts of Regions and Icons: the Aesthetic Significance of Kim Hong-do's Paintings"란 제목으로 *Korea Journal* (Vol. 46 No. 2 Summer, 2006년 8월, pp. 208~232)에 게재되었던 영문본을 수정·보완하여 국역한 논문이다.

나 탁월한지를 잘 알 수 있다.

30대에 그린 그림은 인간과 세상사에 대한 따뜻한 애정을 가지고 현실 세태를 표현한 풍속화가 대부분을 차지한다. 그런데 40대의 작품에서는 그러한 풍속화가 발견되지 않는다. 이는 관료생활에 젖어들면서 예술관이 변화했기 때문이다. 김홍도는 40대의 절반을 지방관으로 보낸 바 있다. 이 시기에 그는 화원이 아닌 관리의 신분으로 현지 고위 지방관들과 어울리면서 문인적 세계관을 접하게 되었고, 이러한 경험이 그의 회화관에도 영향을 미쳐 그로 하여금 풍속화가 아닌 관념산수화에 심취케 했던 것이다.[2) 김홍도는 51세에 해임된 후 한양으로 올라와 다시 화원으로서 활발한 활동을 하였다. 이때부터 진지하게 예술적 수련을 거쳤고, 그 결과 자신만의 독특한 화풍을 형성하게 되었다. 현재 전하는 그의 작품 중 반수 이상이 이 시기 이후의 것이다.

김홍도의 회화세계는 두 가지의 특징을 보인다. 하나는 미학범주로서의 사품격(四品格), 즉 능품(能品)·묘품(妙品)·신품(神品)·일품(逸品)의 각각을 모두 표현하는 회화적 깊이를 보여주었다는 점이다.[3) 김홍도의 회화세계가 보여주는 다른 하나의 특징은, 풍속화·신선도(神仙圖)·초상화·산수화 등 장르 전반에 걸쳐 기량을 발휘하는 회화적 폭을 보여주었다는 점이다.[4) 이처럼 다

1) 유홍준, 「단원 김홍도 — 조선적인, 가장 조선적인 불세출의 화가」, 서울: 역사문제연구소, 『역사비평』 22집, 1993 참조.

2) 이태호, 「18세기 풍속화의 전형을 이룩한 檀園 金弘道」, 서울: 중앙일보사, 『월간미술』 6월, 1993 참조.

3) 강세황과 박윤묵(朴允默: 1771~1849)은 김홍도에 대해 다음과 같이 묘사한 바 있다. “今畵家各擅一能, 未能兼工. 金君士能, …… 無所不能. 至於人物山水 …… 皆入妙品. …… 尤善於模寫我東人物風俗, …… 曲物盡態, 形容不爽. …… 創意獨得, 以至巧奪天造, 豈非天賦之異, ……”(姜世晃, 『豹菴遺稿』 卷四, 「檀園記」); “昔時方下筆, 解衣坐盤礴, 酒氣爭拂拂, 詼謔時復作, 意若無所事, 一揮便眞形”(朴允默, 『存齋集』 卷二, 「題檀園金弘道翎毛花草圖」). 강세황의 평가는 김홍도가 능품과 묘품 및 신품을 드러낸 화가였다는 것이고, 박윤묵의 평가는 김홍도가 일품까지 아우르는 화가였다는 것이다.

양한 장르에서 예술적 폭과 깊이가 드러나지만, 정작 그의 예술세계에서 가장 의미 있는 부분은 풍속화와 산수화라 할 수 있다. 그런데 이 두 장르는 사실 그림 자체보다는 그림 외적인 데서 보다 큰 중요성을 담고 있다. 그의 풍속화의 세계는 조선후기의 사회·문화·사상의 패러다임 전환을 알려주는 지표이다. 또한 산수화는 그가 비록 문인은 아니었지만 문인적 세계관을 깊이 이해하고 있었음을 보여준다. 하지만 더 중요한 의의는, 도상학적인 측면에서 볼 때, 그의 일련의 산수화가 전통적인 격식에 대해 패러다임 전환을 보여준다는 점이다. 김홍도의 그림이 예술사회학적 의미를 지니는 것은 바로 이 두 장르 때문이다. 이 글의 주요한 목적은 이러한 두 가지 형태의 패러다임 전환이 어떻게 그림으로 표현되었는지, 그리고 그 미학적 의의는 무엇인지 분석하는 것이다. 이러한 분석은 도상학[5] 혹은 도상해석학[6]과 예술사회학[7]의 각도에서 진행될 것이다.

---

4) 김홍도의 작품세계 전반에 대해서는 정양모 등의 『단원 김홍도』, 서울: 중앙일보사, 1985 및 이동주의 『우리나라의 옛 그림』, 서울: 학고재, 1996, pp. 93~211 참조.

5) 도상학의 중심과제는 작품과 그 시대의 정신적 상황을 제대로 연결시키고, 큰 울타리 안에서 작품 해석을 시도하는 일이다(Ekkehard Kaemmerling, *Ikonographie und Ikonologie* (Köln, DUMONT Buchverlag, 1994); 이한순 외 역, 『도상학과 도상해석학』, 서울: 사계절출판사, 2003, p. 5, 머리말 참조).

6) 도상해석학은 미술을 역사적으로 연구한다. 그림의 확인과 서술을 목표로 하는 것 외에도 작품의 내용〈혹은 의미〉에 대한 해석을 추구한다(E. Kaemmerling, 앞의 책. pp. 17~18 참조).

7) 예술사회학의 영역은 예술의 사회적·역사적 생산, 예술의 생산과 소비의 조건, 그리고 예술이 이데올로기를 재생산해내는 재현형식과 약호 등에 관한 일련의 연구이다(Janet Wolff, *Aesthetics and the Sociology of Art* (London, George Allen & Unwin, 1983); 이성훈 역, 『미학과 예술사회학』, 서울: 이론과 실천, 1994, p. 22 참조).

2. 역(域)의 패러다임 전환

김홍도 시대에 풍속화가 크게 유행하였다. 그 이유로는 영·정조대에 사회·경제·문화적 발달 및 이로 인한 유가이데올로기의 완만한 쇠락을 지적할 수 있다. 혼세(混世)에 흔히 나타나는 국가적·사회적 이데올로기로의 집약은, 그러나 장기적인 무자극의 상황에선 그만 집중력을 잃기 마련이다. 따라서 이성적인 유가사유는 그 이성을 지속적으로 곧추세울 수 있는 환경이 지속되지 못하자, 마침내 붕괴의 양상을 맞게 된 것이다. 조선 후기 역사에 있어서 가장 안정되고 활기차고 번영하던 시대, 다시 말하자면 유가이데올로기가 완고한 힘을 발휘하기에 가장 불리했던 시대의 회화적 표현이 당대의 풍속화이다.

『속화첩(俗畵帖)』은 김홍도의 대표작 중 하나인데, 서민들의 갖가지 생활상을 25점으로 꾸민 풍속화들이 구도상 배경이 없이 주제만 중점적으로 묘사되어 있다.[8] 여기에는 일하는 사람들과 다양한 일상의 생활상, 남녀의 애정사에 이르기까지 풍부한 내용이 담겨있으며, 남녀노소의 인물과 개나 소, 말의 표정 등을 통한 각 대상의 심리상태가 잘 표출되어 있다.

김홍도 풍속화의 가장 큰 특징은 주제의 단순한 '이분역(二分域)' 구도라 할 수 있다. 이전의 전통적 산수화에서 보였던 입체적 다역(多域) 구도와는 완전히 다른 평면적인 이분역(二分域)의 구도이다. 그러나 다역(多域)과 이분역(二分域)에서의 역(域)의 내용은 완전히 다르다. 다역이 공간적인 다중 구성을 의미한다면, 이분역은 주제의 이분을 의미한다. 그 주제의 이분이란 곧 '중심부'와 '주변부'이다. 중심부가 주제와 직결된 부분이라면, 주변부는 주제와는 전혀 상관없지만 중심부와의 호응을 통해 예술적 효과를 고양하는 역할을 하는 부분이다.

---

8) 김홍도의 풍속화에 대한 자세한 내용은 이태호의 『조선후기회화의 사실정신』, 서울: 학고재, 1996, pp. 205～228 참조.

전통적 문인 산수화에서는 주변부가 포괄적 중심과 동질적 관계를 이루는 일원적 구성을 이룬다. 전통적인 산수화에는 김홍도식 풍속화에서보다 훨씬 더 많은 아이콘들이 등장하지만 그것들은 결코 주제로부터 독립적이고 이질적인 역할이나 효과를 만들어내지 않는다. 다시 말해서 그것들은 중심부 안에서의 무의미한 부분일지언정 결코 중심 밖에서 중심과 비교되거나 연결되는 부분은 아닌 것이다. 예컨대 정통 문인산수화에 많이 등장하는 관폭도(觀瀑圖)나 심매도(尋梅圖)를 보면, '관폭(觀瀑)'과 '심매(尋梅)'라는 주제와 연결된 아이콘은 '관자(觀者)와 폭포' 및 '심자(尋者)와 매화'이다. 하지만 여기에는 이러한 아이콘들만 등장하진 않는다. 보통 전자에 대해서는 산·물·정자·나무 등이, 그리고 후자에 대해서는 눈[雪]·다리[小橋]·하인·말 등이 함께 어울린다. 하지만 그렇다고 이 요소들이 중심 주제로부터 독립적이고 이질적인 주변부는 아니다. '관자와 폭포' 및 '심자와 매화'가 중심적 주제라 한다면 그 밖의 아이콘들은 주변적 주제라 할 수 있다. 따라서 전통적 문인산수화에서는 이러한 것들 모두가 함께 포괄적 중심부를 이룬다고 할 수 있다.

반면 김홍도의 풍속화에서는 중심부와 이질적인 주변부가 별도로 설정되고 이에 주변부는 중심부과 함께 이원적 구성을 이룬다. 총 25점의 김홍도의 풍속화 중 중심부와 주변부가 확연히 구별되는 그림은 모두 14점이다. 각각의 그림에서 제목, 즉 주제와 상관있는 행위에 참여하는 부분[인물들]이 중심부이다. 반면, 주제와 상관없는 부분은 주변부이다. 각각의 그림에 나타나는 중심부와 주변부의 내용은 다음 쪽의 표와 같다.

김홍도 풍속화의 핵심은 바로 주변부가 당당한 자기 위치를 갖는다는 점이다. 화면의 주변부는 주제와 상관있는 중심부와는 동떨어진 위상이긴 하지만 예술적 효과를 배가시키는 역할을 함으로써 당당히 한 축을 차지하게 된다. 평면 구성이라는 단순성 때문에 상대적으로 주변부의 위상이 중요해진 것이다. 김홍도의 풍속화에 나오는 주변부적 요소는 우의(寓意)나 상징은 아니지만, 나름대로 특별한 의미와 가치를 지닌다. 그것은 이데올로기의 해체가

〈김홍도 풍속화의 중심부와 주변부 일람표〉

도판	제목[주제]	중심부	주변부
1	"벼 타작"	벼 타작하는 사람들	지켜보는 양반
2	"점심"	점심 먹는 사람들	개
3	"말 징 박기"	말 징 박는 사람들	정한수
4	"점보기"	점 봐주는 중들과 점 보려는 부인	여종
5	"씨름"	씨름하는 이와 구경꾼들	엿장수
6	"빨래터"	빨래하는 여자들	훔쳐보는 양반
7	"우물가"	물 긷는 여자들과 물 얻어먹는 남자	흉보는 여자들
8	"기와이기"	기와 이는 사람들	감독
9	"주막"	술 파는 여자들과 먹는 남자	아이
10	"자리 짜기"	자리 짜는 부부	책 읽는 아들
11	"고수놀이"	놀이하는 아이들	구경하는 사람과 늦게 오는 아이
12	"길쌈"	길쌈하는 여자들	구경하는 노파와 아이
13	"고기잡이"	고기 잡는 어부들	지나가는 배 위의 사람들과 새들
14	"담배 썰기"	담배 만드는 사람들	구경하는 이와 책 읽는 이

〈도판 1〉 「벼 타작」, 『속화첩(俗畵帖)』 중 하나, 종이에 담채색, 27×22.7cm, 국립중앙박물관 소장.

〈도판 2〉 「점심」, 『속화첩(俗畵帖)』 중 하나, 종이에 담채색,
27×22.7cm, 국립중앙박물관 소장.

〈도판 3〉 「말 징 박기」, 『속화첩(俗畵帖)』 중 하나, 종이에 담채색,
27×22.7cm, 국립중앙박물관 소장.

〈도판 4〉「점보기」, 『속화첩(俗畵帖)』 중 하나, 종이에 담채색, 27×22.7cm, 국립중앙박물관 소장.

〈도판 5〉「씨름」, 『속화첩(俗畵帖)』 중 하나, 종이에 담채색, 27×22.7cm, 국립중앙박물관 소장.

〈도판 6〉 「빨래터」, 『속화첩(俗畵帖)』 중 하나, 종이에 담채색, 27×22.7cm, 국립중앙박물관 소장.

〈도판 7〉 「우물가」, 『속화첩(俗畵帖)』 중 하나, 종이에 담채색, 27×22.7cm, 국립중앙박물관 소장.

〈도판 8〉 「기와이기」, 『속화첩(俗畵帖)』 중 하나, 종이에 담채색, 27×22.7cm, 국립중앙박물관 소장.

〈도판 9〉 「주막」, 『속화첩(俗畵帖)』 중 하나, 종이에 담채색, 27×22.7cm, 국립중앙박물관 소장.

〈도판 10〉 「자리 짜기」, 『속화첩(俗畵帖)』 중 하나, 종이에 담채색, 27×22.7cm, 국립중앙박물관 소장.

〈도판 11〉 「고수놀이」, 『속화첩(俗畵帖)』 중 하나, 종이에 담채색, 27×22.7cm, 국립중앙박물관 소장.

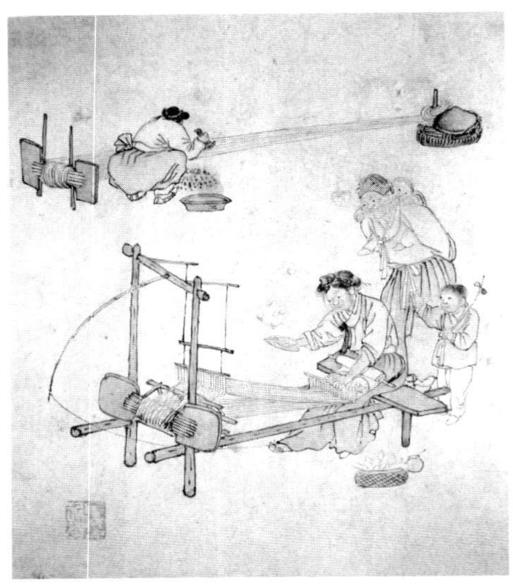

〈도판 12〉 「길쌈」, 『속화첩(俗畵帖)』 중 하나, 종이에 담채색, 27×22.7cm, 국립중앙박물관 소장.

〈도판 13〉 「고기잡이」, 『속화첩(俗畵帖)』 중 하나, 종이에 담채색, 27×22.7cm, 국립중앙박물관 소장.

〈도판 14〉 「담배 썰기」, 『속화첩(俗畵帖)』 중 하나, 종이에 담채색, 27×22.7cm, 국립중앙박물관 소장.

무의식적으로 작가에게 흡수되었음을 반영하는 현시적 결과인 것이다. 따라서 직접적인 우의나 상징은 아니라 하더라도, 그로부터 간접적으로 예술의 사회사나 미술의 역사를 읽어낼 수 있는 표지로 봐야 한다.

그렇다면 이러한 형식적 변화가 의미하는 바는 무엇인가? 내용면에서의 주변부의 당당한 등장이 함축하는 바는 유가이데올로기의 일원론적 사고의 틀이 깨지고 다원성을 의식하게 됨을 의미하는, 문화쇼비니즘[9]과 문화패권[10]으

9) 문화쇼비니즘은 James M. Polachek의 *The Inner Opium War* (Harvard University Press, 1992)에 나오는 말로, 한족사대부(漢族士大夫)들의 문화적 우월에 대한 집단의식을 가리킨다. 이는 그들의 정치행위에 있어 가장 근원적인 추동력이었다. 자세한 것은 허위에푸(賀躍夫), 「評"內部的鴉片戰爭"」, 『二十一世紀』, 1994년 4월 제22기(期) 참조.

10) 문화패권(文化覇權)은 Antonio Gramsci가 사용한 개념이다. Prasenjit Duara, *Culture, Power, and the State — Rural North China, 1900-1942* (Standford University Press,

로부터의 해방이다. 전통문인산수화에서 예컨대 '관폭'이나 '심매'가 주제가 될 수 있는 것은 폭포와 매화라는 아이콘이 코드[11]를 내장하고 있기 때문이다. 하지만 풍속화에는 이러한 코드가 없으므로, 혹은 일부러 소멸시켰으므로 주제가 분명한 전통문인산수화에서보다 중심부의 흡입력이 떨어지게 된다. 따라서 풍속화에서의 주변부가 독립적이고 이질적일 수가 있는 것이다. 그리고 결국 이러한 중심부의 장력(張力)으로부터 자유로운 주변부는 이데올로기로부터의 해방을 의미하는 망탈리테(Mentalitè)[12]미학을 구축하게 된 것이다. 다시 말해서 기존의 유가적 회화가 정교(政敎)적 의미를 전달하는 '상징의 회화'라면, 그의 풍속화는 삶의 편린을 전달하는 '인상의 회화'인 것이다.[13] 김홍도의

1988), p. 247 참조.

11) 필자는, 문인회화와 상관하는 유가미학의 체계 내로 한정하여 논할 경우, 여기서 도덕적 혹은 정교적 가치를 코드라 하고 이를 담아내는 가치담지적 정보를 아이콘이라 정의한다. 포괄적인 의미에서 아이콘이란, 화면 속에 나타나는 개별적 요소들, 즉 산·물·사람·집·정자·다리(小橋)·배(舟)·폭포·바람·달·구름·안개·눈(雪)·비·바위·나무·꽃·새·동물·곤충·악기 등을 말한다. 코드란 이러한 각각의 아이콘이 담고 있는 의미 혹은 메시지이다. 유가미학의 범위 내에서 간단한 예를 들자면, 하나의 아이콘으로서의 대나무가 담고 있는 코드는 군자(君子)의 기개라는 식이다. 각각의 아이콘이 내포하고 있는 코드는 거의 예외 없이 고유하다. 또한 아이콘들은 각자의 코드 때문에 함께 어울릴 수 있는 것과 함께 할 수 없는 것의 분별이 명확하기도 하다(졸저, 『아이콘과 코드: 그림으로 읽는 동아시아미학범주』, 서울: 미술문화, 2006, 머리말 참조).

12) '망탈리테'는 사회문화 현상의 바닥에 자리 잡은 무의식적인 집단사고 혹은 생활습관으로 이해된다(조한욱, 『문화로 보면 역사가 달라진다』, 서울: 책세상, 2000, p. 39 참조).

13) "상징의 시대에서 코드가 중요했다면 인상의 시대에서는 아이콘이 코드로부터 독립을 맞는다. 즉 아이콘은 코드를 위한 통로 혹은 수단이 아니라 그 자신 독립적인 가치와 의의를 갖는 것이다. 인상은 바로 초감각적이자 초이성적인 심미체험이다. 그래서 인상의 시대에서 우리는 생소한 아이콘을 접하게 된다. 무심한 눈길, 놀래는 몸짓, 흩날리는 나뭇잎 혹은 떨어지는 꽃잎, 끊어진 다리, 일렁이는 바람, 그리고 물길의 역류나 스쳐 지나가는 잔상(殘像) 등등. 이러한 인상적 아이콘들은 상징적 아이콘이 보여주었던 정형성과 필연성을 탈피하고 있다. 즉 언제 어디서나 고유한 코드를 지니는 상징적

풍속화는 결코 민중미학[14]적 의도에 의해서 나온 것이 아니다. 사실은 오히려 민중미학이 거부한 무관성(無關性)이라는 기준에 의한 작품이라고 볼 수 있다. 따라서 이는 작품의 내용 분석에 의한 것이 아닌, 유가이데올로기 해체를 증명하는 하나의 현상으로서 예술사회학적으로 규정해야 하는 것이다.

예술사회학적 각도에서 볼 때 김홍도의 풍속화의 의미는 두 가지로 정리할 수 있다. 하나는 풍속화 탄생[15]이 고급예술로부터 대중예술로의 전이를 의미한다는 것이다. 다른 하나는 풍속화의 성행이, 중심문화[고급/엘리트문화]에 있지는 않으나 사회적으로 중심을 지향해야만 했던[16] 무의식의 잔재를 씻어낸다는 의미를 지닌다는 것이다.[17] 하우저(A. Hauser)의 다음과 같은 논설

아이콘과 달리, 인상적 아이콘에서는 매 상황에서의 호응관계에 따라 의미가 생겨나는 가변성과 우연성이 가장 큰 가치가 된다"(졸저, 『상징과 인상: 동아시아미학으로 그림 읽기』, 서울: 學古房, 2007, 머리말).

14) 민중미학은 예술작품을 삶의 사물로, 형식을 인간의 삶으로 환원시키는 것이다(Janet Wolff, 앞의 책, p. 40).

15) 풍속화 탄생의 사회적 조건 혹은 의미로는 다음 세 가지를 들 수 있다. 첫째, 영·정조대의 성군절대주의(聖君絶對主義) 시기의 풍요에 의한 도시 중산계급 이하의 구매력이 생성됨으로써 그들의 기호에 맞는 예술생산이 개시되었다. 둘째, 교육을 받았다는 것이 더 이상 예술의 필수조건이 되지 못하게 되었다. 셋째, 풍속화라는 예술은 교육수준과 계층의 위치, 즉 계층적 관점과 교육적 관점 사이의 긴장이 해결되는 하나의 통로의 역할을 하였다. 특히 둘째와 셋째 항목은 이데올로기적 사회가 망탈리테적 사회로 전이됨을 보여준다.

16) "진짜 시골 민중은 그들이 시를 만들어 낼 때 '자연스럽게' 되려고 애쓰는 것이 아니라, 감정적으로나 언어적으로나 정장을 입으려고 〈최고의 면모를 보이려고〉 노력한다"[Heinrich Morf, *Aus dichtung und sprache der Romanen* (Strassburg: K. J. Trübner, 1911) p. 90; Arnold Hauser, *Methoden moderner Kunstbetrachtung* (München, C. H. Beck, 1975), 황지우 역, 『예술사의 철학』, 서울: 돌베개, 1983, p. 295에서 재인용].

17) "다재다능한 김홍도는 중인계층의 화원화가였기에, 훨씬 더 보수적인 양반계층의 유가적 문인화가보다 좀 더 쉽게 새로운 예술적 가능성을 접할 수 있었을 것이다"(Saehyang P. Chung, "New Finding on Some Possible Artistic Sources of Kim

은 이 부분을 잘 설명해준다.

"진지하고 까다로운 고급예술은 불안을 야기시키고 또 충격과 고통을 주는 반면, 통속예술은 불안을 진정시키고 삶 속에서 부딪히는 고통스러운 문제들을 피하게 해주며, 적극적인 자세와 긴장, 비판 및 자기반성에로 자극하는 대신 소극적인 자세와 자기도취에 빠져들도록 부추긴다. 이들은 미학적 가치 자체나 예술적 우열에 대해 반응하는 것이 아니라, 그들의 생활영역, 즉 그들의 실제적인 관심과 현실적 감각 및 노력의 영역 속에서 그들의 마음을 진정시켰거나 혹은 불안하게 만들었다고 느끼는 모티브에 대해 반응한다."[18]

3. 아이콘의 패러다임 전환

관료 생활을 하게 된 40대 이후 김홍도는 의사문인(擬似文人)[19]이 된다. 조선 후기의 보편적인 현상이기도 했지만,[20] 김홍도 역시 화원화가임에도 불구하고 문인의 영역을 넘나들었다. 화원 신분으로서 정통 문인은 아니었지만 현감 벼슬까지 지내는 관료 생활을 하며 문인과 교류를 경험했던 김홍도는,

---

Hongdo's 'Lunch'," *Acta Koreana*, vol. 2, 1999).

18) Arnold Hauser, *Soziologie der Kunst* (München, C. H. Beck, 1974), 최성만·이병진 역, 『예술의 사회학』, 서울: 한길사, 1983, p. 237.

19) 필자는 문인(文人)을, 권력과 학문과 도덕성 및 예술의 결합체로 정의한다. 문인은 벼슬을 하는 사(士)['권력']이자 유학(儒學)을 추종하는 유자(儒者)['학문']이자 도덕적으로 완전한 군자(君子)['도덕성']이며 동시에 내면의 깊이를 문학이나 조형예술로 표현해 낼 줄 아는 예술가['예술']였기 때문이다. 필자가 말하는 의사문인이란 이러한 문인적 자질에 의한 예술정신 없이 문인예술의 형식적인 면만 모방한 이를 말한다.

20) 임태승, 「"虛假文人"現象—조선후기 예술사회학에서의 儒家美學패러다임의 의미와 가치」, 서울: 성균관대 유교문화연구소, 『유교문화연구(국제판)』 6집, 2006 참고.

〈도판 15〉 「고사관수도(高士觀水圖)」, 종이에 담채색, 29.5×37.9cm 개인 소장.

〈도판 16〉 「관폭도(觀瀑圖)」, 종이에 담채색, 29×42cm, 개인 소장.

그로부터 얻은 문인적 예술관의 영향으로 유가미학적인 틀 속에서 전통적 문인산수화를 그린 바 있다. 특히 50~60대의 회화는 30대에서의 사실적인 풍속화와는 성격이 완전히 다른 은일자적한 풍류나 사대부적 이상이 드러나는 관념화가 주류를 이룬다. 예컨대 「고사관수도(高士觀水圖)」〈도판 15〉나 「관폭도(觀瀑圖)」〈도판 16〉는 유가적 삶의 태도를 보여주는 작품이다. 또 그의

〈도판 17〉 「노매도(老梅圖)」, 종이에 담채색, 17.6×22.3cm, 개인 소장.

〈도판 18〉 「노매함춘(老梅含春)」, 종이에 담채색, 36×23.5cm, 개인 소장.

독특한 걸작인 「노매도(老梅圖)」〈도판 17〉와 「노매함춘(老梅含春)」〈도판 18〉은 질박한 매화 가지와 화사한 꽃잎을 조화시킨 묘사를 통해 '문질빈빈(文質彬彬)'을 말하려는 작품이다. 역시 철저히 유가적 풍격이다. 의사문인(擬似文人)으로서의 의식을 잘 보여주는 또 다른 예는 그의 '홍도(弘道)'라는 이름과 '사능(士能)'이라는 호가 각각 『논어』[21]와 『맹자』[22]에서 취해졌다는 데서 찾을 수 있다. 그 이름과 호의 의미는 군자와 문사를 더없이 잘 묘사하는 것이다. 하지만 설사 그가 유학 혹은 유가경전에 대해 일정 정도 이해가 있었다 할지라도, 어쨌든 그것은 중요한 포인트가 못 된다. 왜냐하면 문인이라는 것은 계급이나 지식보다는 궁극적으로 '그들만의 세계[inner school]'의 문화적 경험으로부터 그 지위가 결정되는 것이기 때문이다.[23]

그럼에도 불구하고 그의 관념산수화는 풍속화의 의미 못지않은 중대한 의미를 담고 있다. 그 산수화는 바로 의사문인으로서의 김홍도와 이데올로기적 해방을 풍속화에서의 주변부로 구현한 김홍도가 다시 만나는 무대이다. 그래서 그의 문인산수화는 이전의 전통적 문인산수화와는 다르다. 김홍도의 산수화는 다음의 두 가지 특징을 보여준다.

하나는 풍속화에서의 주제의 이분역(二分域)이 산수화에서의 공간적 다역(多域)으로 변화했다는 점이다. 그런데 여기서의 공간적 다역은 전통적 문인

---

21) "子曰, 人能弘道, 非道弘人也"(『論語·衛靈公』).

22) "無恒産而有恒心者, 惟士爲能"(『孟子·梁惠王上』).

23) "문인회화는 문인들만의 세계 속에서 행해지고 그들 특정 소수에게만 감상되는 소수 지식층의 예술이었다"(Susan Bush, *The Chinese Literati on Painting*, Cambridge, Harvard University Press, 1971, p. 181). 한편 신문화사를 논하는 관점 가운데 하나가 이러한 필자의 문인에 대한 정의를 뒷받침해 준다. 단톤(Robert Darnton)은 신문화사(新文化史)를 논하면서, 계급을 결정하는 요인은 '계급' 자체라기보다는 '계급의식(階級意識)'이라는 계급구분법을 제시한 바 있다. 즉 계급의 구분에서 중요한 것은 마르크스(K. Marx)가 논했던 생산수단의 여부가 아니라 문화적 경험의 차이라는 것이다(조한욱, 앞의 책, p. 11 참조).

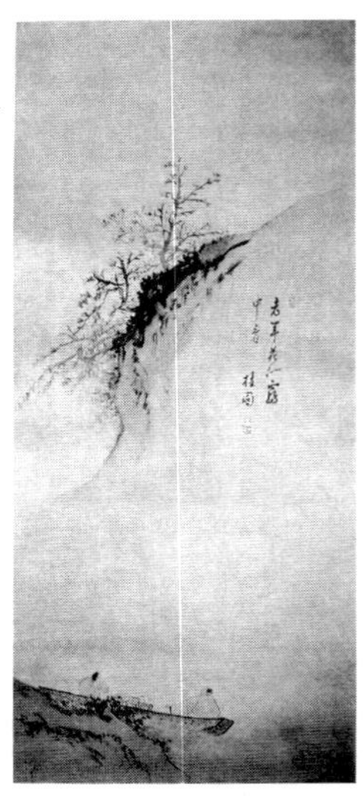

〈도판 19〉「주상관매(舟上觀梅)」, 종이에 담채색, 164×76cm, 개인 소장.

〈도판 20〉「동강조어(東江釣魚)」, 종이에 담채색, 111.9×52.6cm, 간송미술관 소장.

산수화에서의 다역과는 또 다른 김홍도식(式) 다역이다. 전통적 다역이 포괄적 다역이었다면, 김홍도식 공간 구성은 간략하면서도 중첩적인 다역이다. 두 폭의 그림을 통해 김홍도식 다역을 살펴보도록 하자. 정취의 구성 면에서 놀랍도록 흡사한 두 그림, 「주상관매(舟上觀梅)」〈도판 19〉와 「동강조어(東江釣魚)」〈도판 20〉는 '허로써 실을 살림[以虛用實]'이란 미학적 기제를 보여준다. 공히 두 그림에는 모두 네 층의 영역이 차곡차곡히 포개어져 있다. 즉 아래로부터 위로 실경(實境), 허경(虛境), 실경, 허경이 갈아들어 있는 것이다. 흙과 나무와 풀 등으로 채워진 언덕으로서의 제1역(域)과 제3역(域)은 실경이다. 그리고 여백의 제2역(域)과 제4역(域)은 허경이다. 그런데 각각의 실경과 허경은 동질의 것이 아니다. 내가 기대거나[「東江釣魚」] 혹은 등지고[「舟上觀梅」] 있는 제1역은 바로 차안(此岸)이다. 그렇다면 짐짓 꿈꾸거나[「東江釣魚」] 아니면 곧이 동경하는[「舟上觀梅」] 땅으로서의 제3역은 곧 피안(彼岸)이다. 제2역과 제4

역은 그저 여백이다. 그래서 허경이다. 하지만 여기서의 흰 여백은 곧 변신자재(變身自在)의 마법의 영역이다.[24] 그것은 때로 물도 되고 하늘도 되며 종내는 마음도 된다. 제2역의 여백은 물을 대신한 것이고 제4역의 여백은 하늘을 나타낸 것이다. 실경과 허경이 서로 품기고 보듬는 이러한 시적 공간은 완벽한 허실합일(虛實合一)의 경지를 보여준다. 김홍도의 산수화에서 나타난 이러한 다역의 중첩적이면서도 단순한 공간구성은 풍속화의 단순한 공간구도의 영향을 받은 것이라 할 수 있다. 이러한 단순한 구성이 함축하는 의미는 '상징'에서 '인상'으로 그 주제의 무게중심이 옮아갔다는 점이다. 전통적·문인적·유가적·이데올로기적 회화의 주제가 바로 상징적 주제라 한다면, 이러한 인상적 주제로의 변환의 의미는 곧 전통적·문인적·유가적·이데올로기적 주제로부터의 해방이라 할 수 있다. 따라서 김홍도의 산수화에 나타난 완벽한 허실합일의 경지는 역설적으로 전통산수화에서의 정경합일(情景合一)[25]이란 목표를 해체하는 것이기도 하다.

김홍도 산수화의 또 다른 하나의 특징은, 전통적 아이콘이 새로운 아이콘으로 패러다임 전환되었다는 점이다. 김홍도의 회화세계로 하여금 아이콘의

24) "질적인 면에서 허(虛)는 실존 속의 비존재를 상징하는 것이며, 양적으로는 이 허(虛)가 실(實)보다 훨씬 더 중요하게 된다"(George Rowley, *Principles of Chinese Painting*, Princeton, Princeton University Press, 1959, p. 72).

25) 청(François Cheng)은 전통산수화에서의 상징과 연관된 정경합일을 다음과 같이 정의한 바 있다. "알다시피 중국인들은 자연 사물의 덕성과 사람의 덕성을 일치시키기를 좋아한다. 예를 들자면, 군자(君子)의 자질은 난초·대나무·소나무·매화 등에 비유되곤 하는데 그것들이 각기 우아한 품격·의지(毅志)·패기·고상함 등의 미덕을 지니고 있기 때문이다. 그런데 이는 단순히 자연의 상징에 관한 일만은 아니다. 왜냐하면 이러한 합일은 사람이 외부세계의 내재화를 통해 자연의 상징에 대한 시각을 전환시킴으로써 지향한 합일이기 때문이다(François Cheng, *Empty and Full: the Language of Chinese Painting*, Translated by Michael H. Kohn, Boston & London, SHAMBHALA, 1994, p. 84).

〈도판 21〉 「애내일성(欸乃一聲)」, 종이에 담채색, 28.5×36.5cm, 부산시립박물관 소장.

패러다임 전환을 일으킨 것은 다음과 같은 두 가지 요인 때문이었다. 하나는 화원화가·관료 생활로 인한 의사문인(擬似文人)·해외경험으로부터의 신세계 경험 등의 개인적 문제이다. 다른 하나는 태평성대로 인한 물질적 풍요와 사회적 안정 및 이로 인한 이데올로기적 밀도의 약화 등 사회적 환경이다. 이러한 점들 때문에 획정된 아이콘의 의미와 기능이 중요시되는 전통적 문인산수화에서의 아이콘의 정식성(定式性: formality)이 흔들리게 되었다. 즉 전통적으로 획정된 상징으로서의 아이콘에서 무의미한 아이콘으로, 다시 말해서 상징으로서의 아이콘이 아닌 인상으로서의 아이콘으로 변화가 나타난 것이다. 이러한 변화는 예컨대 「애내일성(欸乃一聲)」〈도판 21〉에서 확인할 수 있다. 기존의 정통 문인산수화와는 다른 풍격의 이 그림의 키워드는 사실 기운생동(氣韻生動)이라 할 수 있다. 필자는 회화에서의 기운생동을 '관계하는 양자의 호응 아래 정세(靜勢) 혹은 동세(動勢)의 형세(形勢)로 보여주는 인상(印象)'이라 정의한다.[26] 이 그림의 감상 포인트는 화면 전반의 꽉 찬 무심함 속에 가느다

26) 회화에서의 기운생동의 의미 및 표현 양식에 대해선, 졸저, 『상징과 인상: 동아시아미

랗게 꿈쩍이는 '흐름'이다. 암벽 뒤로부터 배들은, 혹은 사람들은 잔상(殘像)의 에너지를 몰고 화면 위로 깜짝 나타나는데, 이를 보고 있노라면 화면 속의 그 유선(流線)의 잔영이 못내 떠나질 않는다. 이 대목이 바로 '인상'이다. 그런데 기운생동, 즉 형세로 보여주는 인상에서 가장 관건적인 단서는 관계하는 양자의 호응이다. 「애내일성」이 담고 있는 기운생동은 정태(靜態)의 형세로 보여주는 인상인데, 여기서는 바로 무심한 사람들의 눈빛이 부드러운 흐름과 호응함으로써 그 조건을 충족시켜준다. 예술천재의 기념비적인 이 작품으로부터, 이제 상징의 시대는 가고 인상의 시대가 열리게 된 것이다. 어쩌면 이는 정통문인이 아니었기에 가능했을 수도 있다. 정통문인이었다면 이데올로기적 자기억압에서 헤어 나오지 못했을 수도 있으나, 김홍도는 화원화가였기에 유가적 이데올로기로 점철된 상징과는 전혀 다른 세계인 풍속화라는 순수인상의 세계를 일찍이 그리고 자연스럽게 경험하였고, 그 예술적 흥미를 깊이 깨달을 수 있었으며, 궁극적으로 상징의 산수화에서 벗어난 인상의 산수화를 창출해냈던 것이다.

4. 결(結): 의미 있는 형식

김홍도의 시대는 정조(正祖)라는 불세출의 임금이 재위하면서 백성을 위한 정치에 온 힘을 쏟았던 시대였다. 새로운 농법(農法)의 보급으로 농민들은 부유해졌고 시장이 번영했으며 과학기술이 발달하였으나, 한편으로 신분질서는 이완되던 시기였다. 이러한 사회정세에 맞춰 새로운 예술의 분위기가 태동하게 되었다. 또한 김홍도의 시대는 대륙[淸]과 해양[일본]으로의 무역이 활발했던 경제·문화 교류의 시기였다. 김홍도는 1789년을 전후하여 사신을 따라 청

학으로 그림읽기』, 제9장 참조.

나라를 여행하고 또 쓰시마로 건너가 지도를 그려오는 등 활발한 활동을 하였다. 1795년 이후 김홍도의 그림에 나타나는 변화들은 이처럼 세계를 배우고 온 예술적 안목의 성숙을 반영하는 것이자,[27] 유가이데올로기의 일원적 사고의 틀이 깨지고 다원성을 의식하게 되는 문화쇼비니즘과 문화패권으로부터의 해방을 반영하는 것이라 할 수 있다.

18세기 이래 물질적 재화의 충족과 내우외환 부재의 장기적 태평성대 등의 이유 때문에 조선사회에는 유가라는 이데올로기의 내권(內捲)[28]현상이 발생하게 되었다. 거시적 관점에서 본다면 이러한 유가이데올로기의 내권현상이 조선후기 회화사의 흐름에 반영되었다고 할 수 있다.[29] 필자는 이러한 조선후기회화의 예술사회학적 흐름을 '해체 → 해방 → 추락'의 과정으로 이해한다.

해체 단계는 정선(鄭敾, 1676~1759)과 심사정(沈師正, 1707~1769)의 화풍이 해당되는데, 지속적인 태평성대로 사회 전반적인 긴장이 이완되고, 더불어 물질적 재화가 축적됨으로써 예속관계가 붕괴되며 이로부터 유가적 이성주의(理性主義)가 해체되기 시작한다는 것이다. 이로부터 유가에 의해 억압[30]되었던 데로부터 이념 외적인 해방이 싹트게 된다. 해방 단계는 문화쇼비니즘과

---

27) 조선은 1636년부터 1876년까지 중국 이외의 나라와는 접촉을 하지 않는 정책을 고수해 '은자(隱者)의 왕국(the Hermit Kingdom)'이라 불렸다. 이로써 볼 때, 해외여행 경험이 그의 예술관에 얼마나 큰 영향을 미쳤을지 가히 짐작할 수 있다.

28) "기어츠(C. Geertz)에 의하면, 내권화(內捲化: involution)란 어떤 사회모식 혹은 문화모식이 어느 일정한 발전단계에서 모종의 확정적인 형식에 도달한 후에는 곧 정체상태에 빠지거나 다른 어느 고급모식으로 전화하지 못하는 현상이다"(P. Duara, 앞의 책, p. 74).

29) 그래서 조선후기 미학의 흐름을 대체적으로 고(古)에서 금(今)으로, 아(雅)에서 속(俗)으로, 법(法)에서 아(我)로의 변화라 이해하는 것은 충분히 타당성이 있다. 나종면, 「18世紀 詩書畵論의 美學的 志向」, 성균관대 대학원 박사학위논문, 1997; 한국미술사 99 프로젝트, 『한국미술과 사실성』, 서울: 눈빛, 2000, p. 51에서 재인용.

30) 유가미학의 핵심은 미적 가치가 윤리적, 이데올로기적 가치로 변환되는 데 있다. 이는 결국 미적 가치가 사회적, 정치적 가치로 변환됨을 의미한다.

문화패권의 근원이자 주역이었던 유가적 이데올로기가 서서히 잦아들자 이로부터 사고와 표현의 방식에 해방이 도래한다는 것을 보여주는 지점이다.[31) 김홍도가 바로 이 단계에서 상대적 문화다원성의 구축에 공헌한 바 있다. 김홍도의 미덕은 심사정(沈師正)과 같은 '해체 이후 혼돈'의 전철을 밟지 않았다는 점이다.[32) 김홍도는 해체했지만 이어 '전환(paradigm shift)'을 이룩했다. 그것은 바로 새로운 전통, 즉 새로운 아이콘과 새로운 역(域)의 창출이다. 그리하여 해체에 있어, 심사정과 같은 '무너짐'이 아니라 진정한 '허물기'를 실천해 낸 것이다.

그렇다면 그 전환은 '의미 있는 전환(significant shifts)'이며, 그로부터 변화된 형식은 '의미 있는 형식(significant forms)'이다. 이러한 형식의 변화에 담긴 예술사회학적 의미는 이데올로기로서의 유가의 해체 및 망탈리테로서의 탈 유가의 대두라 할 수 있다. 즉 그 패러다임 전환은 이데올로기로서의 예술로부터 정치와 윤리가 탈색된 예술, 즉 망탈리테를 대변하는 예술로의 전화(轉化)를 의미하는 것이다. 김홍도는 이데올로기적 시대로부터 망탈리테적 시대로의 전환을 회화적으로 표현한 셈이다. 다시 말해서 김홍도는 의미와 기능으로 점철된 '상징의 회화'와 확연히 구별되는 '인상의 회화'의 세계를 구축한 것이다.[33) 혹은 적어도 그가 이러한 점을 의식하지 않았다 하더라도, 우리는

31) 추락 단계에서는 결국 관념예술 즉 고급예술의 권위가 상실 혹은 위축되고 만다. 그리하여 김홍도에서의 풍속화의 등장에 이어 신윤복(1758~?)에 이르러선 더욱 농도 깊은 풍속화 및 포르노그래피까지 등장하게 된다(졸고, 「해체와 혼돈: 玄齋 예술정신의 유가미학적 비판」, 서울: 동아시아 문화 포럼, 『동아시아 문화와 사상』 12호, 2005 참조).

32) "심사정의 위치점인 '해체'의 의미는 '허물기'가 아니라 '무너짐'이다. 즉 작가정신으로써 의도적으로 유가이데올로기를 해체한 것이 아니라, 시대의 축적된 정체성 모순과 사회경제적인 과잉 풍요로 말미암아 시대정신, 즉 유가이데올로기가 무너진 것이다" (임태승, 앞의 논문).

33) 커힐(James Cahill)은 회화를 세 가지로 나누어 이해해야 한다고 주장한 바 있다. "첫

그의 그림에 무의식적으로 반영된 시대사유의 전환을 읽을 수 있다.[34] 이것이 유가이데올로기의 해체·해방·추락의 흐름을 축으로 한 조선후기의 사회사적 흐름에 있어, 김홍도 회화세계의 위치와 의의이다.

참고문헌

이동주, 『우리나라의 옛 그림』, 서울: 학고재, 1996.

이태호, 『조선후기회화의 사실정신』, 서울: 학고재, 1996.

임태승, 『상징과 인상: 동아시아미학으로 그림읽기』, 서울: 學古房, 2007.

임태승, 『아이콘과 상징: 그림으로 읽는 동아시아미학범주』, 서울: 미술문화, 2006.

정양모 등, 『단원 김홍도』, 서울: 중앙일보사, 1985.

조한욱, 『문화로 보면 역사가 달라진다』, 서울: 책세상, 2000.

한국미술사 99 프로젝트, 『한국미술과 사실성』, 서울: 눈빛, 2000.

유홍준, 「단원 김홍도 — 조선적인, 가장 조선적인 불세출의 화가」, 서울: 역사문제연구소, 『역사비평』 22집, 1993.

이태호, 「18세기 풍속화의 전형을 이룩한 檀園 金弘道」, 서울: 중앙일보사, 『월간미

째는 단순한 의미에서의 회화 자체와 그것의 물질적 존재, 스타일, 그리고 주제이다. 둘째는 넓은 의미에서의 의미이다. 회화의 고유함 너머에 있는 것을 보아야 한다는 것이다. 셋째는 회화의 기능이다. 당 시대의 사회적 상황 아래 회화는 어떻게 그리고 어떠한 환경 속에서 만들어지고 무슨 역할을 하는가를 읽어야 한다는 것이다"(James Cahill, *Three Alternative Histories of Chinese Painting*, Kansas City, Spencer Museum of Art, 1988, pp. 37~38). 하지만 풍속화에서의 인상이나 「애내일성」에서 볼 수 있는 인상은 확실히 커힐이 말한 바의 의미나 기능으로는 설명할 수 없는 범주이다. 그것은 새로운 패러다임으로 간주해야만 한다.

34) 30대에 풍속화를 그렸지만 40대 이후 관료생활을 하며 의사문인으로서의 유가미학적 정통문인산수화를 그렸다는 점 자체는, 김홍도가 의도적으로 풍속화를 통해 패러다임 전환을 했던 것이 아니라는 것을 증명해준다. 하지만 그의 무의식적인 당시대의 예술사조변화의 표출에서 예술사회학적 패러다임 전환을 충분히 확인할 수 있다.

술』 6월, 1993.

임태승, 「"虛假文人"現象—조선후기 예술사회학에서의 儒家美學패러다임의 의미와 가치」, 서울: 성균관대 유교문화연구소, 『유교문화연구(국제판)』 6집, 2006.

임태승, 「해체와 혼돈: 玄齋 예술정신의 유가미학적 비판」, 서울: 동아시아 문화 포럼, 『동아시아 문화와 사상』 12호, 2005.

허위예푸(賀躍夫), 「評"內部的鴉片戰爭"」, 『二十一世紀』, 1994년 4월 제22기(期).

Arnold Hauser, *Methoden moderner Kunstbetrachtung* (München, C. H. Beck, 1975), 황지우 역, 『예술사의 철학』, 서울: 돌베개, 1983.

Arnold Hauser, *Soziologie der Kunst* (München, C. H. Beck, 1974), 최성만·이병진 역, 『예술의 사회학』, 서울: 한길사, 1983.

Ekkehard Kaemmerling, *Ikonographie und Ikonologie* (Köln, DUMONT Buchverlag, 1994); 이한순 외 역, 『도상학과 도상해석학』, 서울: 사계절출판사, 2003.

François Cheng, *Empty and Full: the Language of Chinese Painting*, Translated by Michael H. Kohn, Boston & London, SHAMBHALA, 1994.

George Rowley, *Principles of Chinese Painting*, Princeton, Princeton University Press, 1959.

James Cahill, *Three Alternative Histories of Chinese Painting*, Kansas City, Spencer Museum of Art, 1988.

Janet Wolff, *Aesthetics and the Sociology of Art* (London, George Allen & Unwin, 1983); 이성훈 역, 『미학과 예술사회학』, 서울: 이론과 실천, 1994.

Prasenjit Duara, *Culture, Power, and the State — Rural North China, 1900~1942* (Stanford University Press, 1988).

Susan Bush, *The Chinese Literati on Painting*, Cambridge, Harvard University Press, 1971.

Saehyang P. Chung, "New Finding on Some Possible Artistic Sources of Kim Hongdo's 'Lunch'," *Acta Koreana*, vol. 2, 1999.

9장

중국 현대 신유가의 도덕주의 문화관과 한국 유학의 시의성

송 종 서
(민족의학연구원)

1. 들어가는 말

21세기 한국에서 한국 사람이 읽고, 생각하고, 표현하고, 실천하는 유학(儒學)은 어떠한 것이어야 좋을까? 이 물음은 지금 한국에서 동아시아 전통철학을 연구하는 사람 모두에게 해당하는 질문이다. 그렇지만 여기에 마땅한 답변을 내놓기는 쉽지 않다. 이 속에는 동양과 서양이 각자 다르게 기억하는 근대사 문제가 있고, 동아시아 전통사회와 현대사회의 불연속성, 전통문화와 현대문화의 이질성이 변수로 개입되어 있다. 그러므로 '한국'이라는 근대(현대) 민족국가 체제에서 살아가는 우리가 2,500년 전 '중국'[1]에서 시작된 유학이라

---

1) 이 '중국'은 현재의 '중국'과 다르다. 양자를 동일시하는 것은 학술적 오류이거나 의도된 것이다. 정지아등은 중국에서 근현대적 의미의 '민족'의식과 '국가'의식이 19세기 후반기에 형성되었다는 근거로서 1860년대 이전에 중국에서 서양과 관계된 사무는 "이무(夷務)"라고 불리었지만 1870년대 이후에는 "양무(洋務)"로 고쳐진 사실을 제시한다.

는 방대한 사상·문화체계를 다루는 것은 그 바람직한 관점과 목적, 또한 그로부터 얻고자 하는 효과에 대한 진지한 성찰을 요구한다.

중국 근·현대 철학을 공부하는 필자도 지금까지 이런 질문 속에서 오랜 시간 방황해 왔다. '철학'은 인간과 세계의 여러 영역을 망라하여 최고 원리들을 탐구하는 '보편적' 지식체계라고 일컬어진다.[2] 그렇지만 지역적 특수성에 따라 한반도·중국·일본 등 동아시아 철학, 독일·프랑스 등 유럽 철학, 영국·미국 등 영미 철학으로 구분되기도 하고, 시대적 특성에 따라 삼국·고려·조선시대 철학, 송대·명대·청대 철학, 고대·중세·근(현)대 철학 등으로 나누기도 한다. 이러한 보편성과 특수성을 염두에 두고 볼 때, 지금 한국에서 유학을 읽고 쓴다는 것은 보편성과 특수성이 교직(交織)된 철학의 그물망에서 벼리[綱]를 찾고 "진실로 그 중도[中]를 잡는" 노력이 필요하다.

그 요청에 부응하지 못할 때, 우리는 철학의 특수성과 보편성 어느 한쪽으로 기울어 바람직한 관점과 사고를 갖지 못할 가능성이 크다. 김교빈은 『한국철학 에세이』에서, 동양철학과 서양철학의 연구방법이 본질적으로 다르다고 보는 특수성에 입각한 견해와 모든 철학은 보편적 측면이 있으므로 연구방법을 구분할 필요가 없다는 보편 논리를 고루 비판한다.[3] 특히 전자(前者)는 우리 학계와 상당히 친숙한 것이다. 서양철학은 존재론이나 인식론이 주류를 이루지만 동양철학은 개인의 도덕수양이 중심이라는 생각, 서양철학은 논리적·분석적 방법을 운용하는 반면 동양철학은 도(道)에 대한 직관적 깨달음과 체득이 관건이라는 생각 등은 본고에서 다룰 중국의 현대 신유가(現代 新儒家)들의 주요 관점에 속하는 것이다. 20세기 한국의 중국철학 연구에서 그들의 영

자세한 내용은 鄭家棟, 「中國傳統"國家"觀念及其現代演變」(『國際中國學硏究』 第4集, 서울: 韓國中國學會, 2001), 271~273쪽을 참고할 것.

2) 백종현, 『독일철학과 20세기 한국의 철학』(서울: 철학과현실사, 1998), 16쪽 참조.

3) 김교빈, 『한국철학 에세이』(서울: 도서출판 동녘, 2003), 17쪽 참조.

향력은 지배적이었다.

필자는 그 주된 이유를 동아시아 근대사의 공통적 배경에서 나타난 각국의 유사한 대응 방식에서 발견한다. '서세동점(西勢東占)'으로 요약되는 19세기 동양 근대사에서, '유교'라는 문화 유전자를 공유한 중국·조선·일본이 서구 세력에 대해 드러낸 유사한 대응 방식, 곧 중국의 중체서용(中體西用), 조선의 동도서기(東道西器), 일본의 화혼양재(和魂洋才)는 개념과 표현은 조금씩 다르지만, 그들이 희망하는 자국 문화와 서구 문명의 관계에 관한 공통적 인식을 보여준다. 보수주의적이며 절충주의적인 관점(방법론)이 그것이다.

김교빈은, 오늘날 바람직한 한국철학을 정립하는 데에서 중요한 것은 특수성이나 보편성을 붙잡는 방법론상의 차이가 아니며, 오히려 이러한 대립적 주장들 속에는 연구자들 자신의 입지를 강화하려는 의도가 들어 있다고 한다. 특정 철학에만 유용한 연구 방법은 있을 수 없다는 것이다. "어떤 연구 방법이 옳은지를 따질 때 주요 기준은 그 방법이 연구 목적과 부합하는 결과를 얻는 데 얼마나 유용한지, 한국 사회의 문제를 새롭게 볼 수 있는 틀을 만드는 데 얼마나 효과적이며 한국에 적합한 사유체계를 바람직한 발전 방향으로 이끌 방법인지, 그리고 한국인들이 이런 방법에 얼마큼 동의하고 그것을 받아들이는지가 되어야 한다."[4)]

한국에서 철학사상을 탐구하는 근본 목적은 지식의 확장이 아니라 이 시대, 이 땅에서 한국 사람다운 삶을 살려는 것이라는 그의 견해에 필자는 동의한다. 한국에서 유학을 연구하는 방법 또한 이러한 목적을 실현하는 데 적합한 것이어야 한다. 앞에서 지역과 시대를 기준으로 열거한 다양한 철학들 가운데 "어떤 철학을 할 것인가?"가 중요한 것이 아니라 "왜, 그리고 무엇을 위해 철학을 할 것인가?"라는 고민이 필요하다.

17세기 이후 조선의 유교 지식인들은 만주족(滿洲族) 정권인 청나라에 대

4) 김교빈, 같은 책, 17～18쪽 참조.

한 적대감과 함께 '소중화(小中華)'의 문화적 자존감을 한껏 고취하였고, 이러한 중화주의(中華主義) 문화관은 18세기까지 지식인사회의 주류가 되었다. 17세기 허목(眉叟 許穆, 1595~1682)은 조선과 중국의 자연 풍토와 문화 풍속의 차이에 주목하여 중국과 조선을 동일시하는 풍조에 반대하고, 조선의 역사를 연구하는 데 몰두한 학자로 일컬어진다.[5] 이처럼 예외가 없는 것은 아니지만 '중화'와 '오랑캐'를 차별하는 중국의 장구한 화이지변(華夷之辨) 전통은 마찬가지로 장구한 유교의 의리·도덕적 가치관으로 지탱되어온 것이 사실이다.[6] 특히 송(宋)나라 이후 '의리(義理)'로 대표되는 정주학(程朱學)의 도덕주의적 사상·역사관·문화관은 조선의 유교 지식인들이 당연히 긍정해야 할 '사문(斯文)'의 정체성이자 중화(中華)의 상징이었다.

근대적 민족국가를 이룬 오늘날 유학 연구자들의 관점과 문제의식은 조선시대와 비교 자체가 되지 않는다. 많은 전통철학 연구자들이 '왜, 그리고 무엇을 위하여'라는 자문(自問)을 통해 한국철학의 바람직한 관점과 방향을 모색하고 있다. 그렇기는 하지만, 우리 안에서 부지불식간에 뿌리를 내린 "오리엔탈리즘(Edward Said, 1978)"이 전통과 현대를 반성하는 시야를 왜곡하고 자유롭고 창조적인 사고를 방해하는 것처럼, 오랜 세월을 조상들을 통해 유전(遺傳)되어 잔존하고 있는 우리 안의 중화주의 관념 또한 동아시아의 과거·현재·미래에 대한 냉정한 반성과 바람직한 전망을 가로막는 장애물이다.

이러한 문제의식을 바탕으로 필자는 본론에서 현대 신유가의 도덕주의 문화관을 다루고자 한다. 이는 1950년대 이후 '도덕종교론'으로 접어든 신유학의 후기적 흐름에 대한 비판적 문제의식에서 비롯된 것이다. 필자는 현대 신

---

5) 김문용, 「중화의식, 그리고 '민족'과 '세계'」(윤사순 외, 『조선시대, 삶과 생각』, 서울: 고려대 민족문화연구원, 2000), 320쪽 참조.

6) 『論語』「憲問」: 子貢曰, "管仲非仁者與? 桓公殺公子糾, 不能死, 又相之." 子曰, "管仲相桓公, 霸諸侯, 一匡天下, 民到于今受其賜. 微管仲, 吾其被髮左衽矣. 豈若匹夫匹婦之爲諒也, 自經於溝瀆而莫之知也?"

유가의 동서 문화관을 '도덕중심론'으로 규정한다. 중국과 서구의 문화적 충돌, 그리고 전통사회와 현대사회의 불연속성을 20세기 중국의 신전통주의자(현대 신유가)들이 어떠한 각도에서 바라보았고, 또 그들이 나름대로 제시한 해법은 무슨 의미가 있는지 생각해 보아야 한다. 그것은 우리에게 적잖은 시사점을 줄 것이다.

그 이유는 지금까지 한국의 중국철학 연구자들이 홍콩·타이완의 '당대 신유가'들로부터 심대한 영향을 받았기 때문만은 아니다. 필자가 생각하는 더 중요한 이유는 다음에 있다. 현대 신유학은 20세기 후기에 반공사상과 도덕이상주의(도덕형이상학)에 기울어 도덕종교에 관한 이론으로 흐르지만, 20세기 초·중기 '신전통주의자'로서 현대 신유가들은 전통문화와 현대화[민주·과학]의 바람직한 관계를 깊이 고뇌했고, 정면적·적극적 해법을 모색했다는 점이다.

이러한 점은 현대 신유학이 지금까지 많은 학자들로부터 여러 가지 문제점을 지적받은 것과 별도로 우리에게는 '타산지석(他山之石)'의 의미가 있다. 또한 우리 인문학계는 외세의 침입과 식민통치라는 불행한 근·현대를 지내면서 사상·문화의 자생적 근대화를 충분히 전개하지 못한 데 따른 고통을 지금도 겪고 있다. 그래서 지금 우리 동양철학계와 밀접한 관련이 있는 중국의 '신전통주의자'들 또는 '문화보수주의자'들의 사상·문화적 해법을 비판적으로 살펴볼 필요가 있는 것이다.

2. 중국의 본체, 서양의 과학

중국의 현대 신유학은 5·4시기(1917~1927)[7]에 형성되어 오늘날까지 중

7) 이 글에서 말하는 "5·4시기"는 '1919년 5월 4일 베이징에서 발생한 학생애국운동'이라는 좁은 의미의 5·4운동이 아니라 1917년 후스(胡適) 등이 주도한 '문학혁명(文學革命)'으로부터 1927년 국민당(國民黨)의 국민혁명군이 군벌(軍閥) 장쭤린(張作霖)을

국·홍콩·타이완·구미(歐美) 등지에서 중국인 혈통의 유학자들에 의해 전개되어온 신전통주의 및 유학부흥론 사조를 총칭하는 용어다.8) 슈워츠(Benjamin I. Schwartz), 아즈마(吾妻重二), 정지아둥(鄭家棟), 팡커리(方克立) 등 해외의 연구자들이 자주 "문화보수주의"라고도 일컫는 현대 신유학의 기본적인 입장은 다음과 같다.

그들은 철학[형이상학]의 과학화·실증화를 극구 반대하고 과학과 철학의 영역을 명확히 구분할 것을 주장했다. 정치적으로는 황제의 전제(專制) 통치에 저항하고 민주정치를 지지했다. 그리고 서구의 산물인 과학과 이론이성의 현실적 의의와 필요성을 인정하면서도 그들이 중국 사상·문화의 정수로 간주한 송명리학(宋明理學)의 가치를 현대적 개념과 사유의 지평에서 발휘하여 새로운 전통으로 부활시키고자 했다. 이처럼 현대 신유가는 내적으로 성인을 추구하는 학문[內聖之學]으로서 심성본체론(心性本體論)을 중국 사상·문화의 본령으로 인식했다.

특히 3세대 학자 모우쭝산(牟宗三)은 유가 심성론의 핵심을 도덕생명(道德生命)에서 찾고 내성학을 도덕종교로 파악했다. 그는 도덕생명과 도덕종교의 도통(道統)을 옹호하고, 이로부터 지성주체(知性主體)를 전환해내어[轉出], 과학으로 상징되는 독립적인 학통(學統), 그리고 민주정치로 대표되는 정통(政統)을 '계승'하고자 했다.9) 그러나 실상 1960~1970년대에 전성기를 이룬 모우쭝산의 작업

상대로 벌인 북벌전쟁시기까지를 포함하는 넓은 의미의 5·4운동기간을 가리킨다. 이 구분법은 余英時, 「五四運動與中國傳統」, 『中國思想傳統的現代詮釋』(南京: 人民出版社, 1991), 357쪽을 따른다.

8) 『유교대사전』 증보판(서울: 성균관 출판부, 2007), '현대 신유학' 항목 참조.

9) 牟宗三은 "과학"과 "민주"를 "새로운 외왕의 학문(新外王學)"으로 인식한다. 도덕종교인 내성학이 과학·민주라는 외왕학을 열고 이끈다는 것이 "내성이 새로운 외왕을 연다.[內聖開出新外王]"라는 주장이며, 그가 말하는 "유학 제3기 발전"의 핵심과제가 이것이다. 졸고, 「신유가의 '현대화'론에 대한 비판적 고찰 — 牟宗三의 內聖外王論을 중심으로」, 『陽明學』 제15호, 312~313쪽 참조.

은 칸트·피히테·셸링·헤겔 등이 전개한 독일 이상주의 철학, 특히 도덕형이상학을 송명리학의 논의 구도 속으로 끌어들여 양자를 비교·연구하는 데 집중되었다. 이러한 구체적이고 내용적인 시도는 서세동점(西勢東占)의 근·현대사에 대한 중국철학의 정면적·적극적 대응이라고 할 수 있고, 이러한 적극성이 현대 신유학을 '맹목적 전통주의'와 구별되는 '신(新)전통주의'로 자리매김했다.[10]

현대 신유학의 도덕형이상학을 정초한 현대 신유가 1세대 숑스리(熊十力, 1885~1968)와 그 제자 3세대 모우쭝산(牟宗三, 1909~1995)·탕쥔이(唐君毅, 1909~1976)는 중국의 전통사상과 전통문화의 정수를 도덕형이상학(심성론)으로 파악하였다. 그들이 주제로 삼은 본심(本心)·성지(性智)·인체(仁體)·성체심체(性體心體)·도덕자아(道德自我) 등은 모두 형이상학적 도덕본체를 가리키는 용어다. 이 도덕본체를 숑스리의 제자들은 '도덕생명'이라고 불렀으며, 도덕생명의 특성을 "존재이면서 동시에 활동[卽存有卽活動]", "내재적이면서 초월적[內在而超越]"이라고 보았다. 이처럼 숑스리와 그 제자들은 유가 심학(心學)의 주어(主語)인 심(心)본체의 활동성과 초월성을 강조함으로써 쇄도해 오던 서구의 위력적인 '물질'에 대응하고자 했다. 이들이 자유롭고 역동적이며 무한한 공능을 지닌 절대적 주체관을 표방한 것은, 앞에서 언급했듯이, 철학[형이상학]의 과학화·실증화에 반대하고 과학과 철학의 의의와 범위를 구분하는 현대 신유가 특유의 이원론적 관점에서 유래한다.

예컨대 5·4 신문화운동 당시 장쥔마이(張君勱, 1887~1969)로 대표되던 형이상학파[玄學派]는 사실세계와 가치세계, 현실과 이데아, 그리고 필연성의 지배를 받는 자연계와 당위성의 지배를 받는 도덕계를 구분하여, 과학과 철학의 영역[범위] 및 방법을 이원화했다.[11] 이러한 이원론적 세계관은 5·4 시기

10) 5·4시기의 맹목적 전통주의와 신전통주의(현대 신유학)의 차이에 관한 내용은 졸고, 「현대 신유학의 형이상학과 문화의식」(성균관대 박사학위 청구논문, 2005), 23~27쪽을 참고할 것.

에 출현한 동방문화파(東方文化派)와 형이상학파[玄學派]의 공통적 지향이었고, 이러한 지향과 특성이 현대 신유학의 생성에 직접 영향을 미쳤다. 따라서 현대 신유학의 형이상학의 기초를 닦은 슝스리의 철학도 이원론적 세계관에서 출발한다.

슝스리는 "속제(俗諦)"와 "진제(眞諦)"라는 불교의 개념을 사용하여 두 세계를 설명했다. 과학적 진리가 적용되는 세속적 현실의 세계와 궁극적 진리(실재·존재·본체)의 세계를 구분하고, 그것을 "현상의 세계"와 "형이상의 세계"라고 불렀다. 그는 이 두 가지 세계를 혼동하면 철학은 존립근거를 상실한다고 생각했고, 따라서 이러한 구분은 그에게 무엇보다 중요한 전제(前提)였다.

> 철학과 과학의 출발점·대상·영역·방법은 근본적으로 다르다. 철학은 이해(利害)의 계산을 초월하는 것이므로 그 출발점이 과학과 다르다. 그것이 궁구하는 것은 부분에 대한 연구가 아니라 우주의 진리이기 때문에 그 대상이 과학과 다르다. 그것의 영역은 근본적으로 본체론에서 출발하여 모든 것에 통하므로 그 영역이 과학과 다르다. 그것의 도구는 전부 명지(明智), 신오(神悟), 이른바 함양(涵養) 등의 공부에 의지하므로 그 방법이 과학과 다르다.[12]

과학과 철학의 경계를 명확히 하지 않으면 철학의 존립은 물론이고 중국의 전통사상과 문화 역시 무의미한 것이 되며, 결국 중국의 전통은 청산의 대상이 되고 말 것이라는 것이다. 현대 신유가의 공통적 위기의식이 바로 여기에 있었다.

슝스리는 이원론적 세계관에서 출발했으나 궁극적으로는 본체와 현상의 하나 됨[體用合一]을 목표로 철학을 연구했다. 그에게 본체와 현상은 둘이 아

---

11) 졸고, 「현대 신유학의 형성과 그 특징」, 『유교사상연구』 제24집, 355~366쪽 참조.
12) 熊十力, 『十力語要』 卷1(臺北: 廣文書局, 1985年版) 43쪽.

니며[體用不二], 이 본체론의 원칙을 따라서 그는 서구의 기독교와 형이상학, 그리고 인도 대승불교의 유식종[有宗]과 반야종[空宗]의 '불철저한' 본체관을 비판했다.[13] 그가 볼 때 이들 외래 철학의 본체론과 형이상학은 공자(孔子)와 『주역(周易)』의 그것에 비해 저급하고 불완전한 것이었다.

3. 이루지 못한 외왕(外王)의 꿈

현대 신유학의 기본적 문제제기는 1세대 학자 장쥔마이(張君勱)·량수밍(梁漱溟, 1893~1988)·슝스리(熊十力) 등을 통해 이루어졌고, 이후 현대 신유학은 이들이 제기한 '문제'를 설명하고 해결해가는 과정이었다. 이 '문제'는 『논어』에 보이는 수기안인(修己安人) 또는 수기안백성(修己以安百姓)[14]의 구조로 파악할 수도 있지만, 그보다는 『장자(莊子)』에 보이는 내성외왕(內聖外王)[15]의 구조로 설명되는 것이 일반적이다. 다만, 량수밍의 문제제기는 "인생의 문제"와 "중국의 문제"라는 두 갈래로 분열되었고, 그는 이 두 가지 문제를 각각 불가(佛家)와 유가(儒家)라는 다른 구도로 처리하면서 피할 수 없는 모순을 겪은 바 있다.[16] 슝스리와 그 후학들은 전통유학의 "내성외왕"의 강령과 구조 속에서 이 문제를 해결하고자 했다.

---

13) 리쩌허우에 의하면 슝스리는 표면적으로는 佛學을 비판했지만, 실질적으로는 西學에 대항하고자 했다. 李澤厚, 『中國現代思想史論』(北京: 東方出版社, 1988年版), 270쪽.

14) 『論語』「憲問」: 子路問君子. 子曰, "脩己以敬." 曰, "如斯而已乎?" 曰, "脩己以安人." 曰, "如斯而已乎?" 曰, "脩己以安百姓. 脩己以安百姓, 堯舜其猶病諸?"

15) 『莊子』「天下」: … 雖然, 不該不徧, 一曲之士也. 判天地之美, 析萬物之理, 察古人之全, 寡能備於天地之美, 稱神明之容. 是故內聖外王之道, 闇而不明, 鬱而不發, 天下之人各爲其所欲焉以自爲方. 悲夫, ….

16) 졸고, 「현대 신유학의 형이상학과 문화의식」, 52~53쪽 참조.

5·4 신문화운동 이후 중국 사회에 과학과 민주정치가 필요하다는 생각은 아무도 부정할 수 없는 보편적 인식이었다. 현대 신유가 또한 그 점에 이의를 제기하지 않은 것은 현대 사회에서 과학과 민주의 필요성을 그들도 인정했기 때문이다. 특히 1950년대 이후 홍콩·대만과 해외의 '당대 신유가'들은 전통문화와 과학·민주의 관계를 구체적으로 설명하려고 시도하거나 양자를 이론적으로 소통하는 일에 종사했다. 근대적 의미의 과학과 민주는 일찍이 중국의 전통문화에는 없었던 것이지만 중국의 현대화에 필수불가결한 것으로 인식되었다.

그러나 5·4시기 반(反)전통주의자들의 관점에서는 중국 전통문화와 서구의 과학·민주는 공존할 수 없었다. 그들은 중국에서 과학과 민주를 발전시키려면 중국 전통문화를 부정해야 한다고 인식했다. 이러한 반전통주의자들의 관점에 대한 현대 신유가의 반응은 대략 두 가지로 정리된다.[17]

① 첫째, 과학·민주는 문화 발전의 내용 전부가 아니며, 문화의 우열을 가리는 유일한 척도가 될 수 없다. 세계의 모든 문화는 "초월적 층위(層位)"가 있으며, 도덕이상과 종교정신을 가지고 있다. 이것이 더 본질적이다. 따라서 중국문화가 근대적 의미의 과학과 민주를 발전시키지 못하였다고 하여 중국문화의 독특한 의의를 근본적으로 부정할 수는 없다.

② 둘째, 중국문화가 근대적 의미의 과학과 민주를 발전시키지 못하였다는 것을 근거로 중국문화와 과학·민주가 서로 용납될 수 없다는 결론을 내리는 것은 틀린 판단이다. 물론 사상·문화의 발전 논리로 볼 때 과학과 민주는 전통문화의 도덕정신을 발전시키고 완성하는 데 필수적이다. 따라서 중국문화는 창조적 전환을 이루어야 하며, 이 과제는 현재 수행 중이다.

슝스리가 애당초 기획한 사상체계는 크게 내성론(內聖論)과 외왕론(外王論)으로 구분되었다. 내성지학, 곧 유가의 심성본체론으로부터 외왕의 사업, 곧 민주와 과학을 열어내고자 한 것이다. 그러나 슝스리는 '외왕학'을 충분히 전

---

17) 鄭家棟, 『現代新儒學槪論』(南寧: 人民出版社, 1990), 27~28쪽 참조.

개하지 못하였다. 그의 공헌은 '내성학'으로서 본체론(本體論)에 있었다. "나는 근본으로 돌아오는 것으로 학문을 한다[吾以反本爲學]"18)라는 말처럼, 그는 사람이 본디 지닌 본심(本心; 性智·良知)으로 회귀하는 공부를 주장하였다.

제자 모우쭝산에게 보낸 편지글 「'신유식론'의 요점을 대략 논함 — 모우쭝산에게 답함(略論'新論'旨要 — 答牟宗三)」에서 그는 내재하는 본성(本性)의 공부를 특히 강조했다. "그 내재된 무한한 보물창고를 파고들어 계속 확충하여, 스스로 근본을 세우고 스스로 신념과 긍지를 갖고 스스로 발휘하고 개척하라." 내재된 본성에 확고하게 뿌리를 내리고, 이에 근거하여 자력(自力)으로 깨달음을 얻어 인간의 생명본체, 인성(人性)의 존엄성, 그리고 사람됨의 궁극적 모범[人極]을 세우라는 가르침이다.

이러한 내성학[心性之學]의 연원은 공자의 '자기 자신을 위한 학문[爲己之學]'에서 발견된다. 『논어』에 의하면, 공자는 타자(他者)를 이유로 삼거나 타력에 의지하는 공부[爲人之學]에 반대하고, 자신으로부터 말미암고[爲仁由己] 스스로 온전히 창조력을 발휘하여 진리에 다가가라[人能弘道, 非道弘人]고 가르쳤다. 슝스리의 내성학은 근본정신에서 공자를 계승하였다고 볼 수 있다. 슝스리는 공자(孔子) → 자사(子思; 『中庸』) → 맹자(孟子)로 계승된 선진유학(先秦儒學), 그리고 정명도(程明道) → 육상산(陸象山) → 왕양명(王陽明)으로 이어진 송명유학(宋明儒學)의 내성학이 수천 년 동안 중국인의 사회생활과 문화전통의 근본정신을 형성해 왔으므로 이를 부활시켜야만 '현대'라는 생경한 현실에 대처할 수 있고, 도덕적 생명의 바람직한 발전을 기약할 수 있다고 확신했다.

탕쥔이·모우쭝산은 슝스리가 이처럼 강조한 '근본으로 돌아오는[反本]' 내성학의 원칙을 계승하고, 거기에 '새로움을 연다[開新]'라는 외왕학의 원칙을 더해 "근본으로 돌아와 새로움을 연다[反本開新]"라는 "내성외왕"의 강령을 표현했다. 슝스리가 충분히 전개하지 못한 외왕학의 과제는 주로 모우쭝산에게

18) 熊十力, 『新唯識論』(北京: 中華書局, 1985年版), 581쪽.

넘겨졌다. 모우쫑산은 스승에 비하여 전폭적·구체적으로 내성론과 외왕론을 전개한다. 나아가 송명 신유가의 심성본체론이 과학과 민주를 열어내는 형이상학적 기초가 될 수 있다고 주장한다. 앞에서 언급했듯이 그는 "유학 제3기 발전론"을 제기하고 제3기 유학, 곧 현대 신유학이 져야 할 책무로 "3가지 큰 줄기[三統]"를 말한다. 도통(道統)·학통(學統)·정통(政統) 3가지 줄기를 정립하여 과학과 민주주의를 열어내야[開出] 한다는 것이다.

그런데 그의 이러한 목표가 성공하려면 위의 ② '창조적 전환'을 실현할 수 있어야 한다. 중국의 전통문화 가운데서 창조적 철학사상을 찾아내서 현대 중국 사회에서 과학과 민주정치를 발전시켜야 한다. 현대 신유가는 이러한 '창조'를 이루는 데는 반드시 견지해야 할 '원칙'이 있다고 본다. 그것은 슝스리의 '원칙'을 계승한 것이다.

슝스리는 "창조는 반드시 본래 가진 것으로 근거를 삼아야 한다. 그렇지 않다면 실질은 없이 공허해지므로 창조는 불가능하다"[19]고 하였다. 그의 이러한 태도는 공자의 '조술하고 창작하지 않는다(述而不作)', '옛것을 잘 익혀서 새로운 것을 안다(溫故而知新)'와 같은 선진유학의 온건한 창조 정신을 계승한 것이라고 할 수 있다. 여기서 우리는 현대 신유가들에게서 뚜렷이 나타나는 송명리학에 대한 공통적 인식을 볼 수 있다. 외래사상인 불교로 인하여 발생한 중국문화의 위기를 극복하고 유학을 부흥할 수 있었던 것은 바로 옛것 속에서 새것을 찾아낸 결과라는 인식이다.

실제로 량수밍을 제외하면 현대 신유가는 일반적으로 중국문화 전통 속에 민주정치의 요인이 적잖게 들어 있다고 본다. 특히 모우쫑산의 경우, 민주정치는 중국문화의 도덕정신이 스스로 발전하여 도달하는 내재적·필연적 요구라고 주장했다.[20] 슝스리는 중국문화에 민주와 과학의 성분이 적지 않다고

---

19) 熊十力, 「文化與哲學」, 『中國本位文化討論集』(臺北: 帕米爾書店, 1980), 165쪽.

20) 그의 삼통설(三統說)에서 그는 정통을 "이어나간다(繼續)"라고 표현했다. 牟宗三, 『道

생각했고, 특히 전통유학의 덕치와 민본사상에서 '민주' 관념을 이끌어냈다. 이 점에서 슝스리의 정치사상은 금문경학(今文經學)의 영향을 뚜렷이 드러낸다.[21] "육경(六經: 시詩·서書·예禮·악樂·역易·춘추春秋)은 넓고도 커서 포용하고 관통하지 못하는 것이 없다. 그러므로 과학사상과 민주사상은 육경 속에 이미 실마리가 있다"[22]고 주장하는 그는 또한 고대 과학사상을 언급하면서 중국 전통에 근대 과학의 씨앗이 들어 있다고 주장하기도 한다.

> 우리의 『대역(大易)』에는 일찍이 "지혜가 만물에 두루 미친다[知周乎萬物]", "문물제도를 만드는 사람은 상을 중시한다[以制器者尙其象]", "만물에 대한 사람들의 지혜를 열어주어 일을 성취하게 한다[開物成務]" 등등의 훌륭한 교훈이 있다. 나침반은 주공(周公) 때에 만들어졌으니, 태고 적에도 이와 같은 위대한 발명이 있었다. 묵자(墨子)는 나무로 연(鳶)을 만들었다. 공수자(公輸子)는 정교한 기계를 발명해낸 솜씨로 '재적(載籍)'이라 일컬어졌다. 장평자(張平子)는 천문과 역법에 정통하여 일찍이 후풍지동의(候風地動儀)를 만들어 지진을 예측할 수 있었다. … 만약 옛날의 학문이 없어지지 않았더라면 과학은 중국에서 일찍이 발달할 수 있었을 것이다. 누가 중국은 정신문명만 있고 물질문명의 계발은 부족하였다고 말하는가?[23]

이는 중국 전통에 형이상학은 있으나 과학은 없었다고 하여 중국에서는 과학사상이 영원히 발전할 수 없다고 주장한 량수밍(梁漱溟)을 질책하는 발언이기도 하다. 량수밍의 말대로라면 과학사상은 중국 문화 전통에서 이질적이

德的理想主義』(臺北: 學生書局, 1985年版), 「序」.

21) 그가 금문경학의 영향을 깊이 받은 점은 『讀經示要』(卷3)와 『原儒』(「原外王」)에서 집중적으로 드러난다.

22) 熊十力, 『讀經示要』(臺北: 廣文書局, 1978年版), 151쪽.

23) 熊十力, 『讀經示要』, 151쪽.

며, 따라서 중국의 문화가 서구의 과학을 주체적으로 흡수할 수 없다는 결론에 봉착한다. 이런 관점에 동의할 수 없었던 슝스리는 중국 고대사상, 특히 유가의 6경에서 과학과 민주사상의 맹아를 찾아내어, 그것으로 서학을 흡수하는 토대를 삼을 것을 주장한 것이다.

이처럼 슝스리의 중국 전통문화에 대한 믿음은 거의 '만능론'에 가깝다고 할 수 있으며, 또한 그에게 유학은 거의 완벽한 진리 체계로 파악되고 있음을 볼 수 있다.

4. 또 하나의 중체서용론

서구문화의 맹렬한 충격이 계속되던 5·4시기 슝스리는 세인의 존경을 받던 문인들 및 유명 지식인들 예컨대 후스(胡適, 1891~1962), 딩원지앙(丁文江, 1887~1936), 리다자오(李大釗, 1889~1927) 등 '전면적 서구화론자[全般西化論者]'들을 격렬히 비판했다. 그가 보기에, 서구화론자들은 중국의 고유문화를 무조건 부정하며 자신들의 근본과 정체성을 포기하였고, 과학주의와 실증론에 빠져 지식 매매에 종사하면서도 입장을 수시로 바꾸는 천박한 사람들일 뿐이었다. 여기에는 중국 전통 인문학의 단절이 곧 중국의 총체적 위기의 본질이며, 전통을 올바르게 계승하려면 전통을 반성하고 새롭게 조율하여 발휘하는 것이 급선무라는 생각이 들어 있다.

곧 전통문화의 정신적 가치를 새롭게 발굴하여 재조명하고 재건해야 하며, 중국인의 민족정신을 재건해야 한다. 그래야만 중국의 문화 전통이 20세기라는 새로운 시대에 적응할 수 있다는 신념이다. 중국을 곤경에서 구하는 길은 지성적 태도로써 외래문화의 가치에 의존하는 것이 아니라 존재론적 관점에서 한족(漢族)의 역사·문화와 정신적 가치를 천착하는 데에 있다. 그렇게 하여 민족의 생명력을 절절히 느끼고 전통문화 가운데 아직 시들지 않은 원초적 활력

소를 찾아내야 한다.

> 새로운 것을 창조한다는 것은 본래 가지고 있던 것을 버리거나 없애고 밖에서 남의 사물을 옮겨 들어오는 것이 아니다. 옮겨오는 것과 창조하는 것은 분명히 다른 것이다. 그러므로 전면적인 서구화[全般西化]를 주장하는 사람들은 자신의 창조능력을 너무나도 소멸시켜 버리고 자포자기하는 무리들이다. 더욱이, 새 것을 창조한다는 것은 무(無)에서 유(有)가 나오는 것이 아니다. 위진(魏晉) 시대 사람들이 노자(老子)의 철학을 오해한 것이 그 예다. 새로움을 창조하는 것은 반드시 본래 가진 것에 따라야 하고, 그렇게 하지 않으면 공허하고 허무해져 창조는 불가능하다.[24)]

슝스리를 비롯한 현대 신유가의 서양 문화관에서는 '주체의식'의 확립이 강조된다. 그들에게 주체의식이란 곧 민족의식이다. 그리고 주체의식을 세우려면 중국의 철학과 문화전통 가운데 계승할 것과 배제할 것이 무엇인지 명확히 인식해야만 한다는 것이다. 그들이 자주 사용한 "자아의식"은 실상 한족(漢族)의 주체의식을 의미한다. 민족 주체의식을 가져야만 서양의 표피나 현상에 미혹되지 않고 서양을 전면적이고 심도 있게 이해할 수 있다는 것이다.

이것은 19세기 양무운동을 주도한 쩡궈판(曾國藩, 1811~1872)·리훙장(李鴻章, 1823~1901)·장즈뚱(張之洞, 1837~1909) 등이 제기한 중체서용론(中體西用論)[25)]의 영향을 받은 것이다. 현대 신유가 1세대에서 4세대까지 '자아의

---

24) 熊十力, 「文化與哲學」, 『中國本位文化建設討論集』, 165쪽

25) 이들이 제기한 "중체서용"은 유교의 강상윤리(綱常倫理)를 중심으로 하는 전통적 정신문명을 근본[體]으로 삼고, 과학기술을 중심으로 하는 서구의 물질문명을 수단[用]으로 삼는다[中學爲體, 西學爲用]는 뜻이다. 이는 중국이 서구의 침략에 대항하면서 서구문명을 배우고 수용한 최초의 형식이었다는 점에서 중요한 의미가 있다. 그러나 봉건적 질서 '안에서' 시도한 절충주의적·보수주의적 개혁이라는 그 한계는 중국이 조선(朝鮮)

식[주체의식]'은 서구문화를 흡수하고 소화하는 가장 중요한 밑바탕이었고, 이 문화론 원칙은 슝스리의 경우 자주 비판적 논조로 표출되었다. 당시 학술·사상계에서 크게 유행한 "서양을 향한 학습[向西方學習]"에 나타난 문제점을 그는 다음과 같이 비판한다.

> 서양의 여러 유명한 사상가들 가운데 중국에 소개된 사람들은 스펜서, 밀, 헉슬리, 다윈, 쇼펜하우어, 니체, 베르그송, 듀이, 러셀 등으로 모두 번역서가 있고 그 수도 적지 않다. 그러나 이러한 여러 사상은 중국에서 조금도 영향을 미치지 못하였을 뿐만 아니라 오히려 오염과 혼란 그리고 천박함과 같은 온갖 병폐만 낳고 관심을 끌 수 없었다. 이것은 무엇 때문인가? 서양 여러 사상가의 학설이 그 일부 또는 중심 내용이 번역되기는 하였지만, 처음 소개될 때 주창자 한둘이 떠들어 대면 많은 사람이 우르르 그쪽으로 몰려가 뒤따라 다니기만 하였기 때문이다. 오래지 않아 그 떠들던 사람은 냉담해져 버리고, 뒤따르던 사람들은 언제 그런 일이 있었는지조차 알지 못한다. 무릇 유명한 학파와 학설이 하나의 사조로 성립되면 그 주장에 동의하여 번역하는 사람은 반드시 그 뒤를 따라 열심히 연구하고, 그 사상을 근거로 크게 발전시켜 자기 것으로 삼게 된다. 지금 주창하는 사람이 떠들다 갑자기 멈춰버리면 그 뒤를 따르던 사람은 주견 없이 타인의 말을 덮어놓고 따랐던 것을 더 이상 말할 수 없게 된다. 이와 같으니, 여러 철학자의 정신이 어떻게 중국에 들어올 수 있겠는가?[26]

언뜻 보면 서양철학 학습 태도를 비판한 듯하나, 실상 슝스리가 겨눈 것은 서화론자들이었다. 전통주의자로서 서화론자를 비판하는 것은 당연하겠으나,

---

의 지배권을 둘러싸고 일본과 벌인 청일전쟁(1894~1895)에서 패배하는 결과로 구체화되었다. 졸고,「현대 신유학의 형이상학과 문화의식」, 14쪽 참조.

26) 熊十力,『十力語要』卷1, 47쪽.

그의 이러한 비판이 이후 현대 신유가의 서양문화관의 전형(典型)을 형성한 점에 주목할 필요가 있다. 슝스리가 볼 때 서화론자들의 서양을 향한 학습 태도는 공리주의적·실용주의적인 것으로, 서구의 지엽·말단인 물질적 가치만 추구하고 그 본질인 '정신'은 파악하지 못한다. 여기에서 서구의 '정신'을 그는 서구문화의 "체(體)"로 언급했다.

서구문화의 "정신[體]"을 인정한 점에서 슝스리는 서구문화를 용(用)으로, 중국문화를 체(體)로 간주한 19세기 중체서용론자들과 다른 면을 보인다. 그의 눈에 비친 서화론자들은 중국의 고유한 정신문화 유산을 보잘것없는 것으로 여기고 전통학문[中學]의 진수를 구석에 내던진다. 또한 서구문화의 정신[體]을 파악하지 못하고 서구의 껍데기만 추구한다. "외국인의 껍데기만 따르게 되어 우리의 진수를 어지럽히고 사람들의 본성을 훼손하여, 점차 독립적 연구와 자유로운 발전의 참정신을 잃고 외국인의 천박한 풍조를 따르도록 청년들을 이끈다."[27] 중국전통학문[中學]의 "진수"는 곧 중국문화의 본질[體]이다.

비록 서화론자들이 서양문화의 정신적 본질을 파악하지 못한다고 비판했지만, 슝스리의 진정한 관심은 서양문화의 체를 파악하는 데 있지 않다. 그가 서학의 '체'를 언급한 까닭은 전통문화를 무조건 부정하는 서화론자들을 효과적으로 공격하려는 것이다. 그리고 중국 전통문화의 '체'를 절실히 깨달아 민족 주체성과 자아의식을 정립해야 한다는 점을 강조하고 있다. 그러므로 초기 중체서용론자의 안목과는 다소 차이가 있지만, 슝스리는 여전히 '중체서용'의 틀 속에서 주장하고 있는 것이다.

슝스리와 량수밍은 모두 서구문화의 가치를 부정하지 않았으나, 서구문화에 대한 '조건적' 수용을 주장한 셈이다. 곧 서구문화의 지식적·기능적 측면과 정치관으로서의 서학을 수용하는 것은 반대하지 않으나, 서구인의 가치관과 인생관은 수용할 수 없다는 것이다. 이 점은 특히 량수밍이 완강했다. 슝스리

27) 熊十力, 『十力語要初續』(臺北: 明文書局, 1990年版), 15쪽.

는 "나는 다만 중국과 서양이 완전히 일치할 수 없다는 말은 수긍하겠지만 중국인과 서양인이 원래 각자 다른 방향으로 달려왔기 때문에 근본적으로 서로 접근할 수 없다는 것은 결코 받아들일 수 없다"[28]고 하여, 량수밍의 관점과 차이를 드러내기도 했다.

량수밍은 세계 문화의 "세 가지 노선[三路向]"이라는 관점에서 현대 중국문화의 운명을 낙관적으로 전망했지만 슝스리는 중국철학 특유의 정수가 깃든 철학[본체론·형이상학] 체계를 창조하여 중국문화의 주체성·생명력·창조력을 발휘하고자 했다. 그는 후학들보다 『주역』과 선진유학에서 사상적 재료를 더 많이 취하였고, 그의 도덕형이상학에 관한 연구와 본체론 재건 노력은 탕쥔이·모우쭝산 등 후학들의 연구 방향을 송명유학으로 이끌었다. 또한 그는 주로 유학과 불학을 왕래하며 철학체계를 세웠으나, 그의 진정한 목표는 서양철학과 서양문화의 도전에 대한 중국철학과 중국문화의 응전을 수행하는 것이었다. 이와 같이 슝스리는 도덕주체의 초월성, 곧 내성심성학을 중심으로 중국문화의 정신가치를 확립하는 것이 중국 민족[漢族]과 문화의 주체성을 재건하는 길이라고 확신하였다.

5. '의리'의 경학관

유가경전과 관련한 슝스리의 사상과 주장은 그의 본체론과 일관성을 유지하는 점에서 균형적이다. 그의 경학사상은 그의 내성학(심성본체론)을 민족·역사·사회의 지평에서 펼친 것이라고 할 수 있다. 슝스리뿐 아니라 현대 신유가는 대체로 경전(經傳)에 대한 역대 유학자들의 해석을 중시한다.

슝스리는 "한대(漢代)의 학문은 단지 문헌전적(文獻典籍)을 연구하고 그와

---

28) 熊十力, 『讀經示要』, 149쪽.

관련한 자료를 수집했을 뿐이다. 청(淸)나라 때 '경학의 큰 스승(經學大師)'으로 일컬어진 사람들의 업적도 이러한 것에 불과하다"29)고 하여, '명물훈고(名物訓詁)'의 고증학풍을 비판하고 송명유학을 긍정했다. 그는 중국문화라는 거대한 생명체의 생장을 옹호하는 관점에서 전통유학의 긍정적 측면을 부각시켜 현대가 요청하는 과학·민주와 연관짓고자 했다. "공자(孔子)는 지식에 반대하지 않았고, 과학을 대단히 중시했다"30)거나, "정이(程頤)와 주희(朱熹)는 '이치는 물에 있다[理在物]'라고 하였기에 외재(外在)하는 리를 찾지 않을 수 없었다. 그들의 방법[道]으로 인하여 장차 과학방법이 생성될 가능성이 있었다."31) 같은 주장이 그 예다. 과학과 민주가 주류를 이루는 현대의 현실에서 유학의 존립 가치를 주장하기 위하여 당시 반전통주의자들의 표적이던 '공자[선진유학]'와 '리[송명리학]'를 정면에서 옹호하지 않을 수 없었던 것이다.

이런 맥락에서 그는 공자를 '민주'와 직접 관련짓는다. 공자의 '외왕학'이 갖는 진정한 의의는 "고생하며 사는 천하의 백성들을 동정하고, 홀로 천하의 공변된 대도(大道)로써 계급을 탕평하고 민주를 실행하여, 천하가 일가(一家)와 같고 중국(中國)이 일인(一人)과 같은 성대(盛大)한 세상에 도달하는"32) 데 있다는 것이다. 한편 "맹자(孟子)와 순자(荀子)는 지식이 짧았기 때문에 감히 이어받지 못하겠다. 70여 명의 공자 후학들 가운데서 맹자·순자 같은 정도에 도달한 사람이 적지 않았다"33)라고 하여, 맹자와 순자를 폄하하는 발언도 보인다. 특히 만년작 『원유(原儒)』에서는 공자만을 높였다.

이처럼 공자와 송명리학을 가장 중시한 슝스리였으나, 한대(漢代) 경학(經

---

29) 熊十力, 『讀經示要』 卷2, 110쪽.

30) 熊十力, 『原儒』(臺北: 大明王氏出版社, 1975年版), 上卷, 8쪽.

31) 熊十力, 『讀經示要』, 85쪽.

32) 熊十力, 『原儒』 上卷, 51쪽.

33) 熊十力, 『原儒』 上卷, 51쪽.

學)의 의의에 대해서도 언급하고 있다.

> 한학(漢學)은 필경 학술계에서 절대로 무시할 수 없는 작업이었다. 무릇 고서(古書)를 읽는 자들이 그 (한학의) 훈고(訓詁)·명물(名物)·도수(度數) 등에 대하여 망연자실하여 알지 못하니, 그렇다면 책을 읽을 줄 모르는 것과 무엇이 다른가? 그러므로 옛 사람들의 정신유산을 우리가 계승하지 못한다면 이것은 스스로 고립되는 것이요, 곤궁해지는 것이다. 누가 지혜롭지 못한 것인가![34]

한학(漢學)은 숑스리 그 당시에도 중국 전통 지식인들이 유가경전을 공부할 때 반드시 거치던 필수과목이다. 그러나 숑스리는 한학에 본받을 만한 '의리(義理)'가 있다고 생각하지 않았다. "한학은 겨우 경전을 연구하는[治經] 도구일 뿐이며 (이러한 도구를 송대 학자들도 유의했음은 물론이다.) 송학(宋學)이야말로 학술이다"[35]라고 하여, 한(漢)나라 훈고학(訓詁學)과 송·명(宋明) 의리지학(義理之學)을 차별했다. 그 이유는 한대 경학의 스승들이 선진유가의 창조적 기상을 상실했고, 유가 정신의리(精神義理)를 올바르게 파악하지 못하였기 때문이라는 것이다. 이러한 관점은 송명유가의 생각을 그대로 물려받은 것이다. "의리지학"을 표방한 송(명)대 유자들이 볼 때 한대 유학자들은 자질구레한 문물 훈고에 주력하며 현실적·정치적인 민감한 사안들을 교묘한 수사(修辭)로 회피하였고, 문장 연구에 힘을 낭비하였을 뿐이다. 이러한 송명유가의 관점은 청 말의 무술변법(戊戌變法)에서 한학과 송학의 논쟁[漢宋之爭]으로 나타난 바 있다.

숑스리는 한나라 유학자들의 가장 큰 문제점이 춘추(春秋)·전국(戰國)시대 제자백가(諸子百家)의 활발한 창조 역량을 계승하지 못한 데 있다고 본다.

---

34) 熊十力, 『讀經示要』 卷2, 110쪽.

35) 熊十力, 『讀經示要』 卷2, 111쪽.

주(周)나라 말기의 유자(儒者)들은 여러 유파로 나뉘어 각기 독자적인 사상을 가졌고, 창조적인 인물들이 어깨를 나란히 했다. 그러나 한(漢)에 이르면 유학자들은 경전을 공부함에 번잡한 고증(考證)에만 힘쓰고 훈고명물(訓詁名物) 등 주석(註釋) 공부를 평생의 대업(大業)으로 삼았다. 천도(天道)를 궁구하지 않았고, 만물(萬物)의 변화를 살피지 않았으며, 물리(物理)에 대해서도 고찰하지 않아 성학(聖學)의 온전한 체와 방대한 용[全體大用]을 전혀 보지 못하였으며, 오직 책벌레처럼 살았다.[36]

주지하듯이 송(宋)나라 유자들은 한(漢)나라 유자들의 문자 훈고와 사물 고증을 비판하고, 경전을 의리(義理) 중심적 관점에서 논구했다. 송명유학을 계승한 현대 신유가들은 따라서 송명유학에 찬동하고 한학을 폄하한다. 그렇기는 해도 슝스리의 한학(漢學)에 대한 비판이 맹목적인 것은 아니다. 그가 보기에 한유들의 긍정적인 면은 진(秦)나라 황제(皇帝)의 사상·문화적 박해 이후 유가사상을 복원하고 진작시킨 데 있으며, 이 점은 그들의 공로로 인정돼야 한다는 것이다.

한대(漢代) 경사(經師)들은 몇 가지 장점이 있었다. 첫째, 고대(古代) 의리(義理)를 보존한 공이 있다. 둘째, 경전(經典)의 가르침을 가슴에 새기고 신조(信條)를 확립하였으며, 매우 독실(篤實)하게 실천하였다. 셋째, 경전에 통달하고 실제에 응용하여 쓸데없이 지나치게 박문(博文)하지 않았으며 전주(箋注)만 일삼지 않았다. 넷째, 서한(西漢)의 유학자들은 경전의 뜻[經義]을 믿고 실행하고자 하였다. 심지어 황제의 뜻을 거역해 죽게 될지라도 결코 침묵에 안주하지 않는 이도 있었다. 휴맹(眭孟)이나 개관요(蓋寬饒) 등이 그런 사람이다.[37]

36) 熊十力, 『讀經示要』 卷2, 158쪽.

37) 熊十力, 『十力語要初續』.

또한, 그는 한나라 유학자들이 무조건 고증에 치우친 것은 아니며, "통경치용(通經致用: 경전에 두루 통달하여 실용에 최선을 다함)"을 주장한 학자들도 적지 않았다고 한다. 유가경전의 의미를 사회·정치에서 실현하여 외왕(外王)의 사업을 이루고자 노력하였다는 것이다.

> 한대(漢代) 경유(經儒)들은 관리(官吏)가 되어서는 국가경제와 국민생활의 이해(利害)를 잘 따져 정치에 시행하였으니 한유(漢儒)의 '통경치용(通經治用)'이 세상사를 맡으려는 데 있음을 알 수 있다. 한유의 정치가 후세보다 나은 점은 이것만이 아니다. (오늘날) 사학을 연구하는 사람들 대부분이 무의미한 고증에만 매달려 가치 있는 문제에 주의를 기울이지 못하는 것이 애석하다.[38]

그는 당시 사학(史學) 연구자들, 곧 5·4 신문화운동 이후 형성된 "신(新)고증학파"를 겨누고 있다. 앞에서 언급했듯이 슝스리를 비롯한 현대 신유가는 철학적으로는 과학주의(실증주의)에 반대하였고, 역사·문화적으로는 만주족 정권인 청나라에서 명리를 누리며 고증학에 탐닉한 건가학파(乾嘉學派)를 비판했다. 슝스리는 이러한 비판의 연장선상에서 당시 후스(胡適)·꾸지에깡(顧頡剛)[39] 등 5·4 이후 출현한 신고증학파를 배척하고, 그들이 전개한 "국고정리운동(國故整理運動)"을 격렬히 비판한다.

---

38) 熊十力, 『十力語要初續』.

39) 꾸지에깡(顧頡剛, 1893～1981)은 강소성(江蘇省)에서 태어나 1920년 북경대학 졸업을 전후하여 '국고정리운동'에 참가했다. 중국의 고대사는 위조된 전설을 모아놓은 것이라는 가설 아래 『辨僞叢刊』을 간행하고 『古史辨』(全7册)을 편집하였으며, 전통문화를 의심하고 우상을 타파하는 데 힘쓰며 '의고파(擬古派)'를 이끌었다. 지리분야에서는 『禹貢』(半月刊)을 편집하였고, 민속학 연구에도 힘썼다. 중일전쟁시기에는 민중계몽에 주력했다. 주요저서로 『三皇考』, 『書硏究講義』, 『中國疆域沿革略史』, 『吳歌甲集』 등이 있다.

주지하듯이 후스·꾸지에깡 등은 과학적 실증론을 표준삼아 중국 고유의 학술·문화를 정리할 것을 주장하였다. 그들이 보기에는 중국 고대 문화유산은 고증을 기다리는 재료들에 불과하며, 과학적 실증 원칙에 따라 정리되고 연구되어야 할 대상이었다. 그러나 현대 신유가는 이러한 신고증학파의 방법이 전통의 껍데기만을 복원할 수 있을 뿐이며, 전통문화의 정수를 파악할 수는 없다고 비판한다. 역사·문화유산의 진정한 의의를 이해하려면 반드시 종합적·직관적 방법으로 역사·문화에 내재된 생명을 '깨달아야[體證]' 한다는 것이다. 이러한 맥락에서 청나라 고증학은 현대 신유가의 강한 배척을 받는다.

> 청나라 유자들[淸儒]의 학문 동기는 명예와 이익[名利]만 추구하였고, 보호받기만을 즐겼을 뿐이다. 청나라의 이름난 유학자들은 수도에서는 왕실(王室)·공경(公卿)과 접촉하고, 지방에서는 지방 실력자의 막부(幕府)나 주현(州縣)의 관청에 의탁하여 귀한 손님대접을 받았다. 강번(江藩)의 『한학사승기(漢學師承記)』에는 몰염치한 염약거(閻若璩)의 이름이 맨 앞에 나오는데, 청대 학문 전체가 사실상 그로부터 전수(傳授)되었다. 청대 유학자들은 명예와 이익을 탐하는 사심(私心)으로 가슴을 설레었고, 그들의 총명함은 여러 책을 두루 읽기에는 충분하였으나, 송학(宋學)을 탐탁지 않게 여기고 심하게 비판하면서 쓸모없는 고증(考證)을 자신의 임무로 삼았다. 한나라 유자[漢儒]들은 오히려 현실의 실제적인 일들을 강구할 수 있었으나, 청나라의 유자들은 이러한 정신이 없었다.[40]

이런 관점은 슝스리·탕쥔이·모우쭝산뿐 아니라 그 후학들의 견해도 마찬가지다. 차이런허우(蔡仁厚)는 청대 유학자들의 맹점은 고증 자체에 있다기보다는 "학술을 고증에 국한시켜 문화심령(文化心靈)의 단절[閉塞]과 문화생명의 쇠퇴를 조성한 데에 있다"[41]고 비판한다. 청나라 유학은 인격과 학문의 두 측

40) 鄭家棟, 『現代新儒學概論』, 109쪽에서 재인용.

면에서 모두 전통문화의 좌절과 쇠퇴를 상징할 뿐이며, 중국의 사습(士習)이 이와 같이 천박하고 번잡하게 변한 것이야말로 중국 민족의 문화생명의 퇴락을 상징한다는 것이다. 현대 신유가들이 볼 때 중국 역사상 고증학이 풍미한 것은 곧 한족 문화생명의 맥이 끊겼음을 의미한다. 또 의리지학(義理之學)과 도덕종교[成德之教]를 유가사상의 정수로 파악하는 그들에게 청대 고증학은 300년간 (도덕) 생명의 노선[生命之路—牟宗三]이 단절되었음을 의미한다. 그리고 이 끊어진 '생명유학'의 실마리는 5·4 이후 그들 현대 신유가들이 등장하면서 다시 수습되었다는 것이다.

6. '깨달음'의 도통관

"지금 세상에서 주(周)나라 말기의 제자(諸子)를 강론할 사람은 오직 나 웅 아무개(熊某) 밖에 없고, 나머지는 모두 어지러운 헛소리들일 뿐이다."[42] 슝스리의 '생명유학'을 계승했다고 자부하는 모우쭝산은 스승을 처음 만났을 때 직접 들은 이 '사자후'를 평생 잊지 못했다고 회고했다. 이처럼 슝스리의 문하는 유가 도통에 대한 책임감과 함께 그들만이 선진 제자백가와 송명 유가의 실마리를 이을 수 있다는 확신을 가졌다. 모우쭝산은 슝스리가 펑요우란(馮友蘭, 1894~1990)과 주고받은 대화 광경을 훗날 여러 저작들에서 묘사했다. "양지(良知)는 진실하고 진실한[眞眞實實] 것이며, 또한 외부로 나타나는[呈現] 것이다. 이것은 반드시 곧바로 스스로 깨닫고[自覺] 곧바로 긍정(肯定)해야 하는 것이다." 모우쭝산은 이전에 누구에게도 들어본 적이 없는 "이 벽력과 같은 일성(一聲)이 귀머거리를 진동시켜 듣도록 하였고, 사람들의 각오를 송명유자의 층

---

41) 蔡仁厚, 『新儒家的精神方向』(臺北: 學生書局, 1989), 5쪽.

42) 牟宗三, 『五十自述』(臺北: 鵝湖出版社, 1989年版), 86쪽.

위로 끌어올렸으며” 마침내 “중국의 학맥을 부활시켰다”[43]고 한다.

> 웅 선생의 생명은 진실로 광채를 지닌 지혜의 생명[慧命]이시다. 지금 세상에는 오직 그 분 한 사람만이 황제(黃帝)·요순(堯舜) 이후의 위대한 생명[大生命]과 막힘없이 직접 통할 수 있다. 이 위대한 생명은 민족생명과 문화생명이 결합[合一]한 것이다. 그 분은 곧바로 중국민족의 문화생명의 관념방향이 개벽해 낸 인생·우주의 본원(本源)을 지탱하였으며, 그 의리(義理)와 정감(情感)을 토로하였다. 그 분의 학문은 인생적(人生的)이면서 동시에 우주적(宇宙的)인 것이다. 이 두 가지는 본디 하나로 겹쳐 나눌 수 없는 것이다. 오직 저 큰 능력[大才]과 생명(生命)의 원초[原始]만이 이처럼 철저할 수 있다. 이러한 점은 『중용』·『역전』의 사상과 가까운 것이다.[44]

슝스리의 사상을 『중용』·『역전』과 상통한다고 보는 모우쭝산은 초월론적 심성론[생명유학]의 노선을 견지했다. 그래서 슝스리의 저작을 지식론의 관점에서 읽어서는 안 되며 ‘도(道)’ 또는 ‘생명’의 측면에서 접근할 것을 요구했다. 슝스리의 학문은 “일반인들과 절대로 다르기 때문에 일반적 표준을 적용하여 그 분(슝스리)을 저울질해서는 안 된다. 가령 일반적인 전문학자들이 보기에는 그 분의 저서는 비판할 부분도 많다”[45]고 하여, 슝스리가 사용한 개념이나 표현은 크게 신경 쓸 문제가 아니라고 한다. 슝스리 사상의 진정한 의의는 지식운용의 적실성이나 논리적 엄밀성 여부에 있지 않고 원초적 생명의식에 있다는 것이다.

이 ‘원초적 생명의식’이란 무엇인가? 『심체와 성체(心體與性體)』에서 그는,

43) 牟宗三, 『五十自述』, 88쪽.

44) 牟宗三, 『五十自述』, 102쪽.

45) 牟宗三, 『五十自述』, 268쪽.

"요(堯)·순(舜)·우(禹)·탕(湯)·문(文)·무(武)로부터 곧게 전승되어 온 한족(漢族)의 전통을 재건한 것, 이것이 웅 선생님의 공로다. 웅 선생이 처음으로 이 전통을 복원한 것이다"[46]라고 한다.

곧 모우쫑산이 칭송하는 바는 한족의 문화생명과 도통을 계승한 슝스리의 '원초적 생명의식'이다. 또 슝스리가 복원한 것은 지식의 전통이 아니라 "도의 전통[道統]"이고, 슝스리가 계승한 것은 지식의 학문이 아니라 "생명의 학문[生命的學問]"이다. 이로부터 모우쫑산이 말하는 슝스리의 '생명'은 자연생명이 아닌 문화적·도덕적 생명임을 알 수 있다. 슝스리에서 모우쫑산으로 계승된 이 '도의 전통'과 '생명의 학문'은 결국 그들의 초월론적 심성론 또는 심성본체론을 지시한다.

> 유가 의리의 규모와 경지는 모두 『역경』과 『맹자』에서 드러나는데, 웅 선생님은 맹자, 육상산(陸象山), 왕양명(王陽明)과 『역경』을 하나로 회통하였다. 『역경』으로써 맹자를 열고 또 확장하였고, 다시 맹자와 육왕의 심학(心學)으로써 『역경』을 수렴하였다. 곧바로 조화(造化)의 본원(本源)을 탐구하여 주객을 초월하는 법체(法體)를 드러냈다. 법체란 곧 본심(本心)이다.[47]

모우쫑산은 송명리학의 본질을 맹자의 심성론과 『주역』·『중용』의 우주본체론을 결합하여 천인(天人)을 소통하고 "심(心)·성(性)·천(天)이 간격이 없이 하나로 통하는" "의리의 계통[義理系統]"을 세운 것이라고 보았고, 그 학맥을 이어 도통(道統)을 부활시킨 이가 슝스리라고 믿었다. 물론 슝스리는 '중국의 학맥'이 공자에서 근원한다고 생각했다. "공자(孔子)는 위로는 멀리 고대[遠古] 성인들의 도[群聖之道]를 계승하고, 아래로는 주나라 말기[晩周] 제자백가의 학

---

46) 牟宗三, 『心體與性體(1)』(臺北: 正中書局, 1989年版), 20쪽.

47) 牟宗三, 『生命的學問』(臺北: 三民書局, 2004年版), 128쪽.

문을 열었으니, 공자가 중국 학술계의 정통인 것은 하나의 뿌리에서 여러 줄기와 가지와 잎이 돋아나는 것과 같다. 학술은 이러한 연유로 발전하였다"[48]고 말한 바 있다.

중국 근대의 기점인 아편전쟁과 현대의 기점인 5·4운동을 거치면서 중국의 학술계에서는 공자를 둘러싼 논쟁이 여러 차례 벌어졌다. 주지하듯이 그 가운데는 공자와 중국 전통문화의 관계에 대한 논란이 가장 분분하여 중국 문화사·사상사·철학사에서 공자의 의의와 지위에 관한 다양한 견해차가 출현했다. 전통문화에 강렬한 애정을 품은 학자들과 현대 신유가를 하나로 묶어 '전통문화 진영'이라고 표현한다면, 그들 전통문화 진영에서도 크게 두 갈래의 견해차가 나타났다. 그 차이는 중국역사와 문화사에서 공자를 '전술자(傳述者)'로 보느냐 '창작자(創作者)'로 보느냐에 있었다. 전자는 첸무(錢穆, 1895~1990)의 견해가 대표적이고, 후자는 슝스리·모우쭝산·탕쥔이 등 웅문사도(熊門師徒)의 견해가 대표적이다.

슝스리는 공자를 창작자이자 교주(敎主)로 파악한다. 근대 금문경학의 영향을 깊이 받고 공자가 6경을 창작했다는 관점을 견지한 그는, "무릇 경(經)에는 공자가 직접 지은 것도 있고, 공자가 말씀한 것을 제자가 기록한 것도 있다"[49]고 하여 육경을 공자의 창작물[孔子所作]로 보면서도 공자와 "선대 성인들[先聖]"의 계승관계를 더 강조했다.[50] "孔子가 계승하고 의지한 것은 지극히

---

48) 熊十力, 『原儒』, 47쪽.

49) 熊十力, 『原儒』, 6쪽.

50) 반면 모우쭝산은 공자가 육경의 창작자인가 여부는 중요하지 않다고 본다. 중요한 것은 공자가 '인의 종교[仁敎]'를 창립(創立)하였다는 점에 있다고 한다. 공자의 인교(仁敎)는 '안으로 성인이 되며 덕을 완성하는 종교[內聖成德之敎]'이며, 유가의 '도(道)의 근본 실마리[本統]'다. 따라서 유가의 도통은 공자로부터 거론되어야 하며, 요·순·우·탕·문·무·주공으로부터 언급되어서는 안 된다는 것이다. 졸고, 「신유가의 '현대화'론에 대한 비판적 고찰」, 325~326쪽 참조.

크고 넓고, 그가 개창한 것은 광원(廣遠: 廣은 광대함이고 遠은 심원함이다)하니, 높고 위대한 유가의 으뜸 스승[宗師]이다. 춘추전국시대부터 오래도록 화하(華夏) 학술·사상계의 정통(正統)을 이루었다."[51]

또 다음과 같이 말하기도 한다.

> 『중용』에 이르기를 "중니(仲尼: 공자)는 요임금·순임금을 조술(祖述)하고 문왕·무왕을 헌장(憲章)하였다"라고 하였다. 맹자는 공자가 요순 이후를 집대성하였다고 말했다. 이는 모두 실제를 기록한 것이다. 고대 성제(聖帝)·명왕(明王)들의 입신행기(立身行己)의 지극한 덕과 중요한 도와 천하를 평안하게 다스린 대경대법(大經大法)을 공자는 모두 융합하고 꿰뚫어 위대한 학파를 만들어냈다. 공자가 스스로 "옛것을 좋아하고 민첩하게 배운다[好古敏學]"고 하였고, 또 "전술하고 창작하지 않는다[述而不作]"고 하였으며, "지난 것을 온전히 익혀 새것을 안다[溫故而知新]"고 말한 것은 모두 공자가 이어받은 것이 멀고 크며, 흡수한 것이 두텁고 깊다는 뜻이다. 그러므로 공자가 정립한 6경은 모두 고적(古籍)에 근거하여 자신의 새로운 뜻을 덧붙인 것으로, 말은 전술했다고 하였으나 실제로는 창작한 것이다.[52]

숑스리는 공자가 전술의 방식을 사용하여 실제로는 창작을 하였다고 확신하였다.

주지하듯이 도통관(道統觀)은 선진유가로부터 현대 신유가에 이르기까지 중국의 민족의식과 역사의식, 나아가 문화의식에 일관되게 흐르는 중요한 관점이다.

---

51) 熊十力, 『原儒』, 13쪽.

52) 熊十力, 『讀經示要』, 146쪽.

일찍이 공자는 요·순·우에 관한 도통관을 피력한 바 있다. "요(堯)임금이 말씀하셨다. '아! 너 순(舜)아, 하늘의 역수(曆數)가 너의 몸에 있으니 진실로 그 중을 잡아야[允執厥中] 한다. 천하[四海]가 곤궁해지면 하늘에서 내려준 녹[天祿]은 영원히 끊어질 것이다' 순(舜)임금도 이 말씀으로써 우(禹)임금에게 훈계[命]하셨다"(『論語·堯曰』).

그리고 서한(西漢)의 동중서(董仲舒)도 "도(道)의 큰 본원[大原]은 하늘에서 나왔다. 하늘은 변하지 않으며, 도(道) 역시 변하지 않는다. 이로써 우(禹)는 순(舜)을 계승하였고, 순(舜)은 요(堯)를 계승하였으니, 세 성왕(三聖)들이 서로 전수(傳受)하여 같은 도를 지켰다"(『賢良對策·三』)고 하여, 공자와 마찬가지로 '요→순→우'의 도통관을 언급했다.

그 후 당(唐)나라 말기 한유(韓愈)는 '요→순→우→탕→문→무→주공→공자→맹자'라는 전도(傳道) 계보를 정식으로 제기하였으며(『原道』), 그 후 이고(李翺)는 요→순→문→무→공자→안자(顏子)·자로(子路)·증자(曾子)→자사(子思)→맹자→공손추(公孫丑)·만장(萬章)으로 도가 전해졌다고 하였다(「復性書」).

송학(宋學)의 도통관은 이들의 영향을 받고 전개되었다. 북송의 정이(程頤)는 그의 친형 정호(程顥)가 "맹자 이후 전해지지 못한 학(學)을 후세에 남겨진 경전[遺經]에서 얻고 유학[斯文]의 흥기를 자신의 소임으로 삼아 이단을 가려내고 사설(邪說)을 배척하여 성인(聖人)의 도(道)를 세상에 다시 밝혔다"(『宋史·程顥傳』)고 하였다. 그리고 송학을 종합한 남송의 주희(朱熹)는 「중용장구서(中庸章句序)」에서 처음 '도통(道統)'이라는 말을 사용하며 전도의 계보를 긍정했다.

『중용』은 어찌하여 지었는가? 자사 선생님께서 도학(道學)의 전함을 잃을까 걱정하여 지으신 것이다. 상고시대 성신(聖神)이 하늘의 뜻을 이어 극(極)을 세움으로써 도통(道統)의 전함이 유래가 있게 되었다. 『서경(書經)』에 나타나는 것으로는, "진실로 그 중도[中]을 잡으라"라는 것은 요임금이 순임금에게 전수한 것이요, "인심(人心)은 위태롭고 도심(道心)은 은미하니 정(精)히 하고 한결같이 하여야 진실로 그 중도를 잡을 수 있다"라는 것은 순임금이 우임금에게 전수한 것이다. (중략) 이로부터 성인과 성인이 서로 이으셨으니…[53]

이처럼 당나라 말기부터 북송에 걸쳐 이루어진 유가의 도통의식과 도통 계보는 마침내 주희의 교판(教判)으로 '정리'되었다. 물론 주희 도통론의 표준은 '의리지학(義理之學)'이었고, 그것은 종전의 5경 중심의 중국유학사를 4서(四書) 중심의 유학사로 새롭게 전환한 획기적 작업으로 일컬어져 왔다.

그러나 모우쭝산은 정이와 주희의 이러한 도통론을 정면으로 비판하고 육왕학(陸王學) 계열을 중심으로 하는 새로운 도통론을 주장했다.[54] 이에 비하여 숑스리에게는 확고한 도통 계보나 뚜렷한 기준에 의한 교판 작업은 보이지 않으며, 다만 인도(印度) 대승불학[空宗·有宗]과 중국 유가사상을 엄격히 구분할 것을 주장하였다. 숑스리는 확실히 외래 학문과 중국 학문을 차별하였지만, 역대 유자들이 어떻게 도를 전하였고, 그 계보는 무엇인지 거의 관심이 없었고, 다만 심학(心學)의 전통에 뿌리를 둔 정신적 의리를 중시했다. 곧 "왕양명(陽明)의 학(學)이 확실히 유가의 정맥(正脈)이다"[55]라는 주장이 숑스리의 도통관이라고 할 수 있다.

한편, 자신을 '현대 신유가'로 분류하지 말 것을 공개적으로 여러 번 요구한 미국 프린스턴 대학 역사학자 위잉스(余英時)는 유가 '도통론'을 크게 세 가지로 구분했다.[56]

---

53) 朱熹,「中庸章句序」: 中庸何爲而作也? 子思子憂道學之失其傳而作也. 蓋自上古聖神繼天立極, 而道統之傳有自來矣. 其見於經, 則「允執厥中」者, 堯之所以授舜也;「人心惟危道心惟微, 惟精惟一, 允執厥中」者, 舜之所以授禹也. … 自是以來, 聖聖相承…

54) 졸고,「현대 신유학의 형이상학과 문화의식」, 260~261쪽 참조.

55) 熊十力,『十力語要』卷3, 44쪽.

① 첫째, 위에서 언급한, 한유가 최초로 제기하고 송명유학이 발휘·창도하였다고 일컬어지는 주관적(主觀的)이고 단선적(單線的)인 도통론이다. 이 도통관념은 전도 계보를 구체적으로 명시한 점이 특징적이다. 그러나 역사학자의 관점에서 중국사상을 연구한 첸무(錢穆)와 그 제자 위잉스는 이러한 단선적 도통론을 인정하지 않을 뿐만 아니라 비판적인 관점을 견지하였다.

② 둘째, 첸무의 유지를 계승하여 위잉스 자신이 주장하는 사상사가(思想史家)의 도통관이다. 이들은 "전체 중국문화의 큰 전통[大傳統]이 바로 도통"이라고 주장한다. 그의 견해는 사실상 종래의 유가 도통론에 보이는 '편협함'을 비판하고, 중국사상사 전반을 어떤 계열이나 파별을 넘어 편견 없이 바라볼 것을 요구하는 견해라고 할 수 있다.

③ 셋째, "철학자(哲學者)의 도통론"이라고 하는 이것은 슝스리·탕쥔이·모우쭝산의 '신유학' 사상에 나타난 "심성(心性)에 대한 이해와 몸소 깨달음[體證]으로 표준을 삼는 도통관"이라고 한다.

이 "신유가"의 도통관을 그는 "철학자의 도통론"이라고도 표현했다. 여기에서 '철학자'는 긍정적인 의미로 사용된 말이 아니다. '신유가'란 다름 아닌 슝스리 사문의 전승을 통해 형성된 철학 유파, 그중에서도 슝스리·탕쥔이·모우쭝산 세 사람을 지칭한다. 위잉스가 파악하는 '철학자[신유가]의 도통관'은 구체적으로 다음과 같다.

> 슝스리로부터 시작하여 신유가는 모두 강렬한 도통의식을 갖고 있었지만, 그들이 도통을 재건하는 방식은 송명 이후의 일반적 노선과 차이가 있다. 그들은 전도 계보를 중시하지 않고, 전심(傳心)을 중시하지 않는다. 그들은 심성(心性)에 대한 이해(理解)와 체증(體證)을 기준으로 역대 유자들이 도체(道體)를 깨

---

56) 余英時, 「錢穆與新儒家」, 『現代危機與思想人物』(北京: 三聯書店, 2005), 535~539쪽 참조.

달았는지 여부를 판단한다. 이 점에서 그들은 확실히 육·왕의 풍격에 더 접근하였다. 신유가 1대, 2대 학자들(熊十力·唐君毅·牟宗三 — 필자)은 심(心)·성(性)·도체(道體)의 확실한 의미와 이 세 가지의 관계에 대하여 일치된 결론을 얻지는 못하였으며, 그들의 도통 계보는 이런 까닭에 혹자는 엄격하고 혹자는 관용적인 차이가 있다. 그러나 엄격하든 관용적이든 상관없이, 그들은 대체로 맹자 이후 도통이 중단되었고, 북송에 이르러서 누군가가 끊어진 맥락을 처음으로 수습하였으며, 명말 이후 도통은 또 다시 300년간 중단되었으며, 신유가가 등장하면서 재확립되었다고 인식한다.[57]

슝스리와 그 제자들은 심성에 대한 이해와 체증을 표준 삼아 역대 유자들이 도체(道體)를 깨달았는지 여부를 판단했다는 것이다. 이 문장은 슝스리 문하의 도통관을 특징적으로 부각시킨다. 웅문 사도는 순수한 지적 탐구로써 유가 전통을 발휘하고 재건할 수 있다는 생각을 하지 않았다는 것이다. 이러한 개괄을 근거로 보면, 그들에게 가장 중요한 도통 기준은 '도'에 대한 직접적 깨달음[體悟]이며, 이 '깨달음'이 슝스리 문하의 도통관의 핵심이라고 할 수 있다.

7. 비판자들

위잉스는 스승 첸무와 그 자신이 "현대 신유가"로 분류되는 것에 동의하지 않고, 스승과 자신이 역사학자임을 강조하였다. 그의 「첸무와 신유가(錢穆與新儒家)」에 의하면, 첸무는 일찍이 베이징대학의 교수이던 시절에 동료인 탕융퉁(湯用彤)·슝스리·멍원퉁(蒙文通)·량수밍·린짜이핑(林宰平)·장둥쑨(張東蓀) 등과 자주 어울려 중국의 전통학문을 논하곤 했다. 당시 첸무는 슝스리의 광

57) 余英時, 「錢穆與新儒家」, 『現代危機與思想人物』, 547～548쪽.

견(狂狷)한 성품과 주관에 치우친 학술관에 내심 동의할 수 없었다. 또 첸무는 1949년 이후 홍콩에서 장쥔마이·탕쥔이·모우쭝산 등과 함께 교학에 종사할 때에도 여전히 그들과 공통의 화제나 학술적 공감대를 발견하기 어려웠다고 한다. 그 이유는, 이들 현대 신유가는 주로 칸트·헤겔의 독일 관념철학 개념에 관한 이야기를 즐겼지만, 첸무는 사학자로서 객관적 사료(史料)에 근거한 합리적 접근과 엄밀한 논증을 중시했고, 따라서 독일 이상주의 철학과 그것에 근거한 "신유가"의 관점을 긍정할 수 없었기 때문이다. 이들 홍콩·대만의 당대신유가(當代新儒家)들이 연서(連署)하여 1959년 1월 1일에 발표한 「중국문화를 위하여 삼가 세계의 인사들에게 알리는 선언(爲中國文化敬告世界人士宣言)」에 대해 첸무가 끝내 서명을 포기하고 참여하지 않은 것도 현대 신유가의 종교적·주관적인 문화관과 역사관에 동의할 수 없었기 때문이다.[58]

현대 신유가의 역사관과 문화관에 대한 첸무·의잉스·웨이정퉁(韋政通) 등의 비판은 자주 "범도덕주의(汎道德主義)"와 "화약주의(化約主義)"라는 용어로 표현되었다. '범도덕주의'는 인문·사회·자연 등 모든 학술 방면에서 도덕을 궁극적 표준과 최고 가치로 삼는 탕쥔이·모우쭝산의 존재론적 관점을 비판하는 용어이고, 마찬가지로 '화약주의'도 중국의 다양한 사상적·문화적·역사적 사실과 내용 전반을 '도덕형이상학'이라는 '협소한' 틀로 축소해 평가하는 그들의 방법론을 비판하는 용어이다.

타이완 중국철학계의 비판자들 가운데 웨이정퉁은 "위잉스는 「錢穆與新儒家」라는 장문에서 상세한 분석을 통해 첸무 선생은 절대로 '신유가'가 아니며, '엄밀히 말하면 신유가는 주로 슝스리의 철학 유파를 가리킨다'라고 증명하였다. 그의 분석은 옳은 것이다. 그의 분석에 근거하면, 첸무뿐 아니라, 엄격하게 정의해서 량수밍·장쥔마이·쉬푸관(徐復觀)도 모두 신유가라고 볼 수 없다"[59]라고 하여 위잉스의 관점에 찬동했다.

58) 余英時, 「錢穆與新儒家」 참조.

공자와 『주역』을 가장 높인 스승 슝스리와 다르게 모우쫑산은 선진유가의 자사·맹자로부터 송명유학의 "존덕성(尊德性)"으로 이어지는 전통을 높이고 기타 학술 전통에 대해서는 꽤 배타적이었던 것이 사실이다. 그렇다 보니 "도덕이상주의", 곧 도덕형이상학에서는 상당한 성과를 거두었다고 평가되면서도 중국의 학술·사상·문화 전반에 대한 참신한 견해와 바람직한 해석을 제시하지 못했다는 비판을 받는다. 웨이정퉁이 "현대 신유가는 도덕형이상학 방면에서는 전례 없는 성취를 거두었지만, 그들이 이것에 기초하여 새로운 문화[新文化]에 관한 문제를 풀어나갈 때에는 큰 어려움에 직면한다"[60]고 지적한 것은 이 점과 관련된다.

모우쫑산 자신도 송명유학의 결점을 "내성학은 강하나 외왕학은 약하다[內聖學强而外王學弱]"라고 지적했지만, 실상 모우쫑산이야말로 중국철학사를 통틀어 사변성이 가장 강한 철학자였다고 해도 과언이 아니다. 그가 평생 심혈을 기울인 것은 역시 내성(심성)학이었다. 한편, 그와 대조적으로 유가의 정체성을 끝까지 유지하면서 도덕가이자 사회실천가로 살다 간 현대 신유가는 량수밍이라고 할 수 있고, 이런 의미에서 그를 "최후의 유가(The last Confucian)"라고 일컬은 가이(Alitto Guy)의 견해는 수긍할 만한 것이다.

기실 현대 신유학의 형이상학을 세운 슝스리·탕쥔이·모우쫑산의 철학사상은 '사회적' 또는 '실천적'이라는 수식어와 잘 어울리지 않는다. 이들 웅문사도의 학문적 특징은 심오하고 방대한 사변, 엄밀한 논증, 일관성과 체계성을 유지하는 도덕이상주의 철학에 있었다고 할 것이다. 반면 그들의 도덕주의적 문화관은 특히 1980년대 이후 리쩌허우(李澤厚)·웨이정퉁·린위셩(林毓生)·푸웨이쉰(傅偉勳)·위잉스 등 중국·타이완·미국 학자들의 비판 대상이었으며,[61] 그에 따라 '범도덕주의'와 '화약주의'라는 용어도 자주 회자되며 보편화

59) 韋政通, 『思想的探險』(臺北: 正中書局, 1993), 95쪽.

60) 韋政通, 「兩種心態, 一個目標」, 『儒家與現代中國』(臺灣東大圖書有限公司, 1984), 208쪽.

되어, 유가 전통에 대한 현대 신유가의 도덕지상주의적·사변적·몰(沒)실천적 이해와 해석과 발휘에 대한 상징적 폄사(貶辭)가 되었다.

8. 맺음말

서구 문물이 동아시아로 유입된 18세기 이후 동아시아는 서구에 줄곧 타자(他者)로 간주되었다. 미개하고 야만적이며 경작(colere: 라틴어)되지 않은, 신(神)의 은총이 닿지 못한, 따라서 문화(culture)가 없는 불모지로서 동아시아는 서구인들의 '계몽'의 대상일 뿐이었다.[62] 낯선 불모지에 서구 산물인 이성과 지식을 이식하는 이러한 계몽은 필연적으로 외재적·타율적·강제적 성격을 띠는 '근대화'였으며, 한국·중국·인도뿐 아니라 동남아시아·중동·남미·아프리카 등 비서구권 국가와 민족의 운명이 대체로 그러했다. 결국 근대화 역사는 지역적으로 비(非)서구에 대한 서구의 우월성을, 그리고 종교·사상적으로 비기독교에 대한 기독교의 우월성을 강요한 문화적 충격의 과정이라고 할 수 있다.

19세기 초 조선의 서해안과 남해안에 자주 출몰하던 낯선 배[異樣船]들은

---

61) 1980년대 현대 신유학에 대한 비판자들의 주요 논지에 관해서는 韋政通, 「汎道德主義影響下的傳統文化」(『儒家與現代化』, 臺北: 水牛出版社, 1989), 「兩種心態·一個目標」, 傅偉勳, 『'文化中國'與中國文化』(臺北: 東大圖書公司, 1988) 등을 볼 것. 그리고 1990년대 이후 현재까지 臺灣의 翟志成을 비롯하여 중국의 鄭家棟·黃玉順·方朝暉·楊澤波·楊春梅·朱學勤 등이 현대 신유학의 도덕중심주의를 비판하였다. 그리고 牟宗三의 제자 李明輝 등은 「論所謂'儒家的汎道德主義'」(李明輝, 『儒學與現代意識』, 臺北: 文津出版社, 1991) 등을 발표하면서 이들의 비판에 맞서 왔으며, 2000년대 이후 중국에서 '자생적 현대 신유가'로 운위되는 인터넷 학술지 『原道』의 편집장 천밍(陳明)이 현대 신유가를 긍정하는 글을 계속 발표하고 있다.

62) 박치완, 「타문화를 보는 새로운 시각」(『인문학연구』, 제7집, 서울: 외국어대 인문과학연구소, 2002) 57~60쪽 참조.

영국·프랑스·미국·러시아 등에서 건너온 것이다. 19세기 중엽에는 청나라 텐진(天津)에 주둔하던 프랑스 함대가 조선의 천주교 박해를 빌미로 침입하여 병인양요(丙寅洋擾, 1866)를 일으켰다. 다시 몇 년 후 조선에 통상(通商)과 선교(宣敎) 개방을 요구하며 강화(江華)에 정박해 있던 미국 상선 "제너럴 셔먼"호가 민간을 약탈하다 민·관에서 동원된 공격을 받고 격침당하자, 일본에 주둔하던 미국 함대가 몰려와 신미양요(辛未洋擾, 1871)를 일으켰다. 이러한 일련의 경과를 거치면서 19세기 말 한반도는 구미 열강의 각축장이 되어, 마침내 일제(日帝)에 병탄(倂呑)되었다. 근대 일본은 "탈아입구(脫亞入歐)"를 표방하며 자국을 제외한 동양의 문화 전반을 정체되고 보수적인 것으로 규정하였고, '미개하고' '야만적인' 동양을 벗어나 유럽이 되기를 열망했다. 이러한 그들의 관점과 지향은 '일본 근대화의 아버지' 후쿠자와(福澤諭吉)의 동양관에서 절정을 이룬다.[63]

조선의 성리학 전통에서 대두한 새로운 학풍으로서 실학(實學), 그리고 중화주의와 제국주의 양측의 질곡을 모두 벗어나려는 뚜렷한 지향을 보여준 동학(東學)이 출현했음에도 불구하고, 이러한 자생적 근대지향성은 외세의 핍박 속에서 그 열매를 맺지 못하였다. 이 점은 중국의 전통적 '정신'이 서구 세력에 대항하면서도 서구의 이성·지성과 어떠한 형태로든 관계를 형성한 것과 대조를 이룬다.

19세기 중국 '양무파'의 중체서용론이 그 최초의 시도였다면, 20세기 현대 신유학의 생성과 전개는 곧 중체서용론의 심화·확대 과정이라고 할 수 있다. 현대 신유가의 '중체' 곧 중국의 본체는 중국인의 주체를 의미하며, 이 '주체'는 바로 육왕심학(陸王心學)의 양지(良知)를 가리킨다. 이처럼 그들이 양명학(陽明學) 전통을 중국철학의 정통으로 파악하고 심학적 주체관을 견지한 까닭

63) 구체적인 내용은 강상중 지음, 이경덕·임성모 옮김, 『오리엔탈리즘을 넘어서』(서울: 도서출판 이산, 1997), 89쪽을 볼 것.

은 무엇인가? 우리는 중일전쟁시기(1937~1945)에 '새로운 심학[新心學]'을 주창한 2세대 현대 신유가 허린(賀麟, 1902~1992)은 회고에서 그 실마리를 찾을 수 있다.

(1) 육상산(陸象山)과 왕양명(王陽明)이 자아의식을 중시한 것은 개인의 자각과 민족의 자각이 필요한 새로운 시대와 잘 부합하였다. 왜냐하면 지난 50년은 전통적 권위에 반대하던 시대였으며, 자아의식과 내면의 직각(直覺)을 제기한 것은 권위주의에 반항하고 속박을 벗어던지는 데에 유익하였기 때문이다.
(2) 공백 상태와 같은 과도기에 처하여, 추종하거나 준수할 만한 옛 전통도 사라져 버렸고, 본받을 만한 외래의 표준도 없었다. 오로지 매사에 스스로 양지(良知)에게 물어 자기 내면에 편안한 것을 구하고 자기 정신에 부합되도록 이끌어 순식간에 급변하는 환경에 부응할 뿐이었다. 무릇 우리의 새로운 인생관, 새로운 우주관, 심지어 새로운 건국사업까지지도 모두 이러한 심성의 기초 또는 정신적 기초 위에 건설되었다.[64]

유가 심학의 역사적 의미를 개괄한 것으로도 볼 수 있는 허린의 글은 중국 철학사뿐만 아니라 한국철학사에서도 의미 있는 실마리를 제공한다. 서구 "과학 이성"이 19세기부터 중국과 조선의 국체를 뒤흔드는 상황에서, 정주학의 "천리(天理)"는 유교 지식인들의 신뢰를 잃어 갔다. 그러나 이 혼란과 격변의 시대에 그들은 여전히 유교전통으로부터 출로를 찾지 않을 수 없었다. 그들은 유가사상의 항구적 가치에 근거하여 서구문화를 바라보고 이 생경한 시대에 대비해야만 했다. 이미 언급한 것처럼 중국의 현대 신유가는 맹자의 '본심(本心)'을 계승·발휘한 또 다른 송명유학의 줄기로서 육상산·왕양명의 심학사상을 계승하여 그들 나름의 자유롭고 역동적이고 애국적인 생명의식을 고취해나갔다.[65]

64) 賀麟, 『五十年來的中國哲學』(瀋陽: 遼寧教育出版社, 1989年版), 18쪽.

동시대 근대 조선에서는 유교 지식인들의 이러한 고뇌가 '유교 유신운동' 및 '유교 구신론'으로 표현되었다. 조선이 패망한 20세기 초, 많은 지식인은 500년 조선왕조 시대를 주도해온 유교의 전근대성을 망국의 주된 원인으로 인식했고, 유교를 타파하지 않으면 조선 사회를 쇄신할 수 없다고 보았다. 이러한 사회 분위기 속에서 유교 유신운동(維新運動)을 통해 국권을 회복하고 민족문화의 정통성을 지키고자 한 지식인들로는 '공자교(孔子敎)' 운동을 통해 유교의 종교성을 주장하고 유교를 개신하고자 했던 이승희(李承熙, 1847~1917)와 이병헌(李炳憲, 1870~1940)이 있다. 그리고 양명학을 기반으로 유교구신론(儒敎求新論)을 주장한 이가 박은식(朴殷植, 1859~1925)이다.

「유교구신론(1909)」에서 그는 몰락한 조선을 구제하려면 유교를 개혁해야 한다고 역설했다. 그에 따르면, 유교가 불교나 기독교처럼 세계적인 종교가 되지 못하고 몰락하게 된 가장 큰 원인은 오랜 세월 제왕(帝王)을 위해 봉사하고 "인민사회에 보급할 정신"을 개발하지 못한 데 있다.[66] 본디 공맹(孔孟)의 유학사상은 대동(大同)과 민본(民本)이 중심이므로 주자학(朱子學)의 번쇄한 이론을 타파하고 실천을 중시하는 양명학으로 유교를 개혁해야 한다는 것이다. 조선시대 유학의 주류였던 주자학 대신 양명학을 유교의 기조로 삼을 것을 주장했다. 침체에 빠진 한국 사회에 활력을 불어넣어 국가를 재건하기 위해서는 "알되 행하지 않으면 아직 모르는 것일 뿐이다(知而不行, 只是未知)"라는 양명학의 지행합일(知行合一) 원칙을 준수해서 실천해 나가야 한다는 것이다. 이 주장은 서구에서 유입된 물질문명은 날이 갈수록 번성하는 반면 우리의 도덕은 날이 갈수록 문란해진다는 위기의식에서 나온 것이다.[67]

이처럼 근현대 동아시아 전통철학자들의 인식과 대응은 많은 유사점을 보

---

65) 졸고, 「현대 신유학의 형이상학과 문화의식」, 8~9쪽.

66) 박은식, 『朴殷植全書』 全3卷(서울: 단국대학교 출판부, 1975), 下卷, 44쪽.

67) 백종현, 『윤리 개념의 형성』(서울: 철학과현실사, 2003), 65쪽 참조.

인다. 그러나 그들이 시급하고 절실한 것으로 인식한 양명학의 주체관과 실천성은 실제로 당시 현실 사회에서는 큰 영향력을 발휘하지 못하였다. 중국의 현대 신유학과 마찬가지로 조선의 '유교구신론'도 하나의 의미 있는 주장이었을 뿐 실제 영향력을 발휘할 수 없었다. 이러한 한·중 양명학의 현대적 운명은 유가 심학 자체의 모순이나 결함이라기보다는 근현대사 과정에서 유학이 실천기반을 상실하였기 때문이라고 보는 것이 타당할 것이다.

중국과 한국의 유사성은 그들이 공유한 근대사와 밀접한 관련이 있고, 그 저변에는 공통적 '문화 유전자'로서 유교전통이 있다. 19세기 중국의 중체서용론과 조선의 동도서기론의 보수주의적·절충주의적 관점(방법론)은 물론이고, 일찍이 '탈아입구'를 선언하고 '동양' 문화권에서 필사적으로 벗어나고자 한 일본도 '화혼양재'라는 보수적 절충론을 피할 수는 없었다. 결국, 근·현대 동아시아 지식인들은 자국 문화와 서구 문명의 바람직한 관계를 정신성[體·道·魂]과 물질성[用·器·才]의 대립적·이원적 구도에서 사고하고 처리했다. 필자는 이러한 동아시아 철학자들의 본체관과 방법론이 중국 현대 신유학에서도 여실히 적용되어 나타났음을 살펴보고자 했다.

고통스럽게도 근·현대사의 모진 시련과 굴곡 속에서 우리는 한국철학의 자생적 근대화를 충분히 전개할 수 없었다. 이러한 고민을 안고 있는 우리에게 중국 현대 신유가의 도덕주의 문화관은 적잖은 교훈을 준다. 물론 긍정적 교훈이라기보다 비판적 관점이 필요한 교훈이며, 우리에게 '모범'이라기보다는 '반면교사(反面教師)'에 해당한다. 그럼에도 불구하고, 무릇 인문학적 반성이 요구하는 태도와 마찬가지로 현대 신유가들이 이원론적 전제에서 출발하여 도덕주의로 귀결하게 된 역사적·사회적·문화적 연원을 고려하지 않고 곡직(曲直)의 잣대만으로 마름질하는 것은 오류이다. 철학적 오류이기 전에 학문적 손실이다. 공자의 이른바 '지나침과 모자람'의 논법에 근거하면, 그러한 태도는 신전통주의자들이 고통스럽게 모색한 본체론과 방법론에 깃든 시대적 의의를 20세기 초 맹목적 전통주의자들이 이해할 수 없었던 것과 같다.

"추종하거나 준수할 만한 옛 전통도 사라져 버렸고, 본받을 만한 외래의 표준도 없었"[68]던 공백의 과도기에 서구 사상·문화의 충격을 회피하거나 무시하지 않고 나름대로 정면적인 관점에서 해답을 모색한 이들이 '현대 신유가'로 불리는 신전통주의자들이다. 현대 신유학은 현대 중국의 '문화적 보수주의자' 내지 '도덕적 이상주의자'들이 제출한 '시대성'을 지닌 답안이었을 뿐만 아니라 1950년대 이후 중국 사회주의의 '도덕이상주의'와 '윤리중심주의'와도 무관하지 않다.[69] 특히 1980년대 '문화열' 이후 현대 신유학은 '중국 특색의 사회주의'를 내건 중국정부의 체제유지 수단으로 사용되어 왔으며, 1990년대 이후 중국정부는 다시 '독경열(讀經熱)' 및 '국학열(國學熱)'을 지원하면서 지나친 실용주의와 배금주의가 문제가 된 현실을 바로잡고 '사회주의 도덕'을 수립하는 데에 유가사상을 적극적으로 활용하고 있다.

이제 우리는 다시 처음의 물음으로 되돌아와 고민을 계속해야 한다. 21세기 한국에서 한국 사람들이 배우고 실천하는 유학은 어떠한 것이어야 하는가? 이러한 질문에 대답하기는 결코 쉬운 일이 아니지만, 적어도 이 문제를 정면으로, 적극적으로 고민해온 철학자들의 견해를 참고하여, 그것을 기반으로 더욱 의미 있고 창조적인 견해를 만들어갈 수 있을 것으로 생각한다.[70] 문제는

---

68) 賀麟, 위와 같음.

69) 20세기 중국 '문화열' 논쟁에서 등장한 '철저재건론자'들은 중국 유가사상과 중국 사회주의는 모두 '도덕이상주의'에 근거하는 점에서 연속성을 갖는다고 비판했다. 간양(甘陽)은 중국공산당이 정치적 헤게모니를 획득·유지하는 과정에서 유가의 도덕이상주의를 답습했다고 말한다. 또 진관타오·류칭펑(金觀濤·劉靑峯)은 중국사회주의는 심층구조에서 유가전통을 답습하면서 오히려 유가문화의 지배하에 놓였다고 비판한다. 그들은 중국 사회주의에 심대한 영향을 준 류샤오치(劉少奇)의 「공산당원의 수양을 논함」을 근거로 제시하면서 이를 통해 '입장결정론' 또는 '윤리중심주의가' 확립되었다고 말한다. 자세한 내용은 황희경, 「철저재건론자들의 중국문화 탐색 — 金觀濤와 甘陽을 중심으로」(한철연 논전사분과 엮음, 『현대중국의 모색』, 서울: 동녘, 1992) 및 이와 함께 수록된 철저재건론자들의 논문 3편을 참고할 것.

여전히 '어떤 철학을 할 것인가?'가 아니라, '왜, 그리고 무엇을 위해 철학을 할 것인가?'이기 때문이다.

참고문헌

『論語』

『莊子』

朱熹, 「中庸章句序」

『朴殷植全書』, 서울: 단국대 출판부, 1975.

『儒敎大事典』 증보판, 서울: 성균관 출판부, 2007.

강상중 지음, 이경덕·임성모 옮김, 『오리엔탈리즘을 넘어서』, 서울: 도서출판 이산, 1997.

김교빈, 『한국철학 에세이』, 서울: 도서출판 동녘, 2003.

김문용, 「중화의식, 그리고 '민족'과 '세계'」, 윤사순 외, 『조선시대, 삶과 생각』, 서울: 고려대 민족문화연구원, 2000.

박치완, 「타문화를 보는 새로운 시각」, 『인문학연구』 제7집, 서울: 외대 인문과학연구소, 2002.

백종현, 『독일철학과 20세기 한국의 철학』, 서울: 철학과현실사, 1998.

______, 『윤리 개념의 형성』, 서울: 철학과현실사, 2003.

송종서, 「신유가의 '현대화'론에 대한 비판적 고찰 — 牟宗三의 內聖外王論을 중심으로」, 『陽明學』 제15호, 서울: 한국양명학회, 2005.

______, 「현대 신유학의 형성과 그 특징 — 양대 논쟁을 중심으로」, 『儒敎思想硏究』 제24집, 서울: 유교사상연구회, 2005.

70) 이 문제와 관련하여 송하경의 「열린 유교와 닫힌 유교 — 로즈만 교수와의 대담」(『동아시아 문화와 사상』 제5호, 서울: 열화당, 2000) 및 본서에 수록된 논문을 참고할 만하며, 그 외에도 백종현, 『독일철학과 20세기 한국의 철학』(전게서), 『윤리 개념의 형성』(전게서), 김교빈, 『한국철학 에세이』(전게서), 『동양철학 에세이』(서울: 동녘, 2006년 개정증보판), 이승환, 『유교 담론의 지형학』(서울: 푸른숲, 2004) 등도 유익한 참고자료이다.

______, 「현대 신유학의 형이상학과 문화의식 — 新陸王學 계열을 중심으로」, 서울: 성균관대 박사학위 논문, 2005.

송하경, 「열린 유교와 닫힌 유교 — 로즈만 교수와의 대담」, 『동아시아 문화와 사상』 제5호, 서울: 열화당, 2000.

황희경, 「철저재건론자들의 중국문화 탐색 — 金觀濤와 甘陽을 중심으로」, 한철연 논전사분과 엮음, 『현대중국의 모색』, 서울: 동녘, 1992.

牟宗三, 『道德的理想主義』, 臺北: 學生書局, 1985年版.

______, 『生命的學問』, 臺北: 三民書局, 2004年版.

______, 『心體與性體(1)』, 臺北: 正中書局, 1989年版.

______, 『五十自述』, 臺北: 鵝湖出版社, 1989年版.

傅偉勳, 『'文化中國'與中國文化』, 臺北: 東大圖書公司, 1988.

余英時, 「五四運動與中國傳統」, 『中國思想傳統的現代詮釋』, 南京: 江蘇人民出版社, 1991.

______, 「錢穆與新儒家」, 『現代危機與思想人物』, 北京: 三聯書店, 2005.

熊十力, 「文化與哲學」, 『中國本位文化討論集』, 臺北: 帕米爾書店, 1980.

______, 『讀經示要』, 臺北: 廣文書局, 1978年版,

______, 『新唯識論』, 北京: 中華書局, 1985年版.

______, 『十力語要初續』, 臺北: 明文書局, 1990年版.

______, 『十力語要』, 臺北: 廣文書局, 1985年版.

______, 『原儒』, 臺北: 大明王氏出版社, 1975年版.

韋政通, 「汎道德主義影響下的傳統文化」, 『儒家與現代化』, 臺北: 水牛出版社, 1989.

______, 「兩種心態, 一個目標」, 『儒家與現代中國』, 臺北: 東大圖書有限公司, 1984.

______, 『思想的探險』, 臺北: 正中書局, 1993.

李明輝, 「論所謂'儒家的汎道德主義'」, 『儒學與現代意識』, 臺北: 文津出版社, 1991.

李澤厚, 『中國現代思想史論』, 北京: 東方出版社,, 1988年版.

鄭家棟, 「中國傳統"國家"觀念及其現代演變」, 『國際中國學硏究』 第4集, 서울: 韓國中國學會, 2001.

______, 『現代新儒學槪論』, 南寧: 廣西人民出版社, 1990.

蔡仁厚, 『新儒家的精神方向』, 臺北: 學生書局, 1989.

賀　麟, 『五十年來的中國哲學』, 瀋陽: 遼寧敎育出版社, 1989年版.